Dramaturgie,

oder

Theorie und Geschichte

der

dramatischen Kunst.

Von

Theodor Mundt.

Erster Band.

Verlegt von
M. Simion in Berlin.
1848.

Inhalt.

Einleitung.
Zweck und Bedeutung der dramatischen Kunst.

		Seite
1.	Das Drama im Verhältniß zu den Völkerzuständen	3
2.	Die Gegner der dramatischen Kunst	9
3.	Plato's Gründe gegen das Drama	12
4.	Jean Jacques Rousseau gegen dramatische Poesie und Schauspielkunst	23
5.	Die ethische Betrachtung des Schauspiels. Lessing	36
6.	Schiller und der sittliche Werth der Schaubühne	45
7.	Goethe	49
8.	Abwehr der christlichen Kirche gegen Drama und Theater	54

Erster Abschnitt.
Begriff und Form des Drama's.

1.	Die dramatische Lebensbewegung	67
2.	Dramatisch, episch, lyrisch	74
3.	Das Wesen der dramatischen Handlung	82
4.	Einheit der Handlung, der Zeit und des Orts	90
5.	Act und Scene	102
6.	Die Geschichtsfabel des Drama's	111
7.	Die dramatischen Charaktere	121
8.	Verwickelung und Katastrophe	134
9.	Dialog und Monolog	138
10.	Dramatischer Stil, Vers und Prosa	143

Zweiter Abschnitt.
Der Ursprung der modernen Bühne.

1. Das Drama und die christliche Kirche 149
2. Die Mysterienspiele in Deutschland 157
3. **Die Fortbildung des deutschen Volksdrama's durch die Reformation** 176
4. Die Mysterienspiele der Franzosen 193
5. Die französischen Moralitäten 212
6. Die ersten Elemente des französischen Lustspiels . . . 224
7. Die satirischen Possenspiele der Franzosen (Sotties) . 233
8. Die Anfänge der italienischen Bühne 239
9. Die altenglische Bühne 253
10. Die englischen Moralitätenspiele 301
11. Die englischen Zwischenspiele (Interludes) 309
12. Das erste englische Lustspiel 314
13. Die Histories der Engländer 317
14. Die Anfänge des spanischen Drama's 323

Dritter Abschnitt.
Tragödie und Komödie der antiken und modernen Welt.

1. Die Sonderung des Tragischen und Komischen 345
2. Der Begriff des Tragischen. Die antike Schicksalsidee 348
3. Die Wirkungen der Tragödie 357
4. Die Tragödie der antiken Welt 366
5. Die antiken Theater-Einrichtungen 375
6. Die drei griechischen Tragiker 385
7. Die dramatische Poesie der Römer 398
8. Der Begriff des Komischen 402
9. Die griechische Komödie 410
10. Die römische Komödie 416

Einleitung.

Zweck und Bedeutung der dramatischen Kunst.

1. Das Drama im Verhältniß zu den Völkerzuständen.

Die Kunstformen, welche sich ein Volk gegründet oder die es in einer bestimmten Epoche seines Lebens vorzugsweise ergriffen und ausgebildet hat, werden immer auch für sein Verhältniß zur öffentlichen Freiheit von entschiedener charakteristischer Bedeutung sein. So giebt es Kunstformen, die in ihrer Wesenheit durchaus den Zwangsformen des äußeren politischen Daseins entsprechen oder sich denselben auch auf dem Gebiet der Kunst gefügt haben.

In dieser Weise sehen wir in der neueren Poesie z. B. die Novelle und das Sonett charakteristisch gerade in Italien entstehen, unter unfreien, kleinlich zerstückelten, aller großen thatsächlichen Bewegungskraft beraubten Nationalverhältnissen. Die Novelle giebt in ihrem tendenzmäßig zugespitzten, schillernden und schwankenden Wesen am bezeichnendsten den öffentlichen Zustand wieder, in dem an die Stelle einer großen zusammenhängenden und einheitlichen Entwickelung die Intrigue getreten ist, und statt der historischen That nur die Begebenheit existirt. So erscheint bei den Italienern auch das Sonett charakteristisch als diese poetische Form der Unfreiheit, die aus dem Zwang sich eine selbstgefällige Spielerei geschaffen und darum in dieser dialektischen und spitzfindigen Weise, in der auch die öffentlichen Zustände sich gestalten, weder der Form noch dem Gedanken genügt, indem beide sich gegenseitig verkürzen müssen, und die Gaukelei dann eben darin besteht, diese beständige Verkürzung wie eine Nothwendigkeit zu behandeln. —

Wie aber zu einem freien Staatsleben die Opposition gehört, durch welche es allein wahrhaft in Action treten, dramatisch werden kann, so wird auch nur in würdigen und berechtigten Völkerverhältnissen von einer wirklich dramatischen Lebensentwickelung die Rede sein können. In schlechten und entarteten Völkerzeiten giebt es statt des dramatischen Lebens überall nur Schauspielerei, Schauspielerei im Leben, im Staat wie in der Kunst, und während man den Mangel an wirklicher dramatischer Kraft in den Zuständen beklagen muß, erhält man zugleich Gelegenheit, das um sich greifende Talent dieser Schauspielerei zu bewundern, die in allen

Richtungen und mit allen Richtungen sich geltend macht und den gesunden und wesentlichen Kern des Lebens allmälig zerreibt und verzehrt.

Wenn daher in unserer Zeit über den Verfall **alles dramatischen Lebens Klage** geführt wird und mannigfache Strebungen und Richtungen sich zur Abhülfe dagegen aufgestellt haben, so werden die letzteren doch nicht eher zu einigem Erfolg vordringen, als bis die Schauspielerei, die sich in alle unsere Zustände eingefressen, daraus vertrieben worden und einer gesunden Lebensentwickelung, einer wirklich dramatischen Darstellung und Selbsthervorbringung des Volksgeistes aus seinen eigensten unverfälschten Mitteln heraus, Platz gemacht hat.

So lange in Kirche und Staat nur geschauspielert wird, werden wir auch auf der Bühne nur Komödianterei statt großer dramatischer Lebensdarstellungen erblicken. Die Kunst verfällt in solchen Zeiten der bloßen Virtuosität, in deren glänzender Beweglichkeit sich die stockende Thatkraft des historischen Lebens travestirt. Virtuosität und Komödianterei behaupten ihre Herrschaft durch die kranken und reizbaren Nerven des Jahrhunderts, auf welche sie ihre Wirkung berechnet haben, und dies paßt zu unserer Zeit, denn wir leben heutzutage auch staatlich unter der Politik der Nerven, die in einzelnen unberechenbaren Schlagwirkungen mehr überrascht als befriedigt, und keinem zusammenhangsvollen, gesunden Organismus entsteigt. Das ächt dramatische Staats- und Kunstleben eines Volkes muß über diesen Nerven-Standpunkt hinausgekommen sein, welches der Standpunkt der bloßen Schauspielerei, der gefallsüchtigen Lüge und der genialthuenden Verachtung einer ganzen ihr gegenüberstehenden Welt ist. —

Das Drama aber, wie es sich in den Bühnenzuständen einer solchen Zeit darstellt, erscheint mehr wie eine gesellschaftliche oder vielmehr gesellschaftsmäßige, denn als eine künstlerische Angelegenheit. So hat sich namentlich das deutsche Theater in einem unglücklichen Zwischenzustand zwischen einer bloßen Gesellschafts-Angelegenheit und einer Kunst- und National-Angelegenheit bewegt, was von Einigen als Uebergangsstufe zu einer höheren Entwickelung des deutschen Bühnenwesens angesehen wird, während Andere nur die Halbheit, Charakterlosigkeit und Zerfallenheit aller unserer öffentlichen Zustände darin wiedergespiegelt finden wollen.

Dies Schwanken zwischen künstlerischer und gesellschaftlicher Bedeutung, welches das heutige Theater charakterisirt, giebt ihm den unruhigen, zerfahrenen, auf nichts Bleibendes sich anweisenden Typus, der für eine gediegene Fortbildung der künstlerischen Darstellung selbst nirgend günstig ist. Das gesellschaftliche Bedürfniß, für das in Deutschland der Salon noch nicht organisirt ist, drängt bei uns mehr und mehr in das Theater. Unsere sogenannten Salons zerfallen meistens durch den Mangel an allem Lebensinhalt und an jedem gemeinschaftlichen Interesse, welches die Unterhaltung verbinden könnte. In unsern Mittelständen ist das Essen noch immer ein starkes Ferment des gesellschaftlichen Zusammenseins geblieben, und die Gesellschaft steht in diesen Kreisen noch höchstens auf der Stufe eines geistreichen Picknicks. Das Theater aber nimmt mit Bequemlichkeit und Behagen alle die verschiedenen gesellschaftlichen Elemente des deutschen Lebens in sich auf, und vereinigt sie zu einer leichten ungezwungenen Mischung, wie man sie sonst nirgends erblickt.

Das Theater, das bis jetzt noch nicht zu einem nationalen Institut hat werden können, ist immer mehr zu einem gesellschaftlichen bei uns geworden. Zwar sind wir noch nicht bis dahin gelangt, daß wir, wie in den Theatern Italiens, während der Vorstellung geräuschvolle Conversation machen oder dabei unsern Thee einnehmen, und nur etwa bei der

Bravour-Arie einer beliebten Sängerin zuhören und Beifall spenden. Die deutsche Gewissenhaftigkeit, die auch überall ihr Geld wieder herausbringen möchte, hält uns bis jetzt noch davon zurück, obwohl wir gestehen müssen, daß wir auf dem Wege dazu sind, und daß namentlich die Richtung, welche die Bühnenkunst selbst genommen, diesen mehr und mehr gesellschaftlichen Anstrich des Theaters begünstigt.

Die heutigen Italiener, die in Ermangelung eines öffentlichen Lebensinhalts auch keine Gesellschaft haben, gingen darin voran, aus dem Theater bloß ein gesellschaftliches Stelldichein zu machen, und darin Kunst, Mode, Geselligkeit und Eitelkeit lärmend und prunkend durcheinander zu mengen. Die Franzosen dagegen, welche das politischste und gesellschaftlichste wie zugleich theaterlustigste Volk der ganzen Welt sind, und die, Meister sowohl in der Kunst des Salons wie in der Kunst Komödie zu spielen, nicht national-gemeinschaftliche Formen genug finden können, um die ganze Fülle ihres Lebensstoffes zu bewältigen und auszuprägen, die Franzosen sind im Theater auch die aufmerksamsten und strengsten Hörer, die sich kein Moment der Darstellung entgehen lassen, und sogar jede falsche Aussprache eines einzelnen Wortes als ein Vergehen gegen die Nationalwürde rügen. —

2. Die Gegner der dramatischen Kunst.

Wenn wir bis jetzt das allgemeine Wesen der dramatischen Poesie vorläufig als eine großmächtige Lebenswirkung bezeichnet haben, welche gewissermaßen der Idee der Freiheit und Sittlichkeit selbst entspreche, und am meisten eine Kunst freier und glücklicher Völker sei, so durften wir für diese Annahme, nach Thatsachen die jedem Bewußtsein und jeder Erinnerung geläufig sind, wohl eine allseitige Sympathie voraussetzen.

Es geziemt sich jedoch auch, ehe wir auf dieser Grundlage zu einer weiteren Bestimmung des Begriffs der dramatischen Kunst übergehen, einige große Gegner derselben anzuhören, die sie in allen Zeiten und aus den verschiedensten Gründen gehabt hat. Wir werden es in dieser Beziehung mit drei mächtigen Feinden des Drama's zu thun haben, mit Plato, mit Jean Jacques Rousseau, und mit der christlichen Theologie.

Als den scharfsinnigsten und am schwersten zu widerlegenden Gegner der dramatischen Kunst haben wir zuerst Plato zu nennen, der in seiner Ansicht, daß diese Kunst von einer inneren Lüge durchzogen sei, und darum die Charaktere der sich ihr hingebenden Menschen verderbe, am tiefsten in das Grundwesen der künstlerischen Darstellung selbst einschneidet, und darin in neuerer Zeit auf eine merkwürdige Weise von **Jean Jacques Rousseau unterstützt worden ist.**

Beide großen Dichter und Träumer, Plato und Rousseau, standen im Begriff, einen neuen idealen Staat zu construiren, mit dem sie, verwandt in ihrer Stellung zu abgelaufenen und erneuerungsbedürftigen Weltperioden, fast unter denselben historischen Zeitbedingungen hervortraten. In der platonischen Republik und im Rousseau'schen Contrat social hat der menschliche Geist zweimal diesen erhabenen und ehrwürdigen Versuch gemacht, den Staat auf Natur und Vernunft zurückzustellen und ihn den verderbensvollen Händen egoistischer Staats- und Regierungskünstler zu entreißen. Zur Verwirklichung der platonischen Republik erscheint das Christenthum selbst als der erste Schritt, indem es ursprünglich die freie Innerlichkeit des menschlichen Selbstbewußtseins zur treibenden Grundkraft der Völkergeschichte machen wollte. Ebenso folgt auf Rousseau's Contrat social die französische Revolution, deren allgemein menschheitliche Aufgabe in dieser Beziehung nie zu verkennen war.

In Zeiten, wo es darauf ankommt, daß Alles wahr gemacht werde, was früher falsch gewesen, in den Menschen sowohl wie im Staat, in solchen Erneuerungs- und Umkehrungszeiten, wo die Lügen ganzer Jahrhunderte und ganzer Dynastieen auf das Haupt ihrer letzten Vertreter zurückfallen, in solchen Zeiten muß die nackte Wahrheit allein regieren, denn dies sind Momente einer großen unerbittlichen Speculation, in denen nur das untersucht und dargestellt werden soll, was wahr ist in den menschlichen Zuständen und Charakteren. Nun sind aber Plato und Rousseau beide von der eigenthümlichen Anschauung ausgegangen, daß die dramatische Kunst nicht eine Kunst der Wahrheit, sondern eine Kunst der Falschheit sei, daß sie der Erkenntniß der Wahrheit Eintrag thue, statt sie zu fördern, daß sie Täuschung, Verstellung, Heuchelei, vor allen Dingen aber eine lügenhafte Hingabe an den Schein, und eine Freude an unnatürlichen und erkünstelten Gemüthsstimmungen in den menschlichen Charakteren bereite. Kein Wunder also, daß diese Männer, die den verderbten Autoritäts-Staat in einen neuen natur- und vernunftrechtlichen Gesellschaftsvertrag hineinretten wollten, in diesen neuen Gesellschaftsvertrag nicht auch die dramatischen Dichter und namentlich das Theater mitaufnehmen wollten.

Denn der Staat der bloßen abstracten Autorität, der sich nicht mit dem geistigen Natur- und Volksgrunde der Gesellschaft vermittelt hat, kann nur dadurch gestürzt werden, daß die Menschen die Wahrheit zu lieben anfangen, und sowohl in ihrem inneren psychischen Dasein wie in allen ihren äußeren Zuständen nichts als die Wahrheit und die ganze Wahrheit auszuprägen suchen.

Für solche Momente des Völkerlebens scheint die Ansicht Plato's und Rousseau's, daß das Drama zu einer gefährlichen Hingabe an den Schein und zu einer die Kraft der Wahrheit schwächenden Zerstreuung verlocke, gewissermaßen ihre Berechtigung finden zu können. Anders möchte es mit dem inneren künstlerischen Recht ihrer Beweisführung aussehn, die wir jetzt näher betrachten wollen.

3. Plato's Gründe gegen das Drama.

Plato entwickelt seine Gründe gegen das Schauspiel und die dramatischen Dichter an denselben Stellen seiner Schriften, wo er überhaupt seinen harten

Spruch gegen die Dichter, und namentlich gegen Homer, als den Urquell der hellenischen Volksdichtung richtet, indem er die Dichter wegen ihrer lügenhaften und unwürdigen Darstellungen der Götter als verderblich für das Leben des Staats betrachtet. In demselben Zusammenhang, aber aus anderen Gründen, trägt er auch auf die Verbannung der dramatischen Dichter aus dem Staat an, der dramatischer Dichter, die, nach der üblichen Annahme der Alten, aus dem Homer entstanden sind und aus dessen Quelle und Muster ihre Erzeugnisse gebildet haben.

Plato aber entnimmt seine Gründe gegen die Zulässigkeit der dramatischen Poesie aus dem Grundwesen des Drama's selbst, worüber er seine Theorie besonders im dritten und zehnten Buch über den Staat, und im zweiten, dritten und siebenten Buch der Schrift über die Gesetze entwickelt.[1]

Die platonische Aesthetik, wie überhaupt die in der antiken Welt gewöhnliche Kunstbetrachtung, geht überall von der Idee der Nachahmung bei den darstellenden Künsten aus. So nennt Plato

[1] De republica III. 272, X. 288. (Ed. Bipont. Tom. VI. VII.); de legibus II. 89 flgd., III. 152 flgd., VII. 278. (Ed. Bip. Tom. VIII.).

auch den dramatischen Dichter diesen Nachahmer der Wirklichkeit, der aber dieselbe in einer Weise und zu einem Schein zurichte, wie sie der Menge gefallen und dem großen Haufen angenehm werden könne. Plato rügt es seltsamer Weise schon als einen Uebelstand der dramatischen Kunst, daß dieselbe, wie er sich ausdrückt, „nur von fremden Objecten hergenommene Bilder dieser Objecte" gebe, daß man also die nachgeahmten Charaktere großer Feldherren, Gesetzgeber und Weisen auf der Bühne sehen könne, aber nicht diese Charaktere, nicht diese wirklichen Tugenden und Größen selbst, sondern nur den unter ein künstliches Licht gerückten Schein derselben.

Ferner hebt Plato auch die innere Unwahrheit des in dem Drama dargestellten Menschen hervor, indem er sagt, daß der dramatische Mensch nicht der wahre Mensch und nicht so sei, wie wir es täglich an uns erlebten, sondern daß er in einem beständigen Widerspruch mit sich selbst erscheine. Selbst die vortrefflichen und nacheifernswerthen Charaktere, welche uns das Drama auf der Bühne vorführt, stellten sich in einem so übertriebenen und unmäßigen Zustande dar, wie ein Mensch in seinen wirklichen Verhältnissen sich niemals benehmen dürfe. Es fehle den dramatischen Menschen, die man sehe, an jeder gerechten Schaam, an jeder Seelenläuterung und Seelenstärke, mit der man im Leben seine Schmerzen vor der Menge verschließen, seine Leidenschaften zügeln, seine Empfindungen und Worte im Unglück meistern müsse. Vernunft und Gesetz erforderten vom Menschen, das Unglück geduldig zu ertragen, den Werth der menschlichen Dinge nicht zu hoch anzuschlagen, und durch übermäßiges Klagen und Weinen über seine Leiden nicht die Kräfte zu erschöpfen, welche uns die Natur zur weisen und würdigen Selbstbeherrschung verliehen.

Die dramatischen Dichter entnähmen aber die Elemente, durch welche sie wirkten, nämlich Trauer, Thränen, Verzweiflung, Seufzer, nicht aus dem vernünftigen und starken, sondern aus dem schwächeren, feigeren und untergeordneten Theil der menschlichen Seele, während dagegen der charakterfeste und weise Mensch, wie er sein müsse, sich nicht so sehr zu einem Gegenstand für die dramatische Kunst eigne, weil eine Nachahmung desselben dem großen Haufen nicht so gefallen würde.

Auch der geschickteste Poet suche immer dem Volke zu gefallen, und werde sich daher hüten, ihm das erhabene Bild eines Herzens darzustellen, das seiner selbst mächtig ist und nur die Stimme der Weisheit hört; er strebe vielmehr, die Zuschauer durch Charaktere zu bezaubern, die immer im Widerspruche mit sich selbst stehen, die wollen und nicht wollen, die das Theater von Geschrei und Seufzern ertönen lassen, die uns nöthigen, sie zu bedauern, selbst wenn sie ihre Pflicht thun, und zu denken, daß die Tugend eine traurige Sache ist, weil sie ihre Freunde so elend macht.

Plato hebt ferner hervor, wie durch die dramatischen Darstellungen unser Urtheil über die menschlichen Dinge gänzlich verderbt und verändert werde, indem wir durch dieselben dahin gelangen könnten, den Schwachen und Schwankenden für den wahrhaft Empfindenden zu halten, Denjenigen aber, in dem die Strenge der Pflicht immer über die natürliche Neigung siegt, für einen Harten und Gefühllosen anzusehen. Wir würden Die, welche von Allem lebhaft afficirt werden und Spielbälle der Begebenheiten sind, als Menschen von einem guten Naturell achten, und Diejenigen vorzugsweise schätzen, welche den Verlust eines geliebten Gegenstandes auf eine weibische Art beweinen. Sowie aber Der, welcher sich im Staat damit beschäftigen wollte, die Guten den Bösen, die wahren Obern den Aufrührern zu unterwerfen, Feind des Vaterlandes und Verräther am Staate sein würde, so bringe der nachahmende Dichter Zwietracht und Tod in die Republik der Seele, indem er ihre niedrigsten Kräfte auf Unkosten der edelsten erhebe und nähre, indem er ihre Kräfte mit Dingen, welche am wenigsten würdig sind sie zu beschäftigen, erschöpfe und abnutze, indem er durch eitle Bilder das wahre Schöne mit dem lügenhaften Reize, welcher der großen Menge gefällt, und die scheinbare Größe mit der wahren verwechsele.

Hinsichtlich der Tragödie hebt Plato den nachtheiligen Eindruck hervor, welchen es auf unser Gemüth hervorbringen müsse, wenn wir uns den Klagen eines jammernden, schreienden, heulenden, sich auf die Brust schlagenden Helden hingeben, denn wenn wir uns auf diese Art durch die Schmerzen eines Andern unterjochen ließen, wie wollten wir unsern eigenen widerstehen, wie unsere eignen Uebel standhafter ertragen, als die, von welchen wir nur ein eitles Bild erblicken?

Ebenso sei es mit der Komödie, die uns ein unanständiges Gelächter entreiße und uns mit der Gewohnheit erfülle, Alles in's Lächerliche zu ziehen, selbst die ernstesten und wichtigsten Gegenstände, und die zugleich die fast unvermeidliche Wirkung habe, die achtungswerthesten Bürger in theatralische Spaßmacher und Possenreißer zu verwandeln.

Endlich ruft Plato dem dramatischen Dichter zu: Du stellst alle Künste, Wissenschaft, Charaktere, Krieg, Regierung, Gesetze dar. Wir bewundern deine Lehren, und um sie auch zu befolgen, erwarten wir nur zu sehen, daß du sie selbst übst. Wenn du wirklich bist, was du zu sein scheinen willst, wenn deine Nachahmungen der Wahrheit auch nahe kommen, so wollen wir in dir auch das Muster sehen, das du in deinen Werken malst, zeige uns den Feldherrn, den Gesetzgeber, den Weisen u. s. w. deren Darstellungen deine Dramen enthalten!

Plato macht hier offenbar einen Materialismus der Kunstansicht geltend, welchen man ihm, der sonst in der sichtbaren Welt nur das ewige Werden der Ideen erkennen wollte, sonst am wenigsten zuschreiben möchte. Er stellt dem idealen Schein der Kunst, den er ihr selbst aus der Idee der Nachahmung heraus als ihr eigentliches Wesen zuerkennt, die materielle und körperliche Wahrheit gegenüber, deren Recht er über Alles setzt. Es ist dies aber, wie gesagt, nur aus Plato's krankhafter Zeitstellung zu begreifen. In der Vorahnung eines christlichen Reiches des Geistes saß Plato auf den Trümmern der hellenischen Götterbilder da. Was halfen ihm da von der Kunst nachgeahmte Gesetzgeber, Feldherren und Weise auf der Bühne? Er meinte, wenn ihr Dichter Kraft habt, so große und der Welt helfende Charaktere auf der Bühne darzustellen, so verwandelt Euch doch lieber selbst in diese, und werdet selbst große Feldherren, Gesetzgeber und Weise, um Eure gebrochene Zeit wieder zusammen zu fügen und einzurenken!

Plato bedachte in seinem großen Schmerz über den Verfall der alten nationalen Herrlichkeit des Hellenenthums nicht, daß er damit ein durchaus unkünstlerisches und ungerechtes Gebot an die Dichter richtete. Er wand sich dabei an einem Widerspruch herum, der auch in der Pathologie unserer Zeit ein Hauptleiden bildet, nämlich an dem Widerspruch der Idee mit der That, und an der unendlichen Länge Weges, die zwischen beiden immer noch vor uns liegen bleibt. Gäbe es eine Macht, welche die neuen Gesetzgeber und Helden, deren eine Nation bedarf, aus ihren Dichtungen und Schriften herausspringen lassen könnte, — was übrigens die modernen Regierungen wirklich zuweilen zu befürchten scheinen, indem sie dagegen eine besondere Sicherheitswache an den Thüren der Dichtungen erfunden haben! — so würden niemals Stockungen in der Weltgeschichte entstehen.

Am allerwenigsten aber ist es, wie Plato thut, von den Dichtern zu verlangen, daß sie das, was sie darstellen, zum Nutzen der Menschheit lieber selbst sein und selbst verwirklichen sollen! Sie brauchen zum Beispiel Nichts von der Gesetzgebung zu verstehen, und können doch mit jenem göttlichen Takt **des Genies** uns einen großen Gesetzgeber würdig und begeisternd auf der Bühne vorführen. Der schaffende Dramatiker ist hier mit dem organisirenden Staatsmann zu vergleichen. Ein Minister z. B., der Theologen anzustellen hat, oder mit Theologie regiert, hat darum immer noch das Recht, selbst ein schlechter Theologe oder gar keiner zu sein. Er hat nur mit einem aus der allgemeinen Staatsidee heraus darüberstehenden Takt gewissermaßen den Bedarf des Landes zu decken, und er wird darin eben als ein ächter Staatsmann verfahren. Um bei diesem platonisch-dialektischen Gleichniß zu bleiben, wenn ein Minister, der Theologen anzustellen hätte, dabei immer so thun wollte, als wenn er selbst alle Taschen voll von Theologie und Dogmatik hätte, und als wenn er immer wenigstens ebenso viel wüßte als Alle, die er anstellt, so würde er sich eben dadurch als einen schlechten und unfähigen Staatsmann bekennen, so wie der ein schlechter und unfähiger Dichter sein würde, der in einem Drama einen Gesetzgeber oder Helden darzustellen hätte, und bei der Zeichnung eines Gesetzgebers eine genaue Kenntniß des Civil- und Criminalprozesses durchblicken ließe, bei der Repräsentation eines Feldherrn aber zugleich in eine Concurrenz zur Bereitung der Schießbaumwolle eintreten wollte!

Wenn aber Plato zur Vernichtung der dramatischen Kunst angeführt hat, daß der dramatische Mensch sich immer übertrieben und im Widerspruch mit dem wirklich menschlichen Maaß und der täglichen wirklichen Gewohnheit äußere, und dadurch das Volk verleite, sich entweder an den Mangel der Wahrheit zu gewöhnen oder den Reiz eines lügenhaften Scheins zu begünstigen, so ist dagegen zunächst das ideale Recht aller Kunst anzuführen, in ihren Darstellungen über das Maaß der empirischen Wirklichkeit hinauszuschreiten und der menschlichen Aeußerungsweise einen höheren Ton, den universellen Ton der Idee der Leidenschaft selbst, zu leihen.

Es ist zwar wahr, daß wir, betroffen von demselben Schmerz, der auf der Bühne in großmächtigen und laut schreienden Zügen verhandelt wird, ihn doch in unserem wirklichen Leben nur mit maßvoller Aeußerung und gewissermaßen mikrokosmisch nach einem kleineren Maßstab zu erkennen geben würden, und auch wohl die Verpflichtung dazu hätten. Aber man könnte sagen, daß dies gleichsam unsere Schuld sei, und die Schuld einer gänzlich verengten, prosaischen und überall das knappste Maaß uns auferlegenden Wirklichkeit. Wir würden allerdings für närrisch gelten, wenn wir selbst bei einem großen Schmerz oder einer großen Veranlassung uns auch nur halb so heftig gebärden oder halb so leidenschaftlich und ausdrucksvoll äußern wollten, als dies die dramatischen Menschen oft unter viel geringfügigern Umständen thun und thun müssen, um den idealen Grundgedanken der Kunstdarstellung zu seinem Recht zu bringen.

Aber zum Theil ist es eben schlimm, daß wir in unserm gewohnten menschlichen Dasein verlernt haben, uns groß und unserm Pathos gemäß zu benehmen, daß wir verlernt haben, auch einmal von ganzem Herzen zu schreien. Heutzutage leiden das unsere Vorgesetzten nicht, und in dem ganzen, zu so knapper Bürgerlichkeit zugeschnittenen modernen Staat dämpfen und schwächen sich auch immer mehr alle unsere Rede-Organe ab, so daß wir allerdings an eine eigentlich dramatische Selbsthervorbringung unseres Lebens in der gewohnten Wirklichkeit nicht denken können!

Die Kunst des Drama's und Schauspiels lügt aber darum nicht, wenn sie uns beschämt, und wenn sie uns den Schmerz in solcher Größe, und die Leidenschaft in solcher Tiefe entgegen bringt, wie wir sie zwar zu Hause in unsern verschlossenen Herzen noch empfinden, aber nicht mehr auslauten zu lassen wagen! —

4. Jean Jacques Rousseau gegen dramatische Poesie und Schauspielkunst.

Aus denselben Gründen sind auch die vielfältig mit Plato zusammentreffenden Ansichten Jean Jacques Rousseau's zu würdigen. Rousseau, der namentlich in der Ausübung der dramatischen Kunst durch die Schauspieler, aber auch in der inneren Wesenheit der dramatischen Poesie selbst, eine Herabwürdigung der menschlichen Natur erkennen wollte, wurde zu seinen merkwürdigen Bekenntnissen darüber besonders durch einen Artikel der berühmten pariser Encyclopädie von Diderot und d'Alembert, welcher den Freistaat Genf betraf, veranlaßt.

Der Geist des protestantisch päpstelnden Calvin hatte nämlich Genf noch bis in die neuere Zeit hinein zu dieser strengen und leblosen Tugendstadt gemacht, in der man auch durch ein unbedingtes Verbot des

Theaters den guten Sitten einen Dienst zu leisten geglaubt hatte.

Der Artikel der pariser Encyclopädie, für deren Verfasser man d'Alembert selbst hielt, war aber auf diesen eigenthümlichen Umstand eingegangen und suchte der Regierung des Freistaats vorzustellen, wie durch zweckmäßige Gesetze über die Aufführung der Schauspieler ein Theater gebildet werden könne, das einer freien und tugendhaften Stadt würdig sei und auf das Leben und den Geschmack der Bürger veredelnd einwirken könne.

Rousseau griff diesen Gegenstand in seinem berühmten Brief an d'Alembert auf,[1] in welchem er in großer Ausführlichkeit und mit dem ihm in allen Dingen eigenen Feuereifer seine Ansichten über dramatische und Schauspielkunst entwickelte.

Er geht dabei auf eine eigenthümliche Weise von der Idee des Vergnügens im menschlichen Leben aus, indem er behauptet, daß die wahren Vergnügungen des Menschen ihren Grund in seiner Natur haben müßten und aus seinen Arbeiten, Verhältnissen und Bedürfnissen entspringen. Diese Vergnügungen

---

[1] Lettre à Mr. d'Alembert, in den Oeuvres complettes de Rousseau (Mélanges, Tom. III. p. 119—263. Deuxp. 1782.)

seien desto süßer, je gesunder die Seele desjenigen
sei, welcher sie koste. Die Gewohnheit zu arbeiten
mache die Unthätigkeit unerträglich, ein gutes Gewissen lösche den Geschmack an frivolen Ergötzungen
aus, und nur wenn man mit sich selbst unzufrieden
sei, und von der Last des Müßigganges gedrückt werde,
entstehe das Bedürfniß nach einem fremden Vergnügen. Wenn man sein Herz an das Theater
hänge, zeige man schon, daß man sich in seinem eignen Innern übel befinde. Man glaube im Theater
eine Vereinigung zu finden, aber gerade dort iso-
lire man sich, man vergesse Freunde, Nachbarn,
Verwandte, Frau und Kinder, um sich für Fabeln
zu interessiren, das Unglück der Todten zu beweinen
und auf Kosten der Lebenden zu lachen.

Auch Rousseau heftet sich, wie Plato, vornehmlich an den Widerspruch zwischen Leidenschaft und
Vernunft, welcher durch die dramatischen Darstellungen aufgeregt werde, indem ein Charakter mit einer
vernünftigen Zügelung seiner Leidenschaft und mit
der ihm im Leben gebührenden Selbstbeherrschung auf
der Bühne durchaus kein interessanter Gegenstand
sein würde; so aber, wie er dort erscheint, man ihn
nicht zum Muster für das Leben nehmen könne.

Die Tragödie führe durch den Schrecken zum

Mitleid, aber was sei das für ein Mitleid? Eine vorübergehende und eitle Gemüthsbewegung, die nicht länger, als die Täuschung, durch welche sie hervorgebracht worden, dauert, ein Rest natürlicher Empfindung, die bald durch Leidenschaften erstickt wird, ein unfruchtbares Mitleid, das sich mit einigen Thränen befriedigt und nie die geringste Handlung der Humanität hervorgebracht hat. Indem wir über Dichtungen weinen, glaubten wir leicht schon alle Pflichten der Menschlichkeit erfüllt zu haben, ohne daß wir etwas von dem Unsrigen hinzugethan. Dagegen würden die wirklich in Person Unglücklichen von uns Sorgfalt, Unterstützung, Trost, Mühe verlangen können, was uns beunruhigen, unsrer Indolenz etwas kosten würde, während wir beim Anschauen des Drama's eher die frohe Empfindung haben, von solchen Pflichten befreit zu sein.

Die großen Gesinnungen und glänzenden Maximen aber, welche man der Scene leiht, dienten eigentlich nur dazu, daß man dieselben auf immer dahin verweise, daß sie uns Tugend und Größe wie ein theatralisches Spiel zeigten, welches gut genug ist, um das Publikum zu vergnügen, welches aber im Ernst in die Gesellschaft übertragen zu wollen Thorheit sein würde. Der nützlichste Eindruck der besten

Tragödien bestehe eben nur darin, alle Pflichten des Menschen auf einige flüchtige, unfruchtbare, wirkungslose Gemüthsbewegungen zurückzuführen, uns dahin zu bringen, daß wir uns selbst Beifall schenken wegen eines Muths, den wir an Andern bewundernd wahrnehmen, wegen unserer Menschlichkeit, indem wir fremde Uebel beklagen, denen wir lieber thatsächlich hätten abhelfen sollen.

Die Theater, führt Rousseau fort, können nie so vollkommen eingerichtet werden, daß sie zum allgemeinen Besten dienen. Man kann daselbst nie den wahren Verhältnisse der Dinge zeigen, der Dichter kann diese Verhältnisse nur verändern, um sie dem Geschmack des Volks angemessen zu machen. Im Komischen vermindert er sie und setzt sie unter den Menschen, im Tragischen überspannt er sie, um sie heroisch zu machen, und setzt sie über die Menschheit. Sie stehen also nie in ihrem rechten Maaße, und immer sehen wir auf der Bühne andere Wesen als Unsresgleichen!

Man muß gestehen, daß die Gründe, mit welchen Rousseau gegen die dramatischen Aufführungen streitet, an sich ein großes Gewicht haben, und auch in den Richtungen der heutigen Zeit wieder manchen Anklang finden möchten, weil diese Gründe aus der geistigen Bedeutung der Arbeit, die dem erschlaffenden Theatervergnügen widerstrebe, aus der thatsächlichen Humanität, welche sich nicht mit Scheineffecten des müßigen Gefühls abfinden soll, und aus dem wahren Maaß der Wirklichkeit, das überall zur Geltung gebracht werden muß, hergenommen sind.

Aber auch ihn trifft, wie Plato, der seine Ansichten völlig beseitigende Vorwurf, daß er sich beim Betrachten einer in der künstlerischen Welt vorgehenden Wirkung gänzlich außerhalb der Kunstsphäre gestellt, und einen dem absoluten Wesen der Kunst gegenüber unhaltbaren Standpunkt eingenommen hat, der theils das Ideelle mit dem Materiellen auf eine unlogische Weise durcheinander wirft und verwechselt, theils den skeptischen Richtungen der Uebergangszeit, die Alles auf das reale Wohl und Wehe der Gesellschaft beziehen, angehört.

In dieser Hinsicht zeigen sich Rousseau und Plato wahrhaft als die mit einer reformatorischen Mission in ihre Zeit hineingestellten Geister, weil sie das Absorbiren des sittlich thatkräftigen Lebensstoffes der Menschheit durch das Theater befürchten, und dagegen auf eine Abwehr getrachtet haben. —

Schwerer möchten aber die Angriffe zurückzuweisen sein, welche Rousseau in derselben brieflichen

Abhandlung gegen das Wesen des Schauspieler-Genies richtet. Wir wollen hier übergehen, was er zuerst von den zerlassenen und unordentlichen Sitten der Schauspieler sagt, welche allerdings diesem Stand wie eine specifische Eigenschaft anzuhaften scheinen, und wovon er besonders für die öffentlichen Lebenszustände einer kleinen Stadt, wie Genf, die nachtheiligsten Rückwirkungen besorgt.

Das Entehrende des Schauspielerberufs, die Verachtung, welche ihnen in allen Ländern gleichmäßig zu Theil geworden, und die, schon lange vor den Declamationen christlicher Priester, unter den Römern gesetzlich bestanden, so daß die Schauspieler für infam erklärt, die Schauspielerinnen aber den öffentlichen Dirnen gleichgestellt wurden, diese eigenthümliche Erscheinung glaubt er nicht so sehr aus der Willkür der Volksmeinung, als vielmehr aus der Natur der Sache, das heißt: aus dem innersten Wesen der Schauspielerkunst selbst, als nothwendig herleiten zu müssen.

Die von ihm gegebene Deduction muß um so mehr wieder in's Auge gefaßt werden, da der Schauspielerstand in neuester Zeit die Epoche einer Vergötterung und modischen Illumination durchlaufen hat, an deren Ende er sich bereits wieder befindet, und die jetzt leicht in den alten Bann und in die frühere gesellschaftliche Ausnahmestellung zurückschlagen könnten, wenn auf diesem Gebiet nicht neue Anstrengungen zu einer höheren geistigen und künstlerischen Bildung gemacht werden.

Die gesellschaftliche Emancipation des Schauspielerstandes ist freilich auch in unserer Zeit immer nur theilweise erfolgt, und hat bei den Jüngern dieses Berufs den für die Kunst allerdings höchst gleichgültigen Erfolg gehabt, daß man unter ihnen immer häufiger solide und vornehm eingerichtete Leute findet, ehrenwerthe Hausmütter, liebende Gattinnen, pünktliche Miethebezahler und regelmäßige Nachhausekommer, aber immer seltener erträgliche Schauspieler und wirkliche Künstler. Die Sache der Kunst hat hier einen sehr geringen Vortheil davon gezogen, daß unsere Schauspieler anständige Menschen, bureaumäßig verbrauchte Beamten und vornehme Tagelöhner geworden sind, da wir, als sie noch unter dem Fluch des liederlichen Genies sich herumwanden, weit größere Darstellungen von ihnen gesehen haben. Vielleicht schlägt die Reaction, die sich mit ihnen von Neuem in der Gesellschaft vorzubereiten scheint, für den inneren Kunstberuf wieder erwecklicher aus. Eine bedenkliche Wendung hat es namentlich mit den persönlichen Huldigungen der Schauspielerinnen und Sängerinnen genommen, die lange genug der verdächtige Moschus waren, mit welchem das thatenlose Deutschland seine geheimen Wunden und Uebel betäubend überstreute. Die Boudoirs dieser Priesterinnen stehen verlassen, und ein wieder an den allgemeinen Interessen der Menschheit erstarkendes Geschlecht hat sich mit Ekel von diesem armseligen Tand abgewandt, der nur durch den Mangel an wirklichem Lebensinhalt eine Zeitlang obenauf erscheinen konnte.

Diese Lage der theatralischen Dinge kann nur einen Grund mehr für die ausübenden Bühnenkünstler enthalten, sich auf die unter allen Umständen unantastbaren Höhen ihrer Kunst zu stellen und auf denselben die Triumphe zu suchen, welche der eitele Prunk mit geschminkten und manierirten Persönlichkeiten heutzutage auf keinem einzigen Gebiet mehr in Anspruch nehmen kann.

Wie aber in dem inneren Wesen der Schauspielerkunst selbst die Ursache liege, daß die sich damit befassenden Menschen von innen heraus verderben und entarten müssen, darüber hat Rousseau in seiner angeführten Abhandlung sehr weitgreifende Behauptungen aufgestellt, die auch neuerdings in man=

chen Schriften wiederholt, doch nie eine allgemeine Zustimmung haben davontragen können. Rousseau findet zuerst darin etwas **Sclavisches und Niedriges**, daß der Schauspieler stets die Aufgabe habe, sich zu verstellen, verschieden von Demjenigen zu erscheinen, was er selbst ist, immer etwas Anderes zu sein, als er denkt, sich mit kaltem Blut in fremde Leidenschaft zu versetzen, sich um Geld zur Repräsentation herzugeben, sich der Schande und den Beleidigungen, zu welchen der Zuschauer das Recht erkauft, zu unterwerfen und gewissermaßen seine Person öffentlich zu verkaufen. Der Schauspieler empfange also durch seinen Stand eine Vermischung von Niedrigkeit, Falschheit, lächerlichem Stolz und Herabwürdigung in seine Seele, wodurch er zur Darstellung aller Personen fähig werde, ausgenommen der edelsten Person, des wahren Menschen, aus dem er herausfalle. Er wolle zwar nicht betrügen und lügen, aber er bilde doch in sich am meisten das Talent aus, die Menschen zu täuschen, und übe sich in Gewohnheiten, die nur auf der Bühne unschuldig sind, und sonst überall nur dazu dienen, Böses zu thun.

Rousseau fragt: Werden diese Männer, welche so schön geschmückt, im Tone der Galanterie und den

Agenten der Leidenschaft so wohl geübt sind, diese Kunst niemals mißbrauchen, um junge Personen zu verführen? Die Schauspieler, fährt Rousseau fort, müßten tugendhafter als alle anderen Menschen sein, wenn sie nicht verderbter sein wollten. Noch ängstlicher und schneidender zergliedert er die Keuschheitsverhältnisse der Schauspielerinnen. Man habe nicht nöthig, erst über die moralischen Verschiedenheiten der beiden Geschlechter zu streiten, um zu fühlen, wie schwer es ist, daß ein Weib, welches sich zur theatralischen Repräsentation verkaufe, sich nicht bald auch in Person auf die Bühne setze, und sich nicht versuchen lasse, die Begierden zu befriedigen, welche sie mit so viel Sorgfalt errege. Schon ein weises und gutes Frauenzimmer habe bei der ängstlichsten Vorsicht Mühe genug, ihr Herz zu verwahren, wie sollten denn die Schauspielerinnen, diese jungen, verwegenen Personen, die keine andere Erziehung haben, als ein System der Koketterie und verliebter Rollen, in einer wenig bescheidenen Kleidung, unaufhörlich von einer glühenden und frechen Jugend umgeben, mitten unter den süßen Stimmen der Liebe und des Vergnügens, ihrem Alter, den Unterredungen die man mit ihnen hält, den sich immer aufs Neue darbietenden Gelegenheiten und dem Golde, dem sie sich schon zum Voraus verkauft haben, widerstehen? —

Rousseau vermengt hier in seinen Entwickelungen das Menschliche mit dem Künstlerischen, das Persönliche mit dem Allgemeinen auf eine Weise, die überall nicht für zulässig erachtet werden dürfte. Wenn man die Ansicht des Rousseau in ihrer materiellen Folgerichtigkeit bestehen lassen wollte, so würde man zu den Darstellungen auf der Bühne am Ende nur abgerichtete Verbrecher verwenden können, wie etwa zu den Arbeiten in den Silberbergwerken und Arsenikgruben, wo die Vergiftung, welche durch diese Beschäftigung entsteht, bei keinem Individuum ausbleiben kann, und Krankheit und Tod jedenfalls nach sich ziehen muß. Die Welt hat sich durch diese Menschlichkeitsrücksicht vom Gebrauch solcher Metalle noch nicht abhalten lassen, und eben so wenig scheint sie geneigt, der theatralischen Darstellungen zu entbehren, weil die Ausüber dieser Kunst dadurch menschlich und moralisch zu Grunde gerichtet würden.

Es kann freilich auch dieser Gesichtspunkt bei dem höheren Interesse an einer Kunst nicht ganz gleichgültig sein, aber innerhalb des künstlerischen Bereichs selbst, auf den es hier allein ankommt, kann er als ein entscheidender gar nicht herbeigezogen werden.

Zur Vertheidigung des Schauspielerberufs und seines wesentlichen künstlerischen Bestehens lassen sich hier nur dieselben Motive gebrauchen, auf welche man sich gegen Plato zur Vertheidigung der dramatischen Kunst überhaupt stützen mußte. Der Schauspieler, vorausgesetzt daß er der rechte und wirksame sei, ist hier nicht anders daran als der dramatische Dichter selbst, mit dem er im Grunde dieselbe künstlerische Aufgabe theilt, sich in die Person zu verwandeln die er darzustellen hat. Der Dichter verbleibt dabei freilich in einer rein geistigen Sphäre, in welcher er die Idealität seiner Person rettet, während der Schauspieler zugleich seine eigene Person zu Markte zu bringen hat, und dadurch beständig in die Lage gebracht wird, die Vortheile und Eitelkeiten derselben auszubeuten. —

Einen ähnlichen Standpunkt ungefähr sehen wir auch d'Alembert in seiner Gegenantwort an Rousseau einnehmen.[1] Die Art, wie d'Alembert die Schauspiele von Seiten des Vergnügens betrachtet, und sie als den Menschen nothwendige Spielzeuge, gewissermaßen wie man leidenden Kindern dergleichen zugesteht, deduciren will, ist freilich nicht sehr geistreich, aber er berührt doch wenigstens die höhere

---

[1] Supplément à la collection des Oeuvres de J. J. Rousseau (Deuxpont, 1782.) I. 31 figd.

ethische Natur des Drama's, indem er es die in Handlung gesetzte Moral der Menschheit nennt. Er bemerkt, daß das Drama Bewegungen in uns hervorrufe, durch welche der innerste Kern unsrer Natur gestärkt und enthüllt werde. Zugleich bestreitet er von dem Moralstandpunkt wirksam genug, wie das ächte Drama niemals eine Schule schlechter Sitten werden könne. Hinsichtlich der Keuschheit der Schauspielerinnen aber schlägt er ein etwas zweifelhaftes Mittel vor, nämlich für die Tugendhaften besondere Preise auszusetzen. —

5. Die ethische Betrachtung des Schauspiels. Lessing.

Zu welchen Mißgriffen es führt, bei der dramatischen Kunst vorzugsweise zu fragen, wiefern sie den ethischen Lebenszwecken Befriedigung und Förderung verschaffe, hat sich uns in der, ein ganzes Kunstgebiet und zum Theil die höchsten Leistungen des menschlichen Geistes vernichtenden Stellung Plato's und Rousseau's zum Drama und Theater gezeigt, wenn auch nicht geläugnet werden kann, daß manche der von diesen Denkern vorgebrachten Beweisgründe innerlichst unwiderlegt geblieben sind, und immer nach der einen und der anderen Seite hin einen treffenden Stachel zurücklassen werden.

Das Kunstprodukt, das wesentlich nur um seiner selbst willen da ist, wird zwar in seiner letzten Gesammtwirkung, welche auf die ganze Lebensidee zurückgeht, auch den ethischen Zweck, oder diejenigen Bestimmungen des Guten und Bösen, um die es sich bei allem menschlichen Sein und Thun handelt, klar und entscheidend herausstellen müssen. Dies ist zugleich die innere poetische Gerechtigkeit des Kunstwerks, ohne welche es in sich selbst gar nicht bestehen kann, und von der es ursprünglich ausgehen und zu der es schließlich zurückkommen muß, wenn es sich überhaupt nur als ein künstlerischer Organismus vollenden will.

Was von dem Kunstwerk im Allgemeinen, gilt insbesondere auch und nach einem am strengsten festzuhaltenden Maaßstab von dem Drama, dessen innerste Natur auf die Verwirklichung der ewigen Gerechtigkeit gebaut ist, und das darum auch in seinen letzten Wirkungen als die höchste moralische Dichtung erscheinen wird und muß. Diese letzte Moral des Drama's, die nicht abgelöst und abstract von demselben genommen werden kann, fällt aber so sehr mit seiner inneren künstlerischen und poetischen Bestimmung zusammen, daß man zwei verschiedene Seiten der Betrachtung, eine moralische und eine poetische, getrennt keineswegs zulassen kann.

Das Moralische im Drama, welches den allgemeinen Menschheitswerth der darin vorgestellten Handlungen ausdrückt, ist in diesem Kunstwerk nur insofern vorhanden, als es zugleich das Poetische und Künstlerische ist, in dem es wie in seiner individuellen Form eingeschlossen liegen muß. Man kann daher keine schlechterdings moralische Betrachtung des Drama's vornehmen, wenn man nicht zugleich seinen eigensten künstlerischen Organismus zerstören will, wozu Derjenige, welcher sich auf das selbstheerliche und absolut bestehende Gebiet der Kunst begiebt, von Seiten der abstracten Lebensmoral hier durchaus nicht das Recht mitbringen kann. Denn der Kunst muß man sich entweder als einer schöpferischen Macht hingeben, oder man muß von vorn herein alle Berührungen mit ihr vermeiden. —

Bei dem Drama scheint allerdings vorzugsweise nach den ethischen Lebenswirkungen gefragt werden zu können, da es die Poesie der menschlichen Handlung ist, mit der wir es in dieser Kunstform zu thun haben. Aber gerade, weil die Poesie der

Handlung, deren innerster Ursprung die Freiheit ist, im Drama zur Erscheinung kommt, werden nicht lauter reine und schlechthin moralische Momente und überhaupt keine Musterformen und gute Exempel in der dramatischen Darstellung gegeben werden können, weil diese weder ein Lehrgedicht noch ein Katechismus oder Compendium zu sein braucht.

Es werden im Gegentheil im Drama eine Menge unmoralischer und schlechter Handlungen vorgehen müssen, auf deren Ausführung der Dichter und nach ihm auch der Schauspieler in der Regel bei weitem mehr Kraft und Nachdruck zu verlegen haben kann, als auf die edelsten Tugendbilder und die sittenreinsten Momente der Darstellung. Die von dem künstlerischen Standpunkt getrennte Moralbetrachtung wird dann allerdings den Vorwurf aussprechen können, daß das Verwerfliche und den guten Sitten Gefährliche im Schauspiel gerade mit der glänzendsten Wirkung hervorgetreten sei. Aber gerade in diesen Handlungen, bei deren Darstellung das schaffende Genie aus den tiefsten und räthselvollsten Gründen der menschlichen Natur zu schöpfen hat, offenbart sich die ganze Freiheit der dramatischen Lebensentwickelung, und der natürliche Verlauf der menschlichen Handlungen, dessen getreuer Spiegel das Drama ist.

Die dramatische Darstellung braucht nur in ihrem höheren, geistigen Zusammenschluß moralisch zu sein, im Einzelnen stehen ihr alle Tonarten der Wirklichkeit, alle Abweichungen von dem positiven Maaß der Dinge, soweit sie deren zur Hervorbringung ihres Grundgedankens bedarf, frei.

Der berühmte Ausspruch des Aristoteles, den wir hier vorläufig außer dem Zusammenhange seiner dramaturgischen Sätze erwähnen wollen: daß die Tragödie die Leidenschaften reinige, ist aus der innersten Natur der dramatischen Kunst hergenommen, und ergreift dieselbe auf ihrem bedeutungsvollsten Punkt, weshalb ihm mit Recht ein so großes und weitverbreitetes Ansehn auf diesem Gebiet zuerkannt worden ist.

Der festgeschlossene Bau des Drama's verlangt es jedoch an sich schon, daß gewissermaßen eine Vermittelung gefunden werde zwischen der künstlerischen Wahrheit, die alle ethischen Ausartungen in sich aufnehmen kann, und der absoluten Wahrheit, die mit dem ewigen Sittengesetz zusammenfallen muß.

Durch eine solche Vermittelung werden sich die feinen Gränzlinien der Darstellung bestimmen, hinsichtlich deren es für den schaffenden Künstlergeist keine Vorschriften giebt, und durch die verhütet wird, daß das Häßliche und Gemeine auch in dem Augenblick, wo es als ein Berechtigtes, Unumgängliches und Herrschendes existirt, nicht mehr Raum erhält, als es nach der ewigen Lebensidee, in der es sich zuletzt doch als ein Nichtseiendes auflösen muß, einnehmen darf.

Ueber diese nothwendige Vermittelung, welche das innerste dramatische Darstellungsgesetz berührt, giebt uns schon Lessing[1] eine durchaus hieher gehörige Andeutung. Er sagt bei Gelegenheit eines Stückes von Cronegk: „Ich weiß wohl, die Gesinnungen müssen in dem Drama dem angenommenen Charakter der Person, welche sie äußert, entsprechen; sie können also das Siegel der absoluten Wahrheit nicht haben, genug, wenn sie poetisch wahr sind, wenn wir gestehen müssen, daß dieser Charakter, in dieser Situation, bei dieser Leidenschaft nicht anders als so habe urtheilen können. Aber auch diese poetische Wahrheit muß sich, auf einer andern Seite, der absoluten wiederum nähern, und der Dichter muß nie so unphilosophisch denken, daß er annimmt, ein Mensch könne das Böse, um des Bösen wegen, wollen, er könne nach lasterhaften Grundsätzen handeln, das Laster derselben erkennen, und doch gegen sich und Andere damit prahlen. Ein solcher Mensch ist ein Unding,

[1] Hamburgische Dramaturgie. Erster Theil. Zweites Stück.

so gräßlich als ununterrichtend, und nichts als die armselige Zuflucht eines schalen Kopfes, der schimmernde Tiraden für die höchste Schönheit des Trauerspieles hält."—

An einer anderen Stelle der Dramaturgie (I. XXVIII.) sucht Lessing die vom ethischen Standpunkt aus gemachten Einwände Rousseau's gegen die Komödie aufzuheben, die er „Chikanen gegen den Nutzen der Komödie" nennt, und daher entstanden, weil Rousseau bei seiner Ansicht den Unterschied zwischen Lachen und Verlachen nicht gehörig in Erwägung gezogen habe. Lessing sagt: die Komödie will durch Lachen bessern, nicht aber durch Verlachen. Wenn Rousseau von Moliere rügt, daß er uns über den Misanthropen zu lachen mache, und doch sei der Misanthrop der ehrliche Mann des Stücks, Moliere beweise sich also als einen Feind der Tugend, indem er den Tugendhaften verächtlich mache, so erwiedert Lessing dagegen: „Nicht doch; der Misanthrop wird nicht verächtlich, er bleibt was er ist, und das Lachen, welches aus der Situation entspringt, in die ihn der Dichter setzt, benimmt ihm von unserer Hochachtung nicht das Geringste. Der Zerstreute gleichfalls; wir lachen über ihn, aber verachten wir ihn darum? Wir schätzen seine übrigen guten Eigenschaften, wie wir sie schätzen sollen; ja ohne sie würden wir nicht einmal über seine Zerstreuung lachen können. Man gebe diese Zerstreuung einem boshaften, nichtswürdigen Manne, und sehe, ob sie noch lächerlich sein wird? Widrig, ekel, häßlich wird sie sein; nicht lächerlich."

Ueber den moralischen Nutzen der Komödie bemerkt Lessing sehr treffend, daß dieselbe, wenn sie auch keine verzweifelten Krankheiten heilen könne, doch ihr Genüge daran finde, die Gesunden in ihrer Gesundheit zu befestigen. Auch dem Freigebigen sei der Geizige lehrreich, auch dem, der gar nicht spielt, der Spieler unterrichtend, die Thorheiten, die sie nicht haben, haben Andere, mit welchen sie leben müssen; es sei ersprießlich, diejenigen zu kennen, mit welchen man in Collision kommen kann; ersprießlich, sich wider alle Eindrücke des Beispiels zu verwahren. Ein Präservativ sei auch eine schätzbare Arznei, und die ganze Moral habe kein kräftigeres, wirksameres, als das Lächerliche.

Lessing macht hier der praktisch-moralischen Bedeutung der dramatischen Kunst fast mehr Zugeständnisse, als von den Kritikern und Kunstphilosophen verlangt werden kann. Es lag aber diese Richtung in der eigenthümlichen Bildung seiner Zeit gegeben, die in allen Dingen vorzugsweise nach dem sittlichen Werth fragte, und demnach sowohl das Wesen wie den Inhalt der Kunst würdigte und zurechtstellte.

Wie die in ein Moralsystem aufgelöste Religion dadurch ihrer wahren göttlichen Lebendigkeit entkleidet worden, haben die rationalistischen und aufkläterischen Richtungen des achtzehnten Jahrhunderts gezeigt. Lessing erscheint auf diesem Gebiet der moralischen Religion seines Jahrhunderts, die er in ein philosophisches Gedankenleben hinüberzuretten strebt, eben so als eine nothwendige Vermittelungs- und Uebergangsstufe, als er in der Welt der Kunst zwischen der moralischen Tendenz und der rein künstlerischen Darstellung, aus der einen in die andere hinüberleitend und dazu den Weg bereitend, in der Mitte steht.

Als Kritiker hat es Lessing oft noch etwas mühsam mit den Veranstaltungen zu thun, wie diese Gebiete getrennt aber auch wieder ausgeglichen werden könnten. Als selbstschaffender dramatischer Dichter giebt er sich theilweise schon der ganzen Freiheit der künstlerischen Darstellung hin, bildet aber im Nathan das Ethische und das Künstlerische zu einer einheitlichen Form ineinander, wodurch diese Schöpfung der vollendetste Ausdruck der Kunst- und Gesinnungsweise seiner Epoche geworden ist.

6. Schiller und der sittliche Werth der Schaubühne.

Auch Schiller ging bei den ersten Bewegungen und Zurüstungen seines dramatischen Genius von einer moralischen Betrachtung des Drama's und des Theaters aus, und trug darin, wie jeder ausgezeichnete Geist, den Bildungseinflüssen seiner Jugend und seines Jahrhunderts seinen Tribut ab. In dem Aufsatz: „die Schaubühne als eine moralische Anstalt betrachtet" (1784), will er der Bühne ihre nothwendige Stelle im Staatsleben neben der Religion und den Gesetzen begründet wissen, welche letzteren mit der Schaubühne gewissermaßen in einen Bund treten und von derselben eine Verstärkung für ihre eigenen Wirkungen empfangen sollen.

Diese Abhandlung ist noch zum Theil mit der jugendlichen Großsprecherei des Gefühls geschrieben, die am liebsten in tönenden Schlagsätzen sich ergeht, und von denen auch der einer ist: daß die Gerichtsbarkeit der Bühne da anfange, wo das Gebiet der weltlichen Gesetze sich endige. „Wenn die Gerechtigkeit — heißt es — für Gold erblindet, und im Solde der Laster schwelgt, wenn die Frevel der Mächtigen ihrer Ohnmacht spotten, und Menschenfurcht den Arm der Obrigkeit bindet, übernimmt die Schaubühne Schwert und Wage, und reißt die Laster vor einen schrecklichen Richterstuhl." —

Schiller bewegte sich in diesem Aufsatze noch vornehmlich in den durch den Kunsttheoretiker J. G. Sulzer[1] geschaffenen moralischen Geleisen der dramatischen Dichtung, auf dessen allgemeine Bestimmung der Schaubühne er sich auch im Eingang beruft: wonach diese aus dem unwiderstehlichen Hang nach dem Neuen und Außerordentlichen im Menschen und aus dem Verlangen, sich in einem leidenschaftlichen Zustande zu fühlen, ihre Entstehung hergenommen habe. Doch hatte auch Sulzer, obgleich er die wesentliche Wirkung des Drama's in die Moral verlegt, schon den künstlerischen Anforderungen möglichst Gerechtigkeit widerfahren zu lassen gesucht, das Künstlerische aber nicht anders als auf die äußere Form bezüglich verstanden.

Schiller sucht in jener Jugend-Abhandlung die Moral des Drama's freilich bereits auf einen umfassendern Welt-Standpunkt zu erheben. Aber obwohl er der Bühne eine Aufgabe für das Leben und Glück der Gesellschaft zutheilt, ihr zuerst unter allen deutschen Dichtern eine Verbindung mit dem

[1] Allgemeine Theorie der schönen Künste (1773).

Geist der Nation zuerkennt, und sie den gemeinschaftlichen Kanal nennt, „in welchen von dem denkenden bessern Theile des Volks das Licht der Weisheit herunterströme, und von da aus in mildern Strahlen durch den ganzen Staat sich verbreite": so entfaltet er doch hier noch keineswegs die tiefe und universelle Einsicht in Natur und Form der dramatischen Kunst, welche er in seinen spätern, auf der Grundlage der Kantischen Philosophie hervorgegangenen Abhandlungen, namentlich in der „Ueber den Grund des Vergnügens an tragischen Gegenständen" (1792) ausgesprochen hat.

In dieser letzteren Abhandlung sieht er zunächst den bloß moralischen Zweck als beeinträchtigend für die Freiheit und das wahre Wesen der darstellenden Kunst an. Die wohlgemeinte Absicht, das Moralischgute überall als höchsten Zweck zu verfolgen, habe in der Kunst größtentheils nur Mittelmäßiges erzeugt, und auch in der Theorie vielfachen Schaden angerichtet. Schiller möchte dagegen eine höhere Theorie des Vergnügens aufstellen und vorzugsweise auf diese im umfassendsten Sinne das Wesen der Kunstproduction begründen.

In einer bündigen Theorie des Vergnügens und in einer mit ihr sich verbindenden vollständigen Philosophie der Kunst glaubt Schiller die Widersprüche zwischen der moralischen und künstlerischen Seite der Production einzig und allein lösen zu können. Das „freie Vergnügen", welches er jetzt als den Hauptbeweggrund der darstellenden Kunst annehmen will, wird aber auch wieder durchaus auf moralischen Bedingungen beruhen müssen, indem es erfordert, daß die ganze sittliche Natur des Menschen dabei thätig sei.

Der Angelpunkt dieser Schiller'schen Aesthetik ist dann der, daß die höchste künstlerische Wirkung auch den sittlichen Zweck in sich schließen und befriedigen werde, daß aber die höchste künstlerische Wirkung nur durch die vollste Freiheit der Darstellung entstehen kann. Um von hier aus zur Erklärung der Wirkungen der Tragödie überzugehen, bedient sich Schiller der freilich sehr formalen Theorie der Zweckmäßigkeit, wie dieselbe in Kant's Gedankensystem zum Hauptkriterium auf dem Gebiet des Schönen geworden war. Das Rührende und Erhabene — sagt Schiller — kommen darin überein, daß sie Lust durch Unlust hervorbringen, daß sie uns also, (da Lust aus Zweckmäßigkeit, der Schmerz aber aus dem Gegentheil entspringt) eine Zweckmäßigkeit zu empfinden geben, die eine Zweckwidrigkeit voraussetzt. Das höchste Bewußtsein unserer moralischen Natur erlangen wir nur in einem gewaltsamen Zustande, im Kampfe, und so müsse das höchste moralische Vergnügen jederzeit von Schmerz begleitet sein. Diejenige Dichtungsart also, welche uns die moralische Lust in vorzüglichem Grade gewähre, müsse sich eben deswegen der gemischten Empfindungen bedienen, uns durch den Schmerz zu ergötzen. Dies thue vorzugsweise die Tragödie, und ihr Gebiet umfasse alle möglichen Fälle, in denen irgend eine Naturzweckmäßigkeit einer moralischen, oder auch eine moralische Zweckmäßigkeit der andern, die höher ist, aufgeopfert wird. Das Gefühl der moralischen Zweckmäßigkeit liege aber immer der tragischen Rührung und unsrer Lust an dem Leiden zum Grunde.*

7. Goethe.

Es ist bemerkenswerth, daß auch Goethe in der letzten Zeit seines Lebens der Plato-Rousseau'schen Ansicht vom Drama und Theater nicht entgangen ist, und daß sie sich selbstständig, und ohne Rücksicht auf jene beiden großen Vorgänger, bei diesem Dichter

hervorgedrängt hat, und zwar bei ihm ebenfalls im
Zusammenhange mit jenen Ideen einer neuen socialen
Lebensentwickelung, von denen auch Goethe, vielleicht
zum Theil wider seinen Willen, und zwar zu einer
Zeit, wo sonst noch nicht recht die Rede davon war,
überrascht wurde.

Diese Richtung hat er bekanntlich in den seltsam
gestalteten Wanderjahren Wilhelm Meister's
niedergelegt, und in demselben Buche spricht er auch
ein merkwürdiges Verdammungs- und Verbannungs-
Urtheil gegen das Theater wie auch gegen die dramatische Kunst selbst aus. Nachdem Goethe in den
Lehrjahren Wilhelm Meister's das Theater als
ein eigenthümliches Culturelement zur höheren und
freieren Bildung der Persönlichkeit, ja als eine vermittelnde Kraft zur Emancipation des deutschen Lebens, behandelt und verherrlicht hatte, nachdem er
darauf selbst einen guten Theil seines schöpferischen
Geistes und seiner Zeit dem Drama wie den Beschäftigungen und Einrichtungen des Theaterwesens
zugewendet, scheint, wenn man jenen Stellen in den
Wanderjahren (1821. I. 322 flgd.) trauen darf,
als Resultat aller dieser dramatischen und theatralischen
Bestrebungen nur die Verwerfung der Bühne übrig
geblieben zu sein. In jener geheimnißvollen Erzie-

hungsprovinz nämlich, in der ein neues Gesellschaftsleben keimen soll, und das uns bald an den platonischen Staat, bald an Rousseau's Naturzustand, bald an ein Fourier'sches Phalanstère erinnert, findet sich kein Theater und keine Anstalt zur Förderung der dramatischen Poesie. Die Vorsteher dieser Provinz äußern sich darüber folgendermaßen:

„Verhehlen dürfen wir nicht, daß in unserer ganzen Provinz keine Anstalt für dramatische Poesie anzutreffen sei, denn das Drama setzt eine müßige Menge, vielleicht gar einen Pöbel voraus, dergleichen sich bei uns nicht findet, denn solches Gelichter wird, wenn es nicht selbst sich freiwillig entfernt, über die Gränze gebracht. Seid jedoch gewiß, daß bei unserer allgemein wirkenden Anstalt auch ein so wichtiger Punkt wohl überlegt worden; keine Region aber wollte sich finden, überall trat ein bedeutendes Bedenken ein. Wer unter unseren Zöglingen sollte sich leicht entschließen, mit erlogener Heiterkeit, oder geheucheltem Schmerz, ein unwahres, dem Augenblick nicht angehöriges Gefühl in der Masse zu erregen, um dadurch ein immer mißliches Gefallen abwechselnd hervorzubringen. Solche Gaukeleien fanden wir durchaus gefährlich, und konnten sie mit unserm ernsten Zweck nicht vereinen. — Da es aber unser höchster und heiligster Grundsatz ist, keine Anlage, kein Talent zu mißleiten, so dürfen wir uns nicht verbergen, daß unter so großer Anzahl sich eine mimische Naturgabe auch wohl entschieden hervorthue; diese zeigt sich aber in unwiderstehlicher Lust des Nachäffens fremder Charactere, Gestalten, Bewegung, Sprache. Dieß fördern wir zwar nicht, beobachten aber den Zögling genau, und bleibt er seiner Natur durchaus getreu, so haben wir uns mit großen Theatern aller Nationen in Verbindung gesetzt, und senden einen bewährt Fähigen sogleich dorthin, damit er, wie die Ente auf dem Teiche, so auf den Brettern seinem künftigen Lebensgewackel und Geschnatter eiligst entgegen geleitet werde."

Wie sich Goethe selbst in seiner Person zu diesen Ansichten verhalten, kann man etwa aus dem zweifelhaften Stoßseufzer, welchen er als „Redacteur" der wunderlichen Blätter eingefügt hat, entnehmen, und woraus hervorzugehen scheint, daß auch der große Dichter vom Drama und Theater immerhin einen brennenden Stachel, halb Reue und Schmerz, halb unbefriedigten Drang, in seinem Fleisch zurückbehalten. Je bedeutender der Einfluß Goethe's auch auf die Bildung großer deutscher Schauspieler und überhaupt auf eine zeitweise Erhebung des deutschen Theaterlebens gewesen, desto schwerer muß zuletzt sein schwankendes und mildes Verhalten zu diesen Bestrebungen in die Wagschaale fallen.

In einem kleinen Aufsatz, der sich unter seinen nachgelassenen Schriften findet,[1] nennt er das Theater „eine merkwürdige und gewissermaßen sonderbare Anstalt", wie es in dem modernen bürgerlichen Leben darin stehe, „wo durch Religion, Gesetze, Sittlichkeit, Sitte, Gewohnheit, Verschämtheit und sofort! der Mensch in sehr enge Gränzen eingeschränkt ist". Als die drei Hauptgegner des Theaters, welche es immer einzuschränken suchen, führt er an: „die Polizei, die Religion und einen durch höhere sittliche Ansichten gereinigten Geschmack."

Goethe gedenkt dabei des bekannten Hamburger Theaterstreits, der durch die Erklärung des hamburgischen Pastors Götze, daß es den Pflichten eines Geistlichen widerstreite, das Theater zu besuchen, veranlaßt worden war, und von dem wir noch bei der Darstellung der späteren deutschen Theatergeschichte zu sprechen haben werden. Dieser Streit, bemerkt hier Goethe, habe leider die Freunde der Bühne genöthigt, diese der höheren Sinnlichkeit eigentlich nur

[1] Goethe's Werke. Vollständige Ausgabe letzter Hand. (Stuttgart 1833.) Bd. 45. S. 162. flgd.

gewidmete Anstalt für eine sittliche auszugeben. Sie hätten nun behauptet, das Theater könne auch lehren und bessern, und also dem Staat und der Gesellschaft unmittelbar nutzen.

Sodann hätten auf eine fortdauernde und vielleicht nie zu zerstörende Mittelmäßigkeit des deutschen Theaters besonders drei Schauspieler hingewirkt, welche als Menschen schätzbar, das Gefühl ihrer Würde auch auf dem Theater nicht aufgeben konnten, und deshalb mehr oder weniger die dramatische Kunst nach dem Sittlichen, Anständigen, Gebilligten und wenigstens scheinbar Guten hinzogen. Goethe meint hier Eckhof, Schröder und Iffland, denen darin sogar die allgemeine Tendenz der Zeit zu Hülfe gekommen sei, welche eine allgemeine An- und Ausgleichung aller Stände und Beschäftigungen zu einem allgemeinen Menschenwerth durchaus im Herzen und im Auge gehabt.

8. Abwehr der christlichen Kirche gegen Drama und Theater.

Der in der christlichen Weltansicht zuerst sich hervordrängende Widerspruch gegen den freien und un-

befangenen Genuß des menschlichen Daseins, wie
überhaupt gegen das Princip: an dem diesseitigen
Leben, als an einer berechtigten Gegenwart festzuhalten, hatte hier schon ursprünglich eine Abneigung
und **Gegenwirkung gegen Drama und Theater** hervorgebracht, als gegen diejenige Kunstsphäre, in welcher am meisten die gegenwärtige und diesseitige Bedeutung des Lebens zur Geltung kommen muß, und
in der darum auch der ganze sinnliche Reiz, mit dem
die Menschenwelt geschmückt ist, zur Erscheinung und
Mitwirkung gelangt.

In dieser Beziehung wird es bemerkenswerth und
auch für das innere Wesen der dramatischen Kunst
charakteristisch, wie die ersten Vertreter und Lehrer
der christlichen Kirche ihren Eifer nach dieser Seite
hin eingekleidet und für denselben die mannigfachsten
Gründe und Wendungen ausgefunden haben. Die
Aussprüche der Kirchenväter gegen das Theater, von
denen man häufig ergötzliche Blumenlesen veranstaltet
hat, wie auch die Verordnungen, durch welche die
Gesetzgebung die christliche Gesellschaft gegen die Einwirkungen dieser Kunst zu schützen suchte, bilden eine
bunte Musterkarte von Beweisgründen gegen diese
Kunst, die ihre universale Lebensbedeutung schon dadurch zu bewähren scheint, daß sie zu allen Zeiten

und unter allen Verhältnissen diese heftigen Angriffe erlitten.

Bei den Kirchenvätern war es zum Theil auch die von ihnen gefürchtete Concurrenz der prächtigen und sinnverlockenden Schauspiele der Heiden mit den neuen christlichen Kirchenformen, wodurch sie zu ihren verwerfenden Aussprüchen gegen Drama und Theater überhaupt veranlaßt wurden. Größtentheils gingen sie jedoch in ihrer Polemik auf die allgemein menschlichen Wirkungen der dramatischen Darstellung zurück. So machte schon Clemens von Alexandrien in seinem Pädagogus (III. 11. p. 297. ed. Potter) die Bemerkung, daß Volksempörungen häufig im Theater ihren Ursprung nehmen, was freilich noch in der neuesten Zeitgeschichte durch die Aufführung der Auber'schen Oper: die Stumme von Portici, die den Vorabend der belgischen Revolution bezeichnete, bestätigt worden ist.

Als der bedeutendste Gegner der Schauspiele aber muß uns der Kirchenvater Tertullian erscheinen, der mit einer oft großartigen und donnernden Beredtsamkeit dagegen auftritt, und durch dessen Schrift de spectaculis[1] wir zugleich einen lehrreichen Ein-

---

[1] Tertullian. Opera ed. Semler. Tom. IV. c. 10. 16. 1849.

blick in die Theaterverhältnisse des dritten christlichen Jahrhunderts erhalten. Tertullian findet in den theatralischen Freuden die Quelle aller Sünden und Leidenschaften, er nennt die Theater Häuser der Venus und des Bacchus, und verbietet seinen Christen, aus der Kirche Gottes in die Kirche des Teufels zu gehen.

Für ihn giebt es nur ein Schauspiel: Das Schauspiel der Wiederkehr Christi und des Gerichts, welches er am Schluß seiner Schrift in glühenden Farben schildert. Dann, ruft er mit nicht zurückzuhaltender Freude aus, werden viele Könige und Philosophen in den Flammen schmachten, die Poeten aber nicht vor des Rhadamanthus und Minos, sondern vor Christi Richterstuhl beben, und die Schauspieler werden ihre eigene Tragödie haben, in der sie nun noch lauter schreien werden, als bisher in den erdichteten.[1]

Unter den unsittlichen Wirkungen, welche durch das Theater entstehen, hebt Tertullian auch merkwürdiger Weise die Lust an der Grausamkeit hervor, was sich auf gewisse zu seiner Zeit übliche Theatervorgänge bezieht, die man freilich heutzutage, ungeachtet der äußersten materiellen Täuschungsmittel, die

[1] Eikadius, Geschichte der Vorstellungen von der Sittlichkeit des Schauspiels. S. 135 fgg.

man auf unserer Scene anwendet, vollkommen unbegreiflich findet. Man scheint nämlich die theatralische Wahrheitsliebe damals so weit getrieben zu haben, daß die Schauspieler, welche auf der Bühne einen tragischen Tod zu erleiden hatten, wirklich dabei ihr Leben vor den Augen der Zuschauer lassen mußten.

So wurde, wie Tertullian selbst erzählt (ad nationes I. 10.), in einer Tragödie vom Herkules der Schauspieler, welcher den Herkules darzustellen hatte, zur lebendigeren und getreulicheren Veranschaulichung des berühmten Flammentodes auf dem Oeta, in der That leibhaftig auf der Bühne verbrannt. Man hatte freilich zu dieser Rolle einen zum Tode verurtheilten Verbrecher auserkoren, und dadurch eine sehr raffinirte Gelegenheit gefunden, um mit der dramatischen Kunst das Schauspiel einer Hinrichtung zu verbinden. Ein anderer Schauspieler, der den Dädalus darzustellen hatte, wird in der Scene, wo Dädalus dem Minotaurus im Labyrinth vorgeworfen wird, von einem Lucanischen Eber zerrissen, welchen man als Minotaurus agiren und auf ihn losgehen ließ.[1]

Die mimisch lebendigen Kraftausdrücke, mit denen der Kirchenvater Chrysostomos (im fünften Jahr-

---

[1] Vgl. Theater und Kirche in ihrem gegenseitigen Verhältniß. Historisch dargestellt von Dr. Heinrich Alt. (Berlin 1846.) S. 211 flgd.

hundert) die dramatischen und theatralischen Künste zu charakterisiren suchte, sind oft angeführt worden. Er nannte die Theater „Gebäude des Teufels, Schauplätze der Unsittlichkeit, Lehrsäle der Schwelgerei, Gymnasien der Ausschweifung, Katheder der Pest, Babylonische Oefen, wo unzüchtige Mienen, schmutzige Worte, weibische, gleichsam zerbrochene Glieder die Brennmaterialien sind."[1]

Chrysostomos kannte das Theater seiner Zeit sehr genau aus seinem Aufenthalt in mehreren großen Hauptstädten, wo er bedeutende geistliche Aemter verwaltete, und sich in seinen Predigten um so mehr zur Bekämpfung der Theaterspiele veranlaßt fand, als jetzt auch bereits Christen als Schauspieler aufgetreten waren, und überhaupt bei der christlichen Bevölkerung die Leidenschaft für das Theater und der Sinn für dramatische Darstellungen tief eindringen wollte. Auch scheint namentlich zu Antiochien die Kunst der Schauspielerinnen und Tänzerinnen schon so weit vorgeschritten gewesen zu sein, daß sie in gänzlich durchsichtigen Florkleidern fast nackt auf die Bühne kamen, und man in manchen Stücken badende Mäd-

---

[1] Chrysostom. Homil. in Math., in martyr. Barlaam u. a. wie auch in der besonderen Theater-Strafpredigt, welche er den Einwohnern von Constantinopel hielt. Homil. contra ludos et theatrum.

chen in einem Teich erblickte, was vornehmlich in einem sehr berüchtigten Spiel unter dem Titel: Majuma, das vielfachen Theaterverboten unterlag, aber immer wieder mit Begierde hervorgesucht wurde, der Fall war.[1]

Wenn man auf diese ungeheuern Ausschweifungen des damaligen Bühnenwesens zurückblickt, denen sich selbst unsere moderne und zum Theil legitim gewordene Balletkunst nur einigermaßen und schüchtern wieder annähern konnte, so begreift man freilich, wie es die an ein jenseitiges Leben appellirende christliche Kirche mit solchem Feuereifer zu einer Lebensfrage erheben konnte, daß die zu ihr gehörigen Gläubigen sich des Theaterbesuchs enthielten.

Auch der hochbegabte und feinorganisirte Augustinus richtet die heftigsten Angriffe gegen das Theater[2], indem er zugleich bekennt, daß er als Jüngling ein leidenschaftlicher Besucher desselben gewesen, sich dort durch unnütze Rührungen habe erschüttern lassen und dabei sich selbst, Gott und die ewige Liebe verloren und vergessen habe. Merkwürdig ist der von ihm gebrauchte Beweisgrund gegen das Theater, daß

---

[1] Vgl. Theater und Kirche von Dr. Heinrich Alt. S. 226.
[2] In seinen Büchern de civitate dei I. 32, de vera religione c. 22 und in seinen Confessiones I. 13. III. 1.

es nämlich durch Dichtung und Nachahmung den Geist von der Wirklichkeit und Wahrheit ableite.[1]

Wenn aber das antike Theater seinerseits in seinen eigenen scenischen Darstellungen die Herausforderung zum Kampfe gegen das Christenthum aufnahm, so ist es bemerkenswerth genug, daß bei einer solchen zur Verhöhnung der christlichen Religion veranstalteten Spottdarstellung die Schauspieler ihren später auch kirchlich anerkannten Schutzpatron erhielten, und zwar in einem gewissen Genesius, einem damals sehr berühmten Histrionen, der bei einer solchen antichristlichen Theatervorstellung in burlesker Weise die christliche Taufe zum höchsten Ergötzen der Zuschauer empfangen mußte. Genesius selbst aber ward von diesem Act so ergriffen, daß er sofort dem Schauspielerberufe entsagte, sich in der That taufen ließ, und nachher den Märtyrertod in der Diocletianischen Christenverfolgung starb. Er ward später als der heilige Schutzpatron der Schauspieler verehrt, und sein Gedächtnißtag am 25. August gefeiert.

Es war immer schon bedenklich, daß die Kirche mit solcher Großmuth darauf einging, dem Schauspielerstande ein besonderes Schutzpatronat zuzugestehen, was vielleicht darauf hindeutete, daß auch sie, die

[1] De vera religione Dei. c. 22.

Kirche, bald auf das Gebiet des Theaters selbst hinübertreten oder wenigstens lernen würde, dem antiken Theater alle seine Vortheile abzugewinnen.

Um aber Alles, was an Seelenheil etwa im Theater verbraucht werden könnte, ausschließlich der Kirche vorzubehalten, wurden auch durch die vielfachen Verordnungen und Beschlüsse der Concilien, Synoden und christlichen Kaiser gegen das Theater die lebhaftesten und dauerndsten Anstrengungen gemacht. Die Kirche suchte darin ihre feindliche Stellung gegen diese Kunst zu einer gesetzlichen zu machen, und hatte dazu um so wirksamere und das ganze öffentliche Leben meisternde Mittel in der Hand, als sie für die Folgeleistung ihrer Gebote zugleich die ewige Seligkeit als Preis ausschreiben konnte.

So werden in den Concil-Verordnungen von Elvira (305) und Arles (314) die Schauspieler, so lange sie dies Gewerbe treiben, von der Kirchengemeinschaft ausgeschlossen, und müssen auch, wenn sie Christen werden wollen, vorher ihren Stand feierlich abgeschworen haben. Die apostolischen Constitutionen (I. 2. 65. VIII. 32.) richten sich aber in ihrer Verdammung aller darstellenden Kunst nicht blos gegen die ausübenden Spieler, Tänzer, Flötenbläser,

Gaukler u. s. w. sondern auch gegen Diejenigen, welche der Theaterwuth (Θεατρομανία) ergeben sind.

Etwas glimpflicher fielen die Verordnungen der christlichen Kaiser gegen die dramatische Kunst in ihren Gesetzbüchern aus, unter denen besonders der Theodosianische Codex (438) und der Justinianische Codex (529) die Gesetze verschiedener Zeiten und Motive gegen die scenischen Spiele zusammenfassen. Eine gesetzliche Beschränkung der Theater-Darstellungen fand nur insofern Statt, daß sie auf gewisse Zeiten und Orte, z. B. nur vor dem Mittagsessen, verlegt werden mußten, niemals aber an einem Sonntag oder christlichen Festtag gegeben werden durften, an welchen Tagen selbst Juden und Heiden jede Theaterbelustigung streng verboten war. Dagegen blieb gegen die Schauspieler und Schauspielerinnen in den kaiserlichen Gesetzen die alte Verachtung ausgesprochen, mit der ihr Stand von jeher belastet gewesen. Im Theodosianischen Codex hießen sie vorzugsweise die „unehrlichen Personen" (inhonestae), und hatten auf gleicher Stufe mit den Kupplern, Kupplerinnen und öffentlichen Dirnen die Schmach der Infamie zu tragen. Nur Theodora, die Gemahlin des Kaisers Justinian I., die früher selbst Schauspielerin gewesen, wußte ihren Gemahl zu milderen Bestimnitungen, namentlich in Bezug auf die Schauspielerinnen, zu veranlassen. —

Der Streit zwischen Theater und Kirche blieb auch die folgenden Jahrhunderte hindurch bis in die neuere Zeit ein Lieblingsgefecht der verschiedenen religiösen Parteien, und wurde von Jesuiten, Jansenisten, Puritanern, bis zu den neumodischen Pietisten und Ascetikern herab auf ihren eigenthümlichen Standpunkten mit mehr oder weniger Fanatismus und Eindringlichkeit geführt.

Da es aber immer nur die alten Sätze sind, um welche die Controverse sich dreht, und da sie nur den engherzig aufgefaßten und dem Gericht der Zeiten anheimgefallenen Dualismus zwischen der idealen und materiellen Welt zur Voraussetzung haben, so dürfte es nur noch ein unerhebliches und auf alte Büchertitel zurückgehendes Interesse haben, wenn wir die Annalen dieses Streits hier nochmals durchblättern wollten.

Wir haben uns jetzt zur Bestimmung der künstlerischen Natur des Drama's, als eines in seinem eigenen Rechte lebenden Organismus des menschlichen Geistes, hinzuwenden.

Erster Abschnitt.
Begriff und Form des Drama's.

1. Die dramatische Lebensbewegung.

Die sittlichen Bedenken gegen die Natur und Wirkung des Drama's, welche auf einzelnen Standpunkten der Religion und des Gefühls erhoben worden, müssen immer in dem wahrhaften und richtigen Verhältniß zur Idee der Kunst selbst ihre Erledigung und Auflösung finden. Die ächt künstlerische Bestimmung und Gestaltung des Drama's, durch welche es sich zugleich als den höchsten sittlichen Organismus auszuweisen haben wird, trägt auch die Rechtfertigung aller seiner Wirkungen auf Geist, Gemüth, Bildung und öffentliche Zustände seines Zeitalters in sich.

Um uns auf die innersten Gründe stützen zu können, aus denen das Drama sein eigenthümlich bestimmtes Leben und die ganze Kraft seiner Formen empfängt, haben wir zuerst die allgemeine geistige Lebensbewegung, die wir überhaupt und vorzugsweise als eine dramatische erkennen müssen, zu betrachten. Dies ist diejenige Lebensbewegung, die als ein unmittelbares Handeln auf dem Boden der Gegenwart und unter den Bedingungen derselben hervortritt, und sich in einem Vorgang vollbringt, der in allen seinen äußeren und inneren Momenten vom Beginn der Verwickelung bis zu deren Lösung als ein wirklich geschehender vor uns offenbar und auseinander gelegt wird. Denn alles Handeln des Menschen ist und wird sofort auch eine Verwickelung, ein Conflict, entweder mit sich selbst und seinen sinnlichen und sittlichen Beweggründen, oder mit den ihm gegenüberstehenden thatsächlichen und gegebenen Verhältnissen, mit denen er sich durch sein handelndes Auftreten eben so sehr zu überwerfen als auszugleichen hat. Und dies ist der dramatische Charakter des menschlichen Lebens, daß es sich in eine gegeneinanderstoßende Zweiheit der Entwickelung zerlegen und darin auch wieder zusammenfassen muß. Diese handelnd gewordene Zweiheit der menschlichen Natur, worin sie zwischen einer zeitlichen Bedingung der Existenz und ihrer ewigen idealen Bestimmung hin und her bewegt wird, ist eben das Lebensdrama, und das Handeln unter diesem Widerspruch ist der ächt dramatische Prozeß, der in dem Durcheinanderwirken der beiden entscheidenden Lebensmächte, der realen und der idealen, die ihm eigenst angehörige Verwickelung, Katastrophe und Auflösung findet.

Die dramatische Lebensbewegung ist darum eine so entscheidungsvolle und gewissermaßen universale, weil es sich in ihr um die ganze Existenz oder um eine wesentliche Abschließung, Feststellung und Wendung derselben handelt, und darum in den zeitlichen Veränderungen, denen das Individuum darin unterworfen wird, zugleich die ewigen Grundbestimmungen seines Daseins in Frage gekommen sind. So gewinnt auch die Kunst, welche sich vorzugsweise die Abbildung dieses Lebenskampfes zur Aufgabe gestellt, die Kunst des Drama's, diesen Charakter einer universalen, das menschliche Dasein gewissermaßen urbildlich behandelnden Schöpfung. Diese Kunstform ist daher immer als die reifste und schönste Blüthe der menschlichen Darstellungskraft erschienen, und lockt den künstlerisch schaffenden Geist, darin auf die Höhen der ächten Lebenswirklichkeit hinauszutreten, sowie sie den Zuschauer gemahnt, als ob sein eigner innerster Lebenspunkt darin getroffen sei und die Räthsel und Kämpfe seines eigenen Daseins hier entscheidend durchgefochten und geschlichtet werden sollten.

Diese universale Natur des Drama's, welche am Ende aller Verwickelungen und Entscheidungen in die allgemeine ewige Idee des Lebens sich hineinbildet, und darin Alles zuletzt nach der göttlichen Wahrheit und Wesenheit zurechtformt, giebt ihm zugleich die Bedeutung eines wahrhaften Trägers des geschichtlichen Menschengeistes, der das innere Grundwesen der dramatischen Dichtung überall durchdringt. Denn die Lebensdarstellung, wie sie das Drama aufnimmt, verliert auf dem, Welt und Zeit durcheinanderstürzenden Boden desselben sofort ihren Privatcharakter, und behandelt im Individuum die Geschichte seines ganzen Volkes und im Einzelschicksal das Schicksal der ganzen Gesellschaft. Der Geschichtsgeist der Menschheit, welcher das eigentlich dramatische und productive Element der Schöpfung ist, füllt das Drama in seinen tiefsten Gründen an, und durchzieht es selbst da mit seiner substantiellen Kraft, wo es nicht in bestimmter Fassung historische Charaktere und Thatsachen aufgenommen hat. Es ist das ewige Schaffen in allen Personen und Zuständen, welches dem Drama seine hohe und erschütternde Lebendigkeit giebt, und wodurch es zu einer Kunstform wird, in der es keinen einzelnen und abgetrennt für sich bestehenden Lebensmoment giebt, sondern in der Alles im Großen zusammenhängt und ein Spiegelbild der ewigen Gesetze des Daseins hingestellt wird. Niemand hat dies in kurzen schlagenden Worten treffender ausgedrückt, als Shakspeare's Hamlet, der (Akt 3, Scene 1) sagt: „Der Zweck des Schauspiels war und ist, der Natur gleichsam den Spiegel vorzuhalten, der Tugend ihre eigenen Züge, der Schmach ihr eigenes Bild und dem Jahrhundert und Körper der Zeit den Abdruck seiner Gestalt zu zeigen!" —

Indem das Drama also in seiner allgemeinen Bestimmung und in seinem innerlichsten Begriff diese Poesie der menschlichen Handlung, und damit zugleich das in Handlung getretene Gewissen der Nation ist, stellt es uns den Menschen wesentlich in seiner selbstschöpferischen Freiheit und auf demjenigen entscheidenden Punkt dar, wo es in seine Hand gegeben ist, sich sein Leben entweder zu gestalten oder zu verderben, und im Kampf des Willens gegen eine innere oder äußere Nothwendigkeit sich zum Meister seines Geschicks zu machen. Der Mensch erscheint also im Drama vorzugsweise als frei, weil es ihm darin gegeben wird über sich selbst und sein Schicksal durch That und Handlung, welches die wesentlichsten Vollbringungen der freien Persönlichkeit sind, zu bestimmen.

Die der Freiheit des menschlichen Willens gegenüberstehende feste und ewige Weltordnung erscheint in dem dramatischen Lebenskampf wohl als das Beschränkende, Zurückweisende und Vernichtende, aber sie dient doch eigentlich nur dazu, um die auf sich selbst gewiesene Kraft des freien dramatischen Menschen zu realisiren. Denn der dramatische Kampf besteht eben darin, daß der handelnde Held ihr widerstrebet oder sie nach sich und seiner individuellen Eigenmacht zu modeln strebt. Es liegen hier zwei Rechte miteinander im Conflict, das Recht der individuellen Menschennatur, die sich auf sich selbst stützen zu können glaubt, und das Recht der objectiven Nothwendigkeit, welche sich als die sittliche Weltordnung selbst behauptet und in ihrer unerschütterlichen Macht fast der Undurchbrochenheit eines Natur-Elementes gleicht.

Aber wenn das Individuum mit seinem Trotz und seinem Muth an diesen Schranken sich zerschellt, so erringt es mit diesem Untergang nur den Kampfpreis seiner eigensten Freiheit, und durch ihn, durch sein Erliegen und durch die darüber hinausreichende Gerechtigkeit und Versöhnung, der er anheimfällt, erfüllt sich eigentlich erst die Idee dieser sittlichen Weltordnung als eine wirkliche und wahrhaft bestehende.

Man kann daher sagen, daß der dramatische Mensch auf jenem entscheidungsvollen Moment, dem

Gipfel des Drama's, die sittliche Weltordnung im wahrhaftesten Sinne erst aus sich hervorbringt und sie als eine reale setzt, weil sie sonst, wenn der Mensch sich nicht mit der Freiheit seiner Person an ihr bethätigt, nur eine abstracte oder bloß conventionelle Macht sein würde. Als eine solche halb in blinde Naturkraft, halb in dunkles Göttergeheimniß gehüllte Convention wirkte die Schicksalsidee der antiken Tragödie, die dadurch allerdings den Begriff des Dramatischen in enge Gränzen einschloß, obwohl sie innerhalb dieser, der freien dramatischen Handlung gesteckten Gränzen die großartigsten Lebensgebilde voll sittlicher und poetischer Hoheit ausführte.

Aber die zwingende Gewalt der antiken Schicksals-Convention, welche die dramatische Natur des Helden nur im Thun des von den Göttern unweigerlich Verhängten frei ließ, entsprach den allgemeinen Lebensbewegungen der alten Welt, auf deren Gipfel auch hier das Drama erscheint. Die moderne Welt ergänzt aber auch das Drama durch dieselbe Bewegung, durch welche sich das Leben überhaupt in Hinzufügung einer ganzen Seite ergänzt hat, nämlich durch die ihr eigenes Schicksal bauende und bestimmende Subjectivität. —

2. Dramatisch, episch, lyrisch.

Das Drama ist uns schon auf seiner allgemeinsten menschlichen Grundlage vorzugsweise als die Dichtung der **Gegenwart** erschienen, und behauptet diesen Charakter auch in seiner Ausgestaltung als Kunstform zum wesentlichen Unterschiede von den übrigen poetischen Gattungen und Formen.

Die Urform aller künstlerischen Darstellung sehen wir im Epos, in diesen ersten durch den begeisterten und erleuchteten Mund der Volkssänger überlieferten Erzählungen, welche die ursprünglichen Zustände der Menschengeschlechter, die vorgeschichtlichen Bewegungen der Stämme, die Schicksale der großen Heroen-Familien, die in diesem ersten Helldunkel zwischen Mythus und Geschichte hervorstrahlen, wie auch die leichteren Spielbildungen, mit denen die Sage die Eingangspforten der Menschheit umschwebt, behandeln.

Die epische Dichtung entspringt aus dem tiefwurzelnden Bedürfniß des Menschen, seine Vergangenheit als eine große, heilige und schöne festzuhalten, und so wird die Poesie zuerst diese Form der Tradition, welche behaglich und sinnig Moment an Moment reiht, und darin das Bild einer in sich selbst ruhenden harmonischen Lebensentwickelung oder eines um die Gründung seiner ersten Formen ringenden Volkszustandes aufstellt. Die epische Darstellung hat damit auch als Kunstform diese Richtung auf die Vergangenheit erhalten, und hierdurch ihre Weise die Begebenheiten zu fassen und in Verbindung zu bringen, ihre Tonart und alle ihre Ausdrucksmittel vorzugsweise bedingt. Indem sie Alles, was sie behandelt, als etwas Vergangenes vorstellt, gestaltet sie ihren Stoff in dieser ruhigen, stufenweise fortschreitenden und in einem allmähligen Nacheinander heraustretenden Auseinanderlegung aller seiner Lebenspunkte.

Die epische Darstellung bestimmt sich daher auch als Erzählung vorzugsweise für Hörer und Leser, die sich zu der Dichtung in einer behaglichen und insofern mehr passiven Ruhestellung verhalten, als sie nicht zu Zeugen der dargestellten Begebenheit gemacht werden, wie das Drama sie in seinen Zuschauern verlangt, sondern sie den Eindruck und das Interesse an Begebenheit und Form lediglich nach Innen und in der Stille zu verarbeiten haben.

Anders hat sich das Drama eben deshalb, weil es seinen Inhalt als einen vollkommen gegenwärtigen und in demselben Moment seiner Darstellung auch wirklich geschehenden vorüberführt, sowohl in seiner eigenen Organisation wie im Verhältniß zu Denen, welche es zu seinem Spiel einladet, zu stellen. Denn es muß bei dem Drama immer als etwas Wesentliches angenommen werden, daß es auch zur Ausführung für ein ihm unmittelbar beiwohnendes Zuschauerpersonal gelangt, weil ihm das eigentliche Recht seiner Existenz und die schlagendste Kraft derselben genommen wird, wenn es bloß in geistiger Einsamkeit verbleibt, in der das Epos und auch die Lyrik schon vollkommen ihre Bedeutung erfüllen und von Grund aus genossen werden können. Dem nicht zur scenischen Ausführung kommenden Drama geht es aber wie dem nicht dem Licht aufgestellten Gemälde, welches unter alten Geräthschaften verborgen und gefangen gehalten wird. Seine Farben verbleichen und erlöschen unter diesem Druck, indem die Trauer über das ihm gestohlene Recht seiner Existenz mit der Seele auch die Formen zu verzehren scheint.

Das Drama muß aber geschaut, miterlebt und von der ganzen Welt bezeugt werden, weil es den großen Lebensprozeß, der seine Aufgabe ist, nicht anders als in der freien Oeffentlichkeit verhandeln kann. Oeffentlichkeit, Licht, Zeugen, der unmittelbar erfolgende Richterspruch des Volks, worin die in der dramatischen Handlung selbst waltende ewige Gerechtigkeit ihren sofortigen lauten Wiederhall findet, muß das Drama zu seiner Vollbringung haben, und kann sich dadurch eigentlich erst zu seiner höchsten Bedeutung vollenden. Das Drama ist allerdings die Poesie der Menge und muß dieselbe in Mitleidenschaft ziehen, und zu den heftigsten inneren Bewegungen und zur äußeren Darlegung derselben herausfordern. Aber es faßt das Wesen der Menge, die es um sich versammelt, zugleich unter dem höchsten Volksbegriff zusammen, es vergöttert das Volk, indem es dasselbe zum ausschließlichen Richter der ihm vorgeführten Lebenshandlung bestellt, und ihm dadurch auf dem Boden des Geistes die Gottesstimme einräumt, die ihm als Volksstimme auf anderen Gebieten noch so oft bestritten worden und durch deren Ausübung dem Drama gegenüber es zugleich eine ideale Läuterung in sich vollzieht.

Das Epos hat es auch mit den Massen zu thun, die man sich aber als friedlich und gesellig gelagerte Gruppen entweder beim öffentlichen Volksfest oder auf den Schloßhöfen der Fürsten und Großen oder im Schatten des Waldes zu denken hat. Die zuhörende Menge ist auch dem Epos gegenüber keineswegs die urtheilslose, die vorgetragenen Begebenheiten werden auch bei ihr oft die verschiedenartigsten und lebhaftesten Aeußerungen laut werden lassen, aber sie sitzt nicht so unmittelbar über Leben und Tod, über Sein und Schein, über Lüge und Wahrheit, überhaupt über die polarischen Gegensätze des ganzen Lebens zu Gericht, wie dies bei den Zuschauern des Drama's nothwendig der Fall ist.

Das Drama, wie es in sich selbst ganz und gar Zusammenhang und einen Moment durch den andern dialektisch bedingend ist, so constituirt es auch seine Zuschauer sofort zu einem zusammenhangsvollen, in der Repräsentation der ganzen Menschheit organisch verbunden erscheinenden Körper. Die Menge, die dem ächten Drama beiwohnt, erwächst unter sich zu einer geistigen Vereinigung, die wie durch einen unsichtbaren Zauber aus aller sonstigen gesellschaftlichen und politischen Isolirtheit heraushebt, und ein erhebendes Gemeinbewußtsein ebenso innerlich begründet wie äußerlich darlegt. Den schönsten und größten Ausdruck von Volksgemeinsamkeit zeigen die Griechen im Verhältniß zu ihrem Nationaldrama und zu der öffentlichen Darstellung desselben. Die engen, vom bunten Lampenlicht schwülen Theaterräume der Neueren bieten dagegen nicht den reizvollsten Contrast, aber es sind doch auch auf dieser Stätte schon

— 79 —

die größten, ganze Volksexistenzen in ihrem innersten Wesen verbindenden und erhöhenden Wirkungen geschaffen worden. Je besser das Drama, desto besser ist auch das Volk, und darum in schlechten öffentlichen Zuständen kein gutes Drama, sowie ein Philosoph von den Göttern gesagt hat, daß sie immer zugleich mit dem Volke verfallen.

Wie aber die epische Poesie gewissermaßen einen monumentalen Charakter darin hat, daß sie als ein Denkbild vergangenen Lebens dasteht und sich in der Vergangenheit abschließt, das Drama aber als ein Kampfplatz der unmittelbaren Gegenwart sich eröffnet, und dazu das ganze Volk zum Streitgenossen einladet, so erscheint in der Lyrik gewissermaßen nur der allgemeine Lebenshauch dieser Zustände, ihr Nachtönen und Verzittern auf der inneren Harfe der Menschenbrust, oder eine Auflösung der großen epischen und dramatischen Lebensmassen in einem Gefühlsmoment oder in eine als entscheidend herausgekehrte Spitze der Betrachtung.

Das Drama aber, wie selbstständig und streng abgerundet auch sein Organismus sein mag, kann denselben doch nicht in sich vollenden, ohne auch die epischen und lyrischen Momente in sich aufgenommen und in die dramatische Lebenshandlung vertheilt zu

— 80 —

haben. Auf die epische Grundlage der Begebenheit hat auch das Drama sich zu stellen, weil es nur in dem Raum des episch Begebenheitlichen die handelnden Charaktere sich entfalten lassen kann. Aber die Begebenheit existirt für das Drama nicht als solche, sondern nur soweit sie die Unterlage für das Heraustreten des dramatischen Charakters bildet, durch den sie bedingt, begränzt, aufgehalten und fortgeschoben wird.

Was im Epos als etwas wesentlich Charakteristisches ausgemalt steht, wird daher im Drama oft vorausgesetzt und hinter der Scene gehalten werden können, weil die allwaltende Handlung durch ihre unmittelbare plastische Kraft die epischen Momente in sich aufzehrt, und nur soviel davon übrig läßt, als in ihr eigenes Wesen verwandelt werden kann. Dramatische Dichtungen, in denen das begebenheitliche Interesse gegen den handelnden Charakter überwiegend geblieben, und daher die dramatische Aufzehrung des ursprünglich Epischen nicht vollkommen stattgefunden hat, werden als Begebenheits- und Situationsstücke einen novellistisch prickelnden Reiz ausüben können, aber man wird ihrer bald überdrüssig sein und nicht ewig von Neuem wieder zu ihnen zurückkehren müssen, welchen Zauber das unendliche und unausschöpfbare Leben der ächt dramatischen Handlung über uns verhängt.

Auch die Lyrik kann nur als untergeordnetes Darstellungsmittel im Drama verbraucht werden. Der Redeausdruck der dramatischen Personen muß sich in seinem Maaß und in seiner Tonart mehr als in irgend einer andern Kunstdarstellung nach der Situation bestimmen und das Gepräge derselben annehmen. Das Lyrische aber, welches immer den einzelnen Gefühlsmoment selbständig und reichlich auszuführen strebt, geht dadurch eigenmächtig über die Situation hinaus, um die es sich handelt, und widerstrebt darum auch der streng auf sich selbst gewiesenen dramatischen Action. Einzelne Empfindungsstufen im Drama werden immer nicht ganz ohne lyrische Darstellungsmittel ausgedrückt werden können; auch wird die Rede, in der ein bewegter Charakter sein Inneres ausspricht, mehr oder weniger von dem farbenreichen Material der Lyrik etwas entnehmen. Wo die lyrische Ausführung überwiegt, entsteht eine Manier, in der sich die eigentlich dramatische Natur des Gedichts ebenso verflüchtigt, wie in der Darstellung, wo das epische und begebenheitliche Element hauptsächlich geworden ist. Das lyrische Drama, welches vorzugsweise so genannt zu werden pflegt, entsteht auch vornehmlich als eine nationelle Manier, die namentlich bei den Spaniern und Italienern sich eigenthümlich ausgebildet und einem hier volksthümlich vorhandenen musikalischen Empfindungspunkt zuzuschreiben ist.

3. Das Wesen der dramatischen Handlung.

Während Epos und Lyrik ihre Gegenstände nur behandeln, entspringt das wahre Drama nur aus der handelnden Natur des Menschen, welche es in seinen Kreis hereinzuziehen hat. Das Drama ist wesentlich Handlung, Thas (τὸ δρᾶμα), diese höchsten Blüthenmomente der menschlichen Natur, in denen die Grundkeime aller Existenz herausbrechen wollen. Nicht alle Handlung ist freilich dramatische Handlung, die wesentlich darauf gerichtet sein muß, daß in ihr ein nothwendiger Lebensconflict zur Entscheidung gebracht werden soll. Undramatisch werden daher alle diejenigen Actionen sein, die eigentlich durch ihre Wesenheit zu gar keiner inneren noch äußeren Verwickelung berechtigen, und sehr gut gleichgültig und ohne alle Collision verhandelt werden könnten, wenn nicht die Willkür der dichterischen Erfindung gerade ihren Gegenstand an ihnen aufgegriffen hätte. Auf diese Weise lassen sich manche Stücke von vorn herein in ein der Behandlung unwerthes Nichts auflösen, weil die vorgestellte Handlung sogleich zur Ruhe gebracht werden könnte, wenn dieser oder jener zufällige Moment bei Zeiten abgestellt würde, oder wenn die an dem Drama betheiligten Menschen nur halb so verständig und ordentlich sich benehmen wollten, als man es eigentlich bei jedem nicht geradezu von der Natur verwahrlosten Individuum vorauszusetzen hat. Der dramatische Dichter, welcher solche durch sich selbst umzuwerfende Actionen zu seiner Behandlung wählt, und die Beispiele davon erscheinen in der Literatur und auf der Bühne nicht selten, hat ein undramatisches Werk vollbracht, das keinen Glauben verdient, obwohl es diesen bei den Zuschauern oft in einem ungebührlichen Maaße beansprucht.

Die wirklich dramatische Handlung bedarf keines geneigten Glaubens weder an die Begebenheit noch an die Charaktere, sondern sie ist in ihrer ganzen Zusammensetzung und Entwickelung so überzeugend, daß sie gleichsam wider Willen hinreißt ihr zu folgen, und sich wie an einer Verhandlung des eigenen Geschicks an ihr zu betheiligen. Denn dies ist das

Wesen der dramatischen Handlung, daß sie aus Gegensätzen sich aufbaut, die eine innere und allgemein nothwendige Berechtigung dazu in sich tragen: den Menschen in eine Conflict zu treiben und ihm eine Verwickelung über den Hals zu werfen, aus der er sich mit dem Aufgebot aller seiner sittlichen und intellektuellen Kräfte, mit der Entfaltung seines Muthes, seiner Geschicklichkeit, oder durch einen auf Tod und Leben einzugehenden Kampf zwischen den Grundtrieben seiner Natur, gleichviel ob unterliegend oder siegend, zu befreien hat.

Und diese Selbstbefreiung des Menschen durch eine That seines Willens, der er sich in seiner Verwickelung mit den berechtigten Mächten des Lebens nicht zu entziehen vermag, wird immer die wesentliche Natur der dramatischen Handlung bilden. Alle ächte Handlung ist ein Freimachen aus einer Verwickelung, die nicht hat vermieden werden können, und die aus der inneren Charakteranlage des Helden oder aus der nothwendigen Verkettung der Lebensverhältnisse hervorgestiegen ist. Eine Handlung, die auf einer in sich ungerechtfertigten Verwickelung beruht, kann auf kein dramatisches Interesse Anspruch erheben, weil die Beseitigung der Collision auf Vernunftwegen gefordert werden kann, und eine That nicht anziehend ist, die man ebenso gut hätte ungeschehen lassen können.

Die ächte dramatische That muß aus vernünftigen und dämonischen Elementen gemischt sein, sie muß im Kampf mit der Vernunft ihre erste nothwendige Lebensstufe abgesunden haben, und dann auf den leidenschaftlichen Punkt hinaustreten, wo der Dämon den schwankenden Willen empfängt, ihn mit seiner geheimnißvollen Kraft durchschüttert, und zuletzt die nicht mehr aufzuhaltende Entscheidung aus ihm bereitet. So wird die dramatische That, sie mag nun tragisch oder komisch sein, ebenso sehr schaffend wie zerstörend erscheinen. Sie wird zerstören, indem sie schaffen will, nämlich: die gegebenen Verhältnisse, die sie umwerfen muß, um einen freien und harmonischen Zustand daraus zu gestalten.

Aus dieser Grundanschauung des Wesens der dramatischen Handlung wird sich ergeben müssen, wie im Drama die Rollen der Nothwendigkeit und des Zufalls sich vertheilen, und inwiefern beide darin gegeneinander wirkend bestehen und zugelassen werden können. Die Lösung der Frage von der Nothwendigkeit und dem Zufall ist für das Drama kein schwierigeres Problem, als für das tägliche Menschenleben selbst, in dem diese von einer räthselhaften Macht ausgeworfenen Loose dunkel verschlungen liegen. Schien es aus der gegebenen Grundbestimmung der dramatischen Handlung, daß dieselbe den Zufall gänzlich von sich ausgeschlossen haben müsse, so ist doch dem **zufälligen Moment**, selbst inmitten nothwendiger und wenig berechtigter Lebensconflicte, seine Stelle einzuräumen.

Die **Nothwendigkeit**, das heißt: die ursprünglich gegebene und unvermeidliche Bestimmung aller Lebenserscheinungen, besteht immer nur im Ganzen und Großen, und betrifft die allgemeinen Wendepunkte der Existenz, welche an die ideellen Voraussetzungen, die ihnen zum Grunde liegen, gebunden sind. Insofern Jeder nur das zu vollführen hat, was in ihn gelegt ist und in ursprünglichen Keimen Zweck und Ziel seines Daseins begründet, kann freilich von einer Willensfreiheit in dem gewöhnlichen vagen Sinne des Wortes, wonach man Alles thun und lassen kann was man will, nicht die Rede sein. Vielmehr betritt der Mensch hier, unbeschadet seiner Würde und Größe, das höhere Gebiet der Nothwendigkeit, und es liegt darum auch im wahrhaften Wesen des dramatischen Helden, daß er keinesweges thun und lassen kann was er will. Er wäre, vermöchte er dies, kein dramatischer Held, sondern ein unbestimmt umherflatterndes Irrlicht, das nicht in nothwendigen Lebensgesetzen getragen, vielmehr nur den wechselnden Ausdünstungen des Bodens entstiegen ist. Daß der Mensch seine Nothwendigkeit hat, in der sich seine Handlungen bestimmen und zu einem ihm von Anfang gewissen Ziel hinführen, ist keineswegs eine Beraubung an seinem höchsten Besitzthum, dem freien Willen. Diese Nothwendigkeit beweist dem Menschen nur, daß er eine ewige göttliche Heimath hat, in der sein ganzes Leben als ein Zusammenhängendes wurzelt, und aus der er durch alle seine Thaten nicht herausfallen kann.

Um die Nothwendigkeit des Daseins zu erfüllen, kann aber des Zufalls im Menschenleben ebenso wenig wie im Drama entrathen werden. Man wird den Zufall nicht blos als die bunte Hülle des ewigen Lebenskerns gelten lassen können, sondern man wird ihm noch eine wesenhaftere und selbständigere Bedeutung inmitten der schöpferischen Vollbringung des Daseins zugestehen müssen.

Der Zufall ist der freie und sich selbst überlassene Moment, der zuletzt in die Nothwendigkeit einmündet und in ihr als in ihrem höheren Element aufgehen muß, der aber nichtsdestoweniger, so lange er an sich waltet und schaltet, in seinem eigenen Recht besteht und die unmittelbare und natürliche Werdekraft in den Dingen wie in den Personen bethätigt. Der Zufall ist der goldene Schein der Freiheit, der auch an sich einen Werth hat, die naive Illusion des Augenblicks, dessen kurze Macht er verherrlicht.

Das höhere Sein der Freiheit, in dem sie wahrhaft verwirklicht wird, ist und bleibt die Nothwendigkeit, in der sich Jedem das erfüllt, was er sich geschaffen hat. Die Zulassung des Zufalls aber, der das Unterwegs zur Nothwendigkeit bildet, gewährt dem Menschenherzen die behagliche Entlastung, daß es nicht immer und jeden Augenblick so streng mit der Idee des Lebens genommen werde, daß auch Manches im Lebensgarten wild wachse, und daß das Werden und Verändern der Dinge wie ein frischer Windeshauch nach Lust und Laune durch die Schöpfung stoße. In diesem Sinne muß auch der dramatische Dichter den Zufall in seiner ganzen scheinbaren Freiheit und Selbstbeweglichkeit aufnehmen, denn er würde kein Gedicht, sondern ein Schulsystem ausarbeiten, wenn er an allen Ecken und Enden seiner Darstellung sogleich absichtlich verrathen wollte, wie alle Gestalten und Momente, die er zeigt, in der Idee ihrer Nothwendigkeit gefangen sitzen.

Die Kunst kann den Zufall brauchen, wie auch

das Leben und die Geschichte den Zufall brauchen kann und nutzen muß. Aber den Zufall zu läutern, das heißt: seine spielerische und gaukelnde Bewegung in das eigentliche Leben der That zu erheben, ist ebenso sehr eine Hauptbethätigung der wahren Kunst, als es Sache der Philosophie ist, in der Betrachtung der Weltgeschichte und des Menschenlebens die Rohheit des Zufalls zu bändigen, und ihn gegen die großen bestimmenden und in der Idee zusammenhängenden Ereignisse nur als den äußerlichen Weltkitt, und gleichwohl als den unentbehrlichen, zu behandeln.

Der Zufall wird in der Komödie immer mächtiger und selbständiger wirken und mit mehr Behagen ausgeführt werden können, als in der Tragödie. Die Komödie kann die Verschlingungen des Zufalls als unmittelbare Motive gebrauchen, um dadurch die Handlung auf ihren entscheidenden Lösepunkt zu treiben. Die Tragödie kann ihre großen niederschmetternden Lösungen nicht durch den Zufall motiviren, weil sie sonst ein Pasquill auf die Vernunft der Weltordnung schreiben würde, aber der Zufall bildet in ihr den harten Bindeknoten des Verhängnisses, der so oder anders sein könnte, aber doch nur dazu dient, Das, was sich auf jedem Wege hätte zutragen oder erfüllen müssen, aneinanderzurücken und zu zeitigen.

So würde König Lear, nachdem er das Reich unter seine Töchter getheilt und sich mit seiner ganzen Existenz von dem schlechterkannten Herzen und Gemüth derselben abhängig gemacht hatte, doch in diesem falschen sittlichen und gesellschaftlichen Verhältniß seinen Untergang gefunden haben, auch wenn nachher die einzelnen Umstände, unter denen der Verrath seiner Töchter sich offenbarte, gänzlich andere gewesen und statt an den Rittern seines Hofstaates an irgend einer anderen thatsächlichen Anforderung oder Verwickelung zum Ausbruch gekommen wären.

4. Einheit der Handlung, der Zeit und des Orts.

Es kann in einer dramatischen Begebenheit mehrere und verschiedenartige Handlungen geben, die in einem entscheidenden Moment zusammenstoßen und sich darin zu einer einheitlichen Haupthandlung verknüpfen müssen. Dies ist die nothwendige dramatische Einheit der Handlung, die zur vollkommenen Durchführung gelangen muß, und in der das Drama einzig und allein seine hohen Zwecke vollenden, seine ihm wesentlich eigenthümlichen Wir-

lungen erreichen kann. Die Einheit der Handlung
ist eigentlich Einunddasselbe mit der Grundidee der
Dichtung, und mit der ganzen Lebensidee, die darin
zur Erscheinung und Vergegenwärtigung hat gelangen sollen.

Außerhalb dieser Idee hat die Einheit der Handlung durchaus keine Bedeutung, und kann am allerwenigsten als eine formelle Zwangs-Kategorie verstanden werden, wozu sie durch ein Mißverständniß der dramaturgischen Lehren des Aristoteles in der französischen Tragödie des Ancien Regime gemacht wurde, und womit man noch zwei andere Einheiten, die der Zeit und des Orts, zur Herstellung einer festgemauerten Zwingburg des Drama's verbunden.

Der Ausspruch des Aristoteles über die Einheit der Handlung (Poetic. cap. VIII. und X.) betrifft zunächst die poetische und künstlerische Darstellung überhaupt, in der nicht vielerlei Einzelnheiten zusammengehäuft werden dürfen, wenn sie nicht in einem nothwendigen Zusammenhange untereinander verbunden stehen und sich dadurch wie eine folgerichtige Kette hervorgetretenen erweisen. Aristoteles nennt mit einer sehr charakteristischen Bezeichnung diejenigen Dichtungen, in denen lauter Einzelmomente sich ohne nothwendigen inneren Zusammenhang folgen, nur episodisch (ἐπεισοδιώδη μῦθον), weil sie gewissermaßen nur aus einer Aneinanderreihung von Episoden beständen, und nur von schlechten Dichtern aus Unerfahrenheit, oder auch von guten im Wetteifer, um ihre Darstellungen über das Maaß hinaus zu vergrößern, componirt würden.[1] Aristoteles denkt bei dieser Einheit, welche er für den höchsten Vorzug jeder künstlerisch gestalteten Dichtung ansieht, vornehmlich an das Grundwesen, welches er in der einheitlichen Zusammenfassung der geschehenen Ereignisse unter einem bestimmten Gesichtspunkt erkennt.

Der Philosoph stellt in dieser Beziehung die Poesie und Geschichte in ihren verschiedenen Behandlungsweisen einander gegenüber (cap. IX.). Er schreibt der Poesie die Aufgabe des Allgemeinen, der Geschichte die des Besonderen zu.[2] Die Geschichte stelle dar, was geschehen ist, die Poesie aber, wie und auf welche Weise es habe geschehen können. Als ein vergleichen Einzelnes und Besonderes, wie es der Darstellung der Geschichte angehört, führt Aristoteles zum Beispiel an, daß die historische Darstellung uns vorführe, was Alcibiades

---

[1] Aristotel. de arte poetica c. X. 3. 4. ed. G. Hermann. Vgl. auch Hermann's Commentar zu dieser Stelle.

[2] ἡ μὲν γὰρ ποίησις μᾶλλον τὰ καθόλου, ἡ δὲ ἱστορία τὰ καθ' ἕκαστον λέγει.

gethan oder erlitten habe. Er scheint dann der Meinung, daß die Geschichte es nur mit der unmittelbaren Aufeinanderfolge der Begebenheiten zu thun habe, während die Poesie, die er deshalb auch philosophischer und vorzüglicher als die Geschichte (φιλοσοφώτερον καὶ σπουδαιότερον) nennt, dann entwickeln müsse, nicht bloß was dieser Person Thatsächliches geschehen, sondern warum es gerade ihr als diesem so und nicht anders beschaffenen Charakter habe widerfahren oder von ihr ausgeführt werden müssen. Es ist hier nicht der Ort, das Recht der Geschichtschreibung gegen diese bloß pragmatische Bestimmung, welche ihr seltsamer Weise gerade der Philosoph aufdrücken will und die sich aus den großen Beispielen der Historik des Alterthums selbst bestreiten ließe, wahrzunehmen. Aber der poetischen und künstlerischen Darstellung, der Dichtung, hat Aristoteles in dieser inneren Einheit, die er vorzugsweise von ihr verlangt, die Grundform ihrer Gestaltung nachgewiesen.

Nicht minder kann man auch aus diesen einsylbigen Kunstbetrachtungen, welche Aristoteles in dieser fragmentarischen Poetik niedergelegt hat, entnehmen, daß er das Drama, die Tragödie (von der er hier ausschließlich handelt), am meisten dazu geeignet hält, die Einheit der Handlung in ihrem höheren und strengen Kunstmaaße durchzuführen, und mehr als jede andere Dichtungsform zu verwirklichen. Er nennt die Tragödie Nachbildung einer vollständig in sich abgeschlossenen, ein Ganzes ausmachenden Handlung,[1] und zwar einer Handlung von einer gewissen Ausdehnung.

Ein Ganzes aber bezeichnet er in demselben Capitel als Dasjenige, was Anfang, Mitte und Ende hat. Anfang nennt er, was für sich selbst ein ursprünglicher und nothwendiger Punkt ist, der nicht hinter etwas Anderem liegt, sondern hinter dem etwas Anderes folgen und geschehen muß. Das Gegentheil davon ist das Ende, der Schluß, der sein Wesen darin hat, daß er immer nur nach etwas Anderem oder Früherem steht, und diese Stelle durch eine gewisse Nothwendigkeit einnimmt. Die Mitte bestimmt er ebenso einfach als Das, was selbst nach etwas Anderem steht, und hinter dem wiederum etwas Anderes nothwendig zu stehen kommt. Dem fügt er die Lehre hinzu, daß also gut componirte Stücke weder von überallher beginnen, noch überall endigen können, sondern daß der Dichter

[1] c. VII. 2. κεῖται δ' ἡμῖν, τὴν τραγῳδίαν τελείας καὶ ὅλης πράξεως εἶναι μίμησιν, ἐχούσης τι μέγεθος.

dabei der angedeuteten Formen sich zu bedienen
habe.[1]

Das Epos dagegen kann in höherem Grade diese
einheitliche und geschlossene Gestaltung nicht erlangen,
weil aus jedem Epos, wie Aristoteles öfter bemerkt
(XXIII, 7. XXVII, 13.), mehrere und verschiedenfache
Tragödien gemacht werden könnten. Zwar scheint
Aristoteles auf das innere Unterscheidungs-Element
der Dichtungsformen weniger zurückzugehen, da ihm
auch Epos und Tragödie in ihren eigentlichen Zwecken
zusammenfallen, und er ihre Verschiedenheit vorzugsweise in die äußere Form, in die Sylbenmaaße und
in die Ausdehnung des Ganzen, in die Länge verlegt. Es hieße jedoch dem Aristoteles eine zu un-
philosophische Stellung zur Kunst zumuthen, wenn
man die Längen-Ausdehnung, welche er zum Krite-
rium einer Dichtungsart erhebt, bloß in dem äußerlichen und räumlichen Sinne auffassen wollte. Ari-

---

[1] ὅλον δέ ἐστι τὸ ἔχον ἀρχὴν καὶ μέσον καὶ τελευτήν.
ἀρχὴ δέ ἐστιν, ὃ αὐτὸ μὲν ἐξ ἀνάγκης μὴ μετὰ ἄλλο ἐστί·
μετ᾽ ἐκεῖνο δ᾽ ἕτερον πέφυκεν εἶναι ἢ γίνεσθαι· τελευτὴ δὲ
τοὐναντίον, ὃ αὐτὸ μετ᾽ ἄλλο πέφυκεν εἶναι ἢ ἐξ ἀνάγκης, ἢ
ὡς ἐπιτοπολύ· μετὰ δὲ τοῦτο ἄλλο οὐδέν. μέσον δέ, ὃ καὶ
αὐτὸ μετὰ ἄλλο, καὶ μετ᾽ ἐκεῖνο ἕτερον. δεῖ ἄρα τοὺς συνεσ-
τῶτας εὖ μύθους, μήθ᾽ ὁπόθεν ἔτυχεν ἄρχεσθαι, μήθ᾽ ὅπου
ἔτυχε τελευτᾶν· ἀλλὰ κεχρῆσθαι ταῖς εἰρημέναις ἰδέαις.

stoteles bemerkt an einigen Stellen ausdrücklich, daß die Größe eines Dinges von seinem inneren Wesen und seiner eigenthümlichen Schönheit sich nicht trennen lasse.

So scheint er auch die Längen-Ausdehnung der epischen Dichtung darum als ein charakteristisches Merkmal angegeben zu haben, weil dieselbe mehrfache Glückswechsel ineinanderschlinge und durch eine gewisse Ueberfüllung einer strengeren Einheit und Geschlossenheit nicht theilhaftig werden könne, während die Tragödie ihre innere und äußere Begränzung darin findet, daß eine in sich geschlossene Verkettung von Begebenheiten vorliegt, worin in einer gewissen Ausdehnung auf eine eben so wahrscheinliche als nothwendige Weise Unglück in Glück und Glück in Unglück umschlägt.[1]

Bei diesem festen und geschlossenen Charakter, zu welchem die Einheit der Handlung im Drama sich ausprägt, erscheint auch die Zeit, welche durch die dramatische Darstellung verbraucht wird, allerdings als ein nicht unwesentliches Element. Es läßt sich aber keine einzige bestimmte Stelle in der Aristotelischen Poetik finden, worin er aus der Einheit der

---

[1] Cap. VII. 12. Vgl. E. Müller, Geschichte der Theorie der Kunst bei den Alten. II. 123. flgd.

Handlung zugleich eine Einheit der Zeit in einer beschränkenden Form hergeleitet hätte. Zwar sagt er, daß das Epos in der Zeit durchaus unbeschränkt sei, die Tragödie aber am liebsten in einem Tageslauf (μίαν περίοδον ἡλίου) sich erfüllen werde, aber er hat damit keineswegs eine Kunstregel ausgesprochen, sondern nur empirisch auf das Uebliche in den ihm vorliegenden Mustergestaltungen der Tragödienkunst hingewiesen.

Die Einheit der Handlung, die in der Idee des Ganzen und in der künstlerischen Vollendung des dramatischen Organismus ihren wesentlichen Zusammenschluß findet, würde den Dichter in seinen wichtigsten Kraftäußerungen lähmen und ihm die Flügel seines Genius oft in der entscheidendsten Entfaltung kürzen, wenn er nicht die gemeine Stundenuhr der Zeit zuweilen umwerfen und an ihre Stelle einen höheren Zeitmesser, in dem sich Jahre zu Minuten verdichten und das Spiel der Ereignisse in seinen hohen Wellen Nahes und Fernes durcheinandermischt, setzen wollte.

Um die Einheit der Handlung, die vornehmlich eine geistige ist, zu verwirklichen, kann es dieses krassen Materialismus der Zeit nicht bedürfen, der die Vorgänge nicht weiter zu verfolgen wagt, als es die gemeine Möglichkeit des Schauens und Erlebens

für die zugemeſſene Friſt der Vorſtellung ſelbſt zu-
läſſig finden will. Dieſe Einheit der Zeit, welche in
den engen Rahmen der Stunde einkeilen möchte, was
ſich in der Freiheit ſeiner ſchöpferiſchen Bewegung
nicht bloß durch einen Tageslauf, ſondern durch einen ganzen Lebenslauf zu ergießen die Kraft hat,
würde alſo ein Hinderniß der eigentlich productiven
Darſtellung des Dichters ſein, und beweiſen, daß er
ſeine Phantaſie ebenſo ſehr wie die des Zuſchauers
an der Scholle zu kleben verdammt hat.

Wenn das Drama die Poeſie der Gegenwart
und der unmittelbaren Vergegenwärtigung iſt, ſo hat
es aus dieſer Aufgabe nur um ſo mehr die Macht
empfangen, die Zeiten aneinanderzurücken, die Kluft
dazwiſchenliegender Jahre zu überſpringen, und aus
allen Trennungen die wahre Gegenwart des Geiſtes
aufzurichten. In dieſem Sinne ſind auch die antiken
Tragödiendichter ſelbſt von dem einheitlichen Tageslauf der dramatiſchen Begebenheit mannigfach abge-
wichen.[1]

---

[1] A. W. Schlegel, der in ſeinen Vorleſungen über dramatiſche Literatur und Kunſt (beſonders Th. I. Abth. S. 79 flgd.) die Ariſtoteliſchen
drei Einheiten mit kritiſcher Schärfe zerſetzt, bemerkt (S. 105) daß die Alten nichts als die ſcheinbare Stätigkeit der Zeit beobachtet hätten,
denn ſie erlaubten ſich, während der Chorgeſänge weit mehr vorgehn zu laſ-
ſen, als nach ihrer wirklichen Dauer vorgehn könnte. Im Agamemnon
des Aeſchylus ſei der ganze Zeitraum von der Zerſtörung Troja's an bis zu

Mit der Einheit des Ortes steht es hinsichtlich einer theoretischen Begründung desselben durch den Aristoteles noch mißlicher, als mit der Einheit der Zeit. Aristoles hat darüber keinen einzigen Ausspruch gethan, der auch nur annähernd eine kategorische Bestimmung enthielte. Die Einheit des Orts kann nur den Sinn haben, daß die räumliche Scene, auf welcher die Handlung vorgeht, auch durch den inneren Wechsel der Handlung nicht verändert werden darf, was in den alten Tragödien allerdings größtentheils geschieht, aber keineswegs als ausschließliche Regel durchgeführt wird.

Die antike Scene, die auch durch die Anwesenheit des Chors zu einer größeren Stätigkeit bestimmt war, bot aber durch ihre Einrichtung zu einem offenen Platz, der in Verbindung mit den Königspallästen stand, an sich einen so umfassenden Spielraum für die Ausdehnung der Begebenheit dar, daß die

---

seiner Ankunft in Mycen begriffen, der eine nicht unbeträchtliche Anzahl von Tagen ausmachen mußte; in den Trachinierinnen des Sophokles werde während des Verlaufs des Stückes die Seereise von Thessalonien nach Euböa dreimal vollbracht; in den Schutzgenossinnen des Euripides gehe während eines einzigen Chorgesanges ein ganzer Feldzug von Athen gegen Theben vor; die Schlacht wird geliefert, und der Feldherr kehrt siegreich zurück. Soweit waren die Griechen von jener ängstlichen Berechnung entfernt. — Sehr lehrreich für diesen Gegenstand ist noch immer die berühmte Beurtheilung, welche Solger in den Wiener Jahrbüchern von den Schlegel'schen Vorlesungen lieferte, abgedruckt in seinen nachgelassenen Schriften und Briefwechsel (herausg. von Tieck und Raumer) II. S. 493 flgd.

7 *

verschiedensten Zustände ohne Zwang in diesen Raum hineingelegt werden konnten. Doch haben die Tragiker auch öfter innerhalb dieses Raumes eine Veränderung der Scene vorgenommen.

Dem Grundcharakter der antiken Poesie entspricht diese Einheit der Handlung, der Zeit und des Orts allerdings als ein wesentliches Element, wenn auch gerade die größten Dichter des Alterthums gezeigt haben, daß sie sich dadurch zu keinen abgeschmackten Zwangsfolgerungen verleiten lassen konnten, auf welche später die alte französische Dramaturgie sich vorzugsweise begründete. In der antiken Kunst kommt es immer hauptsächlich auf ein harmonisches Ueberwinden der Theile an, auf ein gleichmäßiges Herausstellen aller Momente zu einer plastischen Gruppe, und so ist auch in dem Organismus der alten Tragödie noch das Bestreben vorherrschend, die unmittelbare Einheit des Sculpturwerks zu erreichen, und das abgeschlossen in sich ruhende Leben der Bildsäule, das in der Plastik zu verfallen angefangen, im Reiche des Geistes und der Poesie aufzurichten. In der Poesie die Tragödie und in der Philosophie der platonische Dialog erscheinen uns als die ewig glänzenden Beweise dieser überwiegenden Plastik des hellenischen Geistes.

Lessing sagt an einer Stelle seiner Dramaturgie (I. XLVI.) sehr treffend von dieser Einschränkung der alten Poesie unter die drei Einheiten: „Die Alten unterwarfen sich dieser Einschränkung bona fide; aber mit einer Biegsamkeit, mit einem Verstande, daß sie, unter neun Malen, sieben Mal weit mehr dabei gewannen, als verloren. Denn sie ließen sich diesen Zwang einen Anlaß sein, die Handlung selbst zu simplificiren, alles Ueberflüssige so sorgfältig von ihr abzusondern, daß sie, auf ihre wesentlichsten Bestandtheile gebracht, nichts als ein Ideal von dieser Handlung ward, welches sich gerade in derjenigen Form am glücklichsten ausbildete, die den wenigsten Zusatz von Umständen der Zeit und des Orts verlangte."

Die moderne Poesie ist, wie das ganze Leben der christlichen Zeit, aus diesem Einheitsgesetz der Plastik herausgefallen, an die Stelle der in sich abgeschlossenen Gruppe ist die in Raum und Zeit auseinandergehende Vielbeweglichkeit der Lebensverrichtungen getreten, die ihren Schwerpunkt auf weiteren Bahnen und größeren Umwegen zu suchen haben. Das moderne Drama, sobald es sich auf seiner wahren Kunsthöhe ausbildete, hatte darum allerdings von diesen plastischen Gesetzen der antiken Poesie zunächst seine Befreiung zu erstreben, namentlich inwiefern dieselben die einheitliche Zusammendrängung von Raum und Zeit betrafen.

Die Plastik der Gruppe, welche dem modernen Drama durch die größere und länger gewordene Reihe der darzustellenden Lebensmomente verloren gegangen, muß sich ihm auf dem innerlichen und geistigen Wege, durch die vollständige und abgerundete Lebensgliederung der Charaktere und durch die aus umfassenden Kreislinien doch organisch in sich zusammengehende Handlung ersetzen.

Wild umher greifen, tumultuarisch Ort und Zeit durcheinander stürmen, darf freilich auch der moderne Dramatiker ungeachtet der für ihn erweiterten Gränzen der Darstellung nicht. Diese maaßvolle Benutzung seiner schöpferischen Freiheit kann der Genius nur von dem ihm angeborenen natürlichen Takt lernen.

---

5. Act und Scene.

Mit dem Auseinandergehen des modernen Drama's in beweglichere Theile und Stüke hängt auch die demselben vorzugsweise eigen gewordene Eintheilung in Acte und Scenen zusammen, die zwar schon in der griechischen Tragödie durch das in gewissen Zwischenräumen die Handlung unterbrechende Auftreten des Chors bezeichnet wurden, aber doch nicht so entschieden als charakteristische Abschnitte und Gliedstücke des ganzen dramatischen Lebens zur Geltung kamen, wie dies im Drama der Neueren zu einer mehr und mehr als künstlerische Nothwendigkeit aufgefaßten Form geworden, und wie sie bei den Griechen zuerst durch die neuere Komödie, die ohne Chor sich darstellte, sich bestimmter abzeichneten.

Wie wir bisher die dramatische Handlung in ihrem allgemeinsten Wesen betrachtet haben, so wollen wir jetzt die künstlerische Ausführung der Handlung zunächst in ihren ganz äußerlichen Momenten, wie sie als Acte und Scenen erschienen, uns darstellen.

Die Kunst theilt darin mit der lebendigen Natur dieselbe Nothwendigkeit, daß sie die Eintheilung eines Organismus nicht als etwas Willkürliches und Zufälliges vollbringen kann, sondern darin nur die einzelnen Lebensseiten des Ganzen anschaulich und charakteristisch zu sondern, in der Sonderung aber zugleich um so fester zu verbinden und aneinanderzuknüpfen hat.

Diese gelenkartigen Sondertheile haben sich im

modernen Drama als Acte und Scenen bestimmt
festgestellt, und je mehr diese Gliederung im Sinne
des ganzen Organismus und als die nothwendige
Auseinandersetzung desselben geschieht, desto mehr wird
sie zur inneren und äußeren Beweglichkeit der Darstellung selbst und zur freien Benutzung und Ausbeutung aller in der Handlung gegebenen Momente
dienen. Denn indem sich der Dichter durch diese organischen Abschnitte zugleich Ruhepunkte der Darstellung
schafft, erhält er darin die bequemste Gelegenheit, sich
dem Zuschauer gegenüber mit Raum und Zeit abzu-
finden, und das weiteste Ausgreifen der Handlung
in dieser Beziehung doch so zu ordnen und gewissermaßen unvermerkt in das ruhige Gesetz des künstlerischen Zusammenhanges hinüberzuleiten, daß keine
unpassenden Contraste aufkommen können. Jahr-
zehnte, welche zwischen den einzelnen Handlungen der
Haupt-Actionen liegen, erscheinen durch die zweckent-
sprechende Eintheilung der Acte auf ganz natürliche
Weise vermittelt, indem dadurch zugleich eine Auseinandersetzung mit der Phantasie des Zuschauers
stattgefunden und diese in einer regelmäßigen Form
zur Ergänzung veranlaßt worden ist.

Ebenso werden die Trennungen des Raums,
welche die fortschreitende Handlung mit sich gebracht

hat, durch diese Ruhemomente, welche eine freie Hängebrücke für die Einbildungskraft abgeben, auf das Anschaulichste und Einfachste überwunden.

Die Scene wird durch den Wechsel der auftretenden Personen bestimmt, und ist insofern nur eine untergeordnete Abscheidung innerhalb des dramatischen Organismus, welche sich durch die innere Veränderung der handelnden Gruppe von selbst auch als eine äußere bemerklich macht. Der Darsteller hat sich dabei zunächst nur der natürlichen Entwickelung der Handlung zu überlassen, welche ihm die Personen auch so zusammenführt, wie er sie gerade brauchen kann.

Jede Scene hat aber für sich auf die innere Einheit ihrer Composition ebenso begründeten Anspruch zu erheben, als die dramatische Haupthandlung selbst im Ganzen und Großen. Die Scene muß daher in sich ihren nothwendigen Beginn, ihre dialektische Spitze und ihren entscheidenden Uebergangspunkt haben, auf dem sie in eine andere folgerichtig übergehen oder wenigstens so abgeschlossen werden kann, daß alles Uebrige nach ihr unumgänglich eintreten und vorgenommen werden muß. Ebenso darf die Scene nicht durch eine zu große Vielerleiheit der Personen überstürzt und gewissermaßen in eine epische Breite auseinandergezogen werden.

So bemerkt Jean Paul:[1] „daß durch die Menge der Personen bei Shakspeare oft das epische Drama in ein dramatisches Epos übergeht." Dies kann aber nur bei einigen historischen Stücken Shakspeare's, wo den Dichter überhaupt die episch-cyklische Behandlungsweise des geschichtlichen Stoffs beherrscht hat, wie auch bei einigen Lustspielen, wo der novellistische und mährchenhafte Grundcharakter noch wirksam geblieben, zugestanden werden. Im Allgemeinen aber, und in seinen vollendetsten Darstellungen hat Shakspeare mehr als jeder andere moderne Dichter die Kunst gezeigt, die Scene innerhalb des natürlichen und künstlerischen Maaßes taktvoll zu begränzen. Und wenn auch über seine Bühne bedeutende Menschenmassen sich verbreiten, ganze Heereszüge, Volkshaufen, überhaupt Anhäufungen zahlreicher Gruppen, so sieht man doch gerade dabei seine Meisterhand walten, die Alles zügelt, ordnet, übersichtlich aufstellt, und Licht und Schatten mit sicherer Zügelung der Massen vertheilt.

Eine andere ästhetische Bemerkung, welche Jean Paul an derselben Stelle macht, nämlich: „daß die Zahl der Menschen im Drama nicht zu klein, im

---

[1] Vorschule der Aesthetik. I. XI. Programm: Geschichtsfabel des Drama und des Epos §. 66.

Epos nicht zu groß sein könne", wird ebenfalls durch das Beispiel des größten modernen Dramatikers, Shakspeare, mehrfach widerlegt. Die Zahl der Personen ist immer nur eine Zahl, und die Kunst der Scene muß dieselbe meistern können, indem sie selbst eine bedeutende Vielheit, die in der Natur der Handlung liegt, durch die Taktik der Aufstellung gewissermaßen unschädlich machen muß.

Im Epos muß freilich die Menschenzahl unbeschränkter sein, weil es für die Handlung selbst unendlich viele Nebenanknüpfungen giebt, die mit Behagen verfolgt und auch in einer bunten Reihe von Persönlichkeiten ausgeführt werden können. Das Drama aber hat den Kreis, aus dem es seine Gestalten schöpfen kann, natürlich enger zu ziehen, und darf damit nicht über die Gränzen seiner eigentlichen Action hinausgehen.¹

Wie die Scene keine willkürliche Figuration der Ereignisse, sondern ein unumgänglicher Lebensmoment sein muß, so ist dies noch in einem höheren und umfassenderen Grade von der Bestimmung des Acts zu sagen. Beim Beginn und Schluß eines Acts

---

¹ Die antike Poetik suchte auch die Personenzahl im Drama auf eine bestimmte Formel zu bringen; so Horaz de Arte poetica 192 mit seinem: Nec quarta loqui persona laboret. —

muß es sich durchaus um wesentliche Angelpunkte der ganzen Darstellung handeln, und man muß sehen, daß der Stoff nicht anders als in diesen entscheidenden Gliederungen seines innersten Wesens hat auseinandergelegt werden können. Die Abtheilung eines Drama's in Acte ist daher so wenig willkürlich, daß sie vielmehr gar nicht aus irgend einem äußeren und außerhalb der Handlung hergenommenen Gesichtspunkt gemacht werden kann, sondern den Dichter wie eine Nothwendigkeit seines Stoffs beherrscht.

Ein Act-Schluß, wenn er der richtige ist, das heißt: an einem entscheidenden Wendepunkt der Handlung eintritt, wird daher immer auch für den dabei mitwirkenden Schauspieler wie von selbst ein dankbarer sein. Die Kategorie dankbarer Act-Schlüsse ist in der modernen Theaterwelt eine sehr geläufige und wichtige geworden. Sie ist aber ungemein verächtlich, wenn der Eitelkeit des Schauspielers dabei von Seiten des Dichters eine Gefälligkeit geschehen soll. Hat aber der Dichter beim Act-Schluß seine Schuldigkeit gethan, so wird auch der mit Verständniß und Darstellungskraft begabte Schauspieler, jedesmal seine Rechnung dabei finden können.

Wenn aber die Acte des Drama's sich keineswegs äußerlich bestimmen lassen, so möchte noch weniger eine kategorische Vorschrift über die Zahl derselben, die nur von der inneren Beschaffenheit und Ausdehnung der Handlung abhängt, gegeben werden können. Es hat zwar in der dramatischen Kunstwelt lange für eine herkömmliche Annahme gegolten, daß ein regelrecht gebautes Drama nicht anders als in fünf Acten sich darstellen kann, und der Urheber dieses dramaturgischen Aberglaubens ist bekanntlich Horaz, der in seinem berühmten Kunstbrief an die Pisonen[1] gerade diese Fünfzahl der Acte fordert, und davon sogar den Erfolg eines Stückes abhängig machen will. Man hat dabei öfter die organische Bedeutung dieser Zahl in Anschlag gebracht, ist aber im Grunde zu wenig glücklichen und sinnreichen Resultaten mit dieser Betrachtung gelangt.

Wenn man die von Aristoteles bemerklich gemachten drei Hauptmomente der Handlung, welche er als Anfang, Mitte und Ende bezeichnet hat, auch für die Eintheilung des dramatischen Gedichts als bestimmend gelten lassen will, so würde sich daraus die Dreiheit der Acte als eine ebenso organische und noch nothwendiger begründete Zahl ergeben. Eine

---

[1] Horat. de Arte poetica 189, 190:
Neve minor, neu sit quinto productior actu
Fabula quae posci vult, et spectata reponi.

Zerlegung dieser drei Grundtheile in noch mehrere kann natürlich durch das ausgedehntere und mannigfacher nüancirte Hervortreten des einen oder des anderen Hauptmoments bedingt werden. Nach der **Horazischen Vorschrift der fünf Acte**, welche in der ganzen dramatischen Poesie eine so unbegreifliche Heilighaltung gefunden, würden es dann aber zwei dieser Hauptmomente sein, welche besondere dazwischenliegende Uebergangsmomente der Handlung noch in zwei verschiedenen Acten auszuführen hätten. Denn nur auf diesem Wege könnte ein einigermaßen vernünftiger Anschein für das Herausbringen der fünf Acte entdeckt werden, wobei jedoch auch wieder nicht abzusehen wäre, warum diese Nothwendigkeit jedesmal nur auf zwei Seiten der dramatischen Handlung eintreten könnte. Wir fürchten, daß in der dramaturgischen Vorschrift des Horaz nicht mehr gesunder Sinn enthalten sein möchte, als in seinem berühmten Recept für die poetische Production überhaupt, von der er das viel angefochtene und selbst von ängstlichen Philologen als emendationsbedürftig angesehene nonum prematur in annum! behauptet hat.

Die äußere Eintheilung der antiken Tragödie, wie sie Aristoteles in seiner Poetik (cap. XII.) giebt, zeigt in dem Episodium (ἐπεισόδιον) eine dem Acte ähnliche Gliederung auf, indem so derjenige ganz für sich bestehende Theil der Tragödie genannt wird, welcher sich immer zwischen zwei vollständigen Chorgesängen befindet. Eine bestimmte und regelmäßige Zahl von Theilen ergiebt sich aber dabei keinesweges.[1]

---

6. Die Geschichtsfabel des Drama's.

Wenn wir jetzt den substantiellen Inhalt, durch welchen sich die dramatische Handlung erfüllt, betrachten, so sind es zwei Seiten, welche an derselben als die grundbestimmenden hervortreten, nämlich der begebenheitliche Stoff und die Charaktere. Wir veranschaulichen uns zuerst das Wesen des begebenheitlichen Stoffes, oder der sogenannten Geschichtsfabel des Drama's. —

Die Geschichtsfabel ist die materielle Grundlage des Drama's, der eigentliche Schöpferboden, auf welchem die Dichtung in realer und leiblicher Sicherheit

---

[1] Vergl. A. W. Schlegel, Vorlesungen über dramatische Literatur und Kunst. II. 1. Abth. S. 105. — L'Abbé d'Aubignac, La Pratique du Théâtre Amsterd. 1715) I. 198.

hervorgehen muß, und ohne dessen kräftigen und thatsächlichen Bestand das aufzuführende Gebilde, mag es auch sonst noch so geistig begründet und in den Charakteren bedeutend angelegt sein, ohne die **dem Drama besonders nöthige glaubwürdige Wirklichkeit bleibt.**

Dieser Leib der dramatischen Handlung, ohne welchen der Geist nicht erscheinen und der Charakter nicht lebendig werden kann, ist von unendlicher Wichtigkeit. Bei allem organischen Leben giebt es nichts Schlimmeres, als wenn der Stoff vergriffen worden ist, weil dann nur ungesunde, auch in der Form krankhaft hervorschießende Bildungen entstehen können.

Das Geheimniß des Schöpfers besteht in der Hineinbildung seiner Schöpferkraft in den geist- und naturgemäßen Stoff, in dem er sich als in dem ihm nothwendigen Element hervorbringen muß.

In jeder anderen Dichtung wird aber der Grundfehler des vergriffenen Stoffes leichter unschädlich gemacht und dann vielleicht mit geistigen Tendenzen übersponnen werden können, als in der dramatischen, die ein gesundes massenhaftes Leben zu ihrer Voraussetzung verlangt, und in sich wesenlos auseinanderfällt, wenn sie nicht ursprünglich durch haltbare reale Lebenselemente verbunden ist.

Das Drama, diese Volksdichtung im höchsten Sinne des Wortes, die immer auf die Massen im Ganzen und Großen wirken soll, muß auch an sich auf stärkeren Lebensmassen ruhen, in welche es selbst seine feinsten und geistigsten Wirkungen hineinzubilden hat. Die größten Erfolge haben auch in der Welt des Geistes immer eine wesentlich stoffliche Natur, und können, wenn sie nicht in einer realen Gegenständlichkeit bestimmt eingeschlossen liegen, nicht darauf rechnen, ihre Heimath in der Welt zu finden. Der Körper des Drama's aber sei ein in der Erde wurzelnder Fels, um dessen Gipfel alle Himmelsfarben leuchten. Zu idealen Verflüchtigungen eignet sich das dramatische Gedicht am allerwenigsten.

Nicht jeder Stoff ist freilich der dramatischen Wirkung zugänglich, oder kann zu derselben so wie er ursprünglich ist hingeführt werden. Denn da das Drama die Kraft der absoluten Vergegenwärtigung aber auch die in derselben liegende Schranke hat, so ist es dadurch auch nothwendig an diejenigen Momente gebunden, die überhaupt in der künstlerischen Darstellung Gegenwart werden können. Man kann in dieser Hinsicht von einer dramatischen Convention sprechen, die durch den Zeitgeschmack, das nationelle Vorurtheil und die sittliche Gewohnheit und Bildung sich mannigfach bestimmt zeigt, und deren Vernachlässigung sich in vielen Fällen am Ganzen bitter rächen wird. Der schaffende Dichter wird sich aber derselben auch nicht unbedingt zu beugen haben, da er sich das Recht der Gesetzgebung auch in Sachen des Geschmacks und der Sitte innerhalb seiner eigenen poetischen Welt offen erhalten muß und dasselbe nicht an jeden engbrüstigen Maaßstab, der seine Bestimmung des schlechthin Sittlichen aus Mangel an Poesie oder auch an gutem Gewissen geltend macht, verloren geben darf.

Es wird allerdings Momente geben, die entweder ihrer sittlichen oder auch ihrer physischen und materiellen Beschaffenheit wegen sich der dramatischen Gegenwart entziehen und nicht in das unmittelbare Fleisch und Blut derselben übergehen können. Diese Momente mögen im Epos und Roman wie auch in der lyrischen Behandlung von bedeutendem Eindruck sein; der dramatische Dichter, dessen Wirkungen zugleich gesehen werden sollen, kann sie nur mit der größten Vorsicht oder gar nicht aufnehmen, und es wird nicht minder bedenklich für ihn sein, sie auch nur als hinter der Scene vorgehende Motive zu gebrauchen, da im Drama zugleich die Phantasie des Zuschauers so scharf erregt ist, daß sie ihre Anstöße auch auf alle mit einem undarstellbaren Moment zusammenhängenden Personen, sobald diese nachher vor ihr heraustreten, überträgt. Man mißtraut im Grunde keinem Dichter mehr als dem dramatischen, dem man gerade den höchsten Glauben schenkt, den Glauben an die unmittelbare Wirklichkeit seiner Gebilde. Aber eben deshalb will man auch nicht von ihm in eine Verlegenheit gebracht sein, die aus Conflicten entsteht, mit denen Jeder am besten in den geheimen Berathungen und Vorbehalten seiner Individualität fertig zu werden suchen muß, und über welche die thatsächliche Entscheidung, wie sie dem dramatischen Dichter zukommt, doch nichts Kategorisches feststellen kann. Der Dramendichter muß überhaupt vorzugsweise auf der breiten populairen Basis des Lebens stehen, und darf sich mit sittlichen und sinnlichen Ausnahme=Problemen, die an den Gränzlinien des Geschlechts liegen, nicht zu viel befassen. Der Genius wird freilich auch hier immer sein eigener Richter sein und bleiben müssen. Es wird daher oft schwer sein, von einem Gegenstand aus rein äußerlicher Betrachtung geradezu behaupten zu wollen, daß er undramatisch sei. Denn das ächte dramatische Genie hat Quellen der Auskunft, der Vermittelung und der

Uebergänge in sich, die durchaus auf keine bestimmte Regel zurückgeführt werden können.

Ob die Geschichtsfabel des Drama's eine vom Dichter erfundene, oder nach einer vorliegenden **Novelle gearbeitete, oder eine rein historische ist,** wird auf die künstlerische Formungsweise des Stoffes wie auf Haltung und Tonart der ganzen Darstellung stets einen unverkennbaren Einfluß ausüben. Die Gesetze der dramatischen Darstellung werden zwar an jedem Stoff zur Ausführung kommen müssen, der Stoff wird aber seine gegenständliche Macht auch rückwirkend ausüben, und Form und Gestalt des Drama's auf das Mannigfaltigste bedingen.

An Erfindung wird es der dramatische Dichter freilich nie fehlen lassen dürfen, und er hat dieselbe auch an den überlieferten Stoffen jeder Art, mögen sie nun aus der Novellenwelt oder aus der Geschichte hergenommen sein, zu üben. Denn die Gestaltung eines Stoffes für die Darstellung bedarf immer der Erfindung, die von innen her den äußeren factischen Verband der Dinge ergänzen, ihn durch Ergreifen seiner innersten Lebenspunkte in Bewegung setzen und so fassen muß, daß er als ein schöpferischer Organismus aus sich selbst sein Leben gezogen zu haben scheint. Diese Erfindung, welche das Grund=

wesen aller Schöpfung ist und die um so mehr sich nach Innen gräbt, je mehr das äußere Material ihr schon vorbereitet vorliegt, wird eigentlich an den überlieferten Stoffen sich viel mächtiger bethätigen können als an denen, die sie rein aus der Einbildungskraft sich zusammengesetzt hat und die man vorzugsweise als eine erfundene Geschichtsfabel zu bezeichnen pflegt. Die großen Werke der dramatischen Kunst haben sich darum auch vornehmlich auf eine der Novelle oder der Historie entlehnte Fabel zu stützen gesucht, weil der Raum für die eigentliche poetische Productivität darin größer ist. Denn die aus der Einbildungskraft hergenommene Begebenheit nimmt den Dichter gewissermaßen zu einer doppelten Behandlung desselben Gegenstandes in Anspruch, was sich ungefähr mit dem Verhältniß des musikalischen Componisten vergleichen ließe, der sich zugleich seinen Text selbst anfertigen will und sich dadurch auf unnütze Weise, schon ehe seine eigentliche Aufgabe beginnt, in der Phantasie erschöpfen würde. So wird auch der dramatische Dichter an der Zusammensetzung des Factischen leicht die Erfindungskräfte erschöpfen, welche er für die innere Ausführung und Formgebung des dramatischen Lebens in voller Frische erhalten sollte. Es hat deswegen die Selbstbildung des Stoffes in der dramatischen Poesie (das den gegenwärtigen Gesellschaftszuständen angehörige Conversations-Lustspiel etwa ausgenommen) von jeher keine rechte Stelle gefunden, und den Darsteller eigentlich mehr behindert **und abgeschwächt als zu Vortheilen begünstigt.** Das dramatische Gedicht erlangt dadurch selten die massenhafte Breite und Fülle, die, je mehr sie ihm aus factischen Traditionen angezeigt ist, eine desto lebensreichere Grundlage der dramatischen Charakterschöpfung bildet.

Die Umgestaltung der Novelle zum Drama, welche oft die kunstrichterlichen Bedenken herausgefordert hat, ist jedenfalls der am meisten betretene Weg, um einen ergiebigen Stoff für die dramatische Kunst herbeizuholen. Das Drama kann die Novelle aber auch eben nur als rein stoffliches Element gebrauchen, da die novellistische Behandlungsweise die der dramatischen gerade entgegengesetzte ist, und beide nur von dem schlechtesten Geschmack und einer ganz unkünstlerischen Hand durcheinandergemischt werden können. Die Uebertragung der novellistischen Erzählung in eine bloß dramatische Form ist an sich schon ein unwürdiges Manoeuvre, das dem ehrlichen productiven Sinn widerstreben muß. Der Dramatiker, wenn er dem Novellisten einen Stoff verdanken will, muß damit an derselben Stelle von neuem beginnen, an welcher der Novellendichter begonnen hatte, aber er wird, ihn von innen her umbildend, zugleich die entgegengesetzte Richtung des Gestaltens einzuschlagen haben. Wie Shakspeare in seinen Dramen den überlieferten novellistischen Stoff ergriffen, und jedesmal in eine lediglich dem Drama eigenthümliche Bewegung gebracht hat, giebt für das theoretische Verhältniß von Drama und Novelle die anschaulichste Belehrung. Das Drama verlegt seine Entscheidungen in die äußersten Endpunkte der Handlung, die es deshalb thatsächlich herauszustellen hat. Die Novelle aber verschlingt diese Endpunkte in den fortlaufenden Faden der Begebenheit, und verarbeitet von Außen nach Innen zu einer Gemüthswirkung, was im Drama von Innen nach Außen treten und zu einer öffentlichen Action werden muß.

Diese Natur des Drama's, alles Innere zu einer öffentlichen Action werden zu lassen, entfaltet es mit der glänzendsten Freiheit und Wirkung als Drama der Geschichte, indem es die historische Wirklichkeit zu seiner Grundlage nimmt. Auch an dem geschichtlichen Stoff wird der Dichter die dramatische Erfindungskraft zu üben haben, aber nicht so, daß er in die Geschichte poetisch hineinerfinden soll, was nur in den seltensten Fällen zu etwas Ersprießlichem führen wird. Denn wenn auch das Geschäft des Dichters, wie schon Aristoteles bemerkt hat, ein durchaus anderes und bei weitem allgemeineres ist als das des Historikers, so wird doch mit aller Macht der genialen Erfindung nie etwas componirt werden können, was mehr Poesie wäre als die Geschichte selbst, und mehr Drama als die historische Begebenheit. Die dramatische Erfindung wird aber bei dem geschichtlichen Stoff in die lebendigen und persönlichen Quellpunkte der Ereignisse hinabzusteigen haben, und dort neue Zusammenhänge aufzeigen können, welche der Historiker kaum anzudeuten wagen wird, die aber das Drama in schöpferischer Wahrheit und Glaubwürdigkeit aus dem göttlichen Recht, welches die Poesie an die Wirklichkeit hat, heraufbildet. Das Drama hat übrigens immer die Aufgabe, alle Lebenswirklichkeit so hinzustellen, als wenn damit eine für die ganze Welt entscheidende Bestimmung getroffen werden sollte, und so wird auch das dramatische Gedicht, welches sich nicht auf einen historischen, sondern auf einen erfundenen oder novellistisch entlehnten Stoff stützt, selbst den letzteren auf der Höhe, in der Würde und in der Allbedeutsamkeit der historischen Begebenheit zu halten haben.

7. Die dramatischen Charaktere.

Der Charakter, dieses persönliche Ich der dramatischen Handlung, ist der organische Ausdruck der **menschlichen Freiheit**, die in ihm eine thätige und productive wird und in einem bestimmten realen Lebenskreise unter gegebenen Verhältnissen und Bedingungen sich entfaltet. Der Charakter ist der sein eigenes Leben sich schaffende Wille, der sich auf die innersten Gründe des Wesens der Persönlichkeit stützt, und damit in die ganze ihm gegenüberstehende Welt sich zur Hervorbringung seines eigensten Selbst hineinbildet. Der Charakter ist daher die in sich ruhende bewußte Schwerkraft des Individuums, die aber zugleich ein ewig beweglicher Prozeß geworden ist, und im Kampf wie in der Ausgleichung mit den bestehenden Lebensformen das eigenste Wirken und die wahre Wirklichkeit findet. Im Charakter ist die Einheit von Natur und Geist des Menschen zur abgerundeten Erscheinung gekommen, denn es ist nicht bloß die innere Gedankens- und Willensrichtung, welche den Charakter bestimmt und ihn zu einem lebendigen Organismus erhebt, sondern der Charakter stellt zugleich die geformte Plastik der menschlichen Gedankenwelt dar, zu der Fleisch und Blut und die geheimnißvolle

Triebkraft der Säfte mitgewirkt haben, und in welcher der nothwendige Durchgang der Seele durch die Physis die Elemente zu einem festen und sichern Lebensbilde hergegeben hat.

Die Poesie, deren höchste Bedeutung ebenfalls in dieser universalen Zusammenfassung der natürlichen und geistigen Seite des Lebens besteht, wird daher auch in der Charakterdarstellung ihre wesentlichste und lohnendste Aufgabe zu erfüllen haben. Der Charakter aber, welchen der Dichter schaffend wiedergiebt, muß bei ihm vornehmlich in dieser universalen Bedeutung gefaßt sein, in der er nicht bloß in seiner besonderen Art, sondern als Träger und Repräsentant der ganzen Menschheit von Interesse ist. Schon im höchsten menschlichen Sinne handelt es sich bei jedem Individuum eigentlich um die ganze Welt, und in dem Einzelschicksal des Menschen erfüllt sich das Werk der ganzen Schöpfung. Diese Anschauung, welche mit den tiefsten Wahrheiten der Religion und Philosophie innig zusammenhängt, muß in der Kunst das eigentliche Gestaltungsprincip bilden, und wird vornehmlich die künstlerische Entwickelung des menschlichen Charakters leiten.

Die epische Poesie, der Roman, die Novelle, die Lyrik werden mit Erfolg auch die Darstellung der nur in ihren individuellen Eigenheiten sich abspiegelnden Charaktere unternehmen können, und insofern schon als bloße Charakter- und Sittengemälde ihrer Bestimmung genügen. Das Drama aber wird an Charakteren, die nur um ihrer selbst willen da sind, und deren lediglich auf ihre Eigenart beschränktes Lebensbild nur ein einseitiges psychologisches Interesse gewähren würde, seine höchste und eigentliche Aufgabe nicht erreichen können. Ein dramatischer Charakter ist nicht der, welcher, wie eigenthümlich auch seine Bewegungen in sich selbst sein mögen, in sich ruhend verbleibt, und sich in individuellen Situationen, die sein besonderes Wesen abspiegeln, aber nicht in einem Zusammenstoß thatsächlicher und durch sich entscheidungsvoller Handlungen zeigt. Obwohl im Drama die Charaktere als die Repräsentanten des dramatischen Willens und der dramatischen Freiheit das hauptsächlich bestimmende Wesen und das wahre Bewegungs-Element sind, so werden sie doch in dieser Dichtung nur auf der Grundlage einer lebensvollen dramatischen Handlung und in der innigsten Wechselwirkung mit derselben erscheinen können.

Charakter und Handlung müssen im Drama eng verbunden und in organischer Nothwendigkeit aus einander hervorgegangen sein, so daß sie nur wie zwei verschiedene Potenzen eines und desselben Inhalts sich verhalten. Die Charaktere dürfen weder als bloß psychologische Gemälde für sich bestehend ein die dramatische Handlung überragendes Interesse haben, noch können sie der letzteren so untergeordnet werden, daß gegen die objective Macht des Thatsächlichen ihre Subjectivität nur als eine unwesentliche Kraft erscheint.

Was Aristoteles in seiner Poetik von der dramatischen Charakterschöpfung sagt, kann, wie alle theoretischen Kunstbestimmungen des großen Philosophen, nur als eine der Idee der griechischen Tragödie specifisch anpassende und von derselben hergezogene Reflexion gelten. Aristoteles bemerkt (cap. VI.) über das Verhältniß von Handlung und Charakter im Drama Folgendes: „Das Hauptsächlichste ist die Composition der Thatsachen. Denn die Tragödie ist nicht eine Nachbildung der Menschen, sondern der Handlungen, des Lebens, des Glücks und Unglücks. Denn das Glück sowohl als das Unglück besteht in Handlung, und das Ziel (der Tragödie) ist eine Handlung, nicht eine Charakter-Anlage. Was den Charakter anbetrifft, so sind die Menschen mit einer bestimmten Anlage begabt; in Bezug auf die Handlung aber sind sie entweder glücklich oder das Gegentheil. Nicht deshalb also, damit Charaktere nachgebildet werden, stellen sie (die Dichter) etwas dar, sondern sie fassen die Charaktere zugleich in der Handlung zusammen, so daß die Handlungen und die Geschichtsfabel der Zweck der Tragödie sind. Der Zweck aber ist von Allem das Wichtigste. Außerdem kann keine Tragödie ohne Handlung bestehen, ohne Charaktere aber kann sie es." [1]

Diese Aristotelische Ansicht ist charakteristisch für das Wesen der antiken Schicksalstragödie, in welcher das Individuum allerdings nur ein Zweites und gewissermaßen Untergeordnetes gegen die Handlung ist, die als eine für sich bestehende und objectiv berechtigte Macht über dem Ganzen ausgespannt ruht, und als dieses göttlich verhängte Element eine innere Unbeweglichkeit behauptet, welche der menschliche Cha-

---

[1] μέγιστον δὲ τούτων ἐστὶν ἡ τῶν πραγμάτων σύστασις· ἡ γὰρ τραγῳδία μίμησίς ἐστιν οὐκ ἀνθρώπων, ἀλλὰ πράξεων, καὶ βίου, καὶ εὐδαιμονίας καὶ κακοδαιμονίας. καὶ γὰρ ἡ εὐδαιμονία καὶ ἡ κακοδαιμονία ἐν πράξει ἐστί· καὶ τὸ τέλος πρᾶξίς τίς ἐστιν, οὐ ποιότης. εἰσὶ δὲ κατὰ μὲν τὰ ἤθη ποιοί τινες· κατὰ δὲ τὰς πράξεις εὐδαίμονες, ἢ τοὐναντίον. οὐκοῦν ὅπως τὰ ἤθη μιμήσωνται, πράττουσιν· ἀλλὰ τὰ ἤθη συμπεριλαμβάνουσι διὰ τὰς πράξεις· ὥστε τὰ πράγματα καὶ ὁ μῦθος τέλος τῆς τραγῳδίας. τὸ δὲ τέλος μέγιστον ἁπάντων ἐστίν. ἔτι ἄνευ μὲν πράξεως οὐκ ἂν γένοιτο τραγῳδία· ἄνευ δὲ ἠθῶν γένοιτ᾽ ἄν.

rakter, wie er auch in sich beschaffen sein mag, durchaus nicht zu durchbrechen im Stande ist.

Dies verdeutlicht uns noch entschiedener den schon früher berührten inneren Unterschied zwischen dem antiken und modernen Drama auch als einen solchen, welcher den sittlichen Lebenswerth des Individuums betrifft, denn in einer Weltanschauung, in welcher der Charakter seiner eigenen Handlung untergeordnet und dienstbar sein kann, und worin dies Verhältniß zugleich die höchste Richtung der schaffenden und darstellenden Kunst bestimmt, steht das Individuum nicht im Besitz seiner ganzen sittlichen Machtvollkommenheit, und hat die ethische gestaltende Kraft der Persönlichkeit an ein außerhalb liegendes fremdes Element preisgegeben.

Die Freiheit des menschlichen Charakters ist zugleich seine wahre Sittlichkeit, und das moderne Drama steht darum auf der Höhe der in sich selbst freien und darum einzig und allein sittlichen Weltordnung, weil es die dem Charakter inwohnende schaffende ethische Kraft zum Lebens- und Ausgangspunkt der Handlung nimmt, weil es den Menschen als den verantwortlichen Urheber seiner Handlung, nicht aber als das Product derselben erscheinen läßt.

Diese Beziehung legt die andere Bestimmung des

Aristoteles (cap. XVIII.), worin er vorzugsweise von der Charakter-Tragödie spricht und diese ethisch nennt (ἡ δὲ ἠθική), noch bezeichnender auseinander. Auch trennt Aristoteles in seinen weiteren Darlegungen über das Verhältniß der Handlung zum Charakter ausdrücklich die Gesinnung vom Charakter. Er giebt nämlich im sechsten Kapitel der Poetik sechs Theile der Tragödie an, aus welchen diese bestehen müsse, und nennt als solche die Geschichtsfabel, die Charaktere (ἤθη), die Diction, die Gesinnung (διάνοια), den scenischen Apparat (ὄψις) und die musikalische Begleitung.

Unter Gesinnung versteht er etwas von dem Charakter Geschiedenes, und bezeichnet damit gewissermaßen nur die Sentenzen oder diejenigen einzelnen Gedanken- und Meinungs-Aeußerungen im Drama, welche darin gerade passend an den Mann gebracht werden können, und worin er die Tragödie mit der Oeffentlichkeit des Wortes im Staatsleben und auf der Rednerbühne in Parallele stellt.[1] Charakter nennt aber Aristoteles Dasjenige, was anzeigt, von welcher Beschaffenheit das Streben eines Menschen

---

[1] τρίτον δὲ ἡ διάνοια. τοῦτο δέ ἐστι τὸ λέγειν δύνασθαι τὰ ἐνόντα καὶ τὰ ἁρμόττοντα· ὅπερ ἐπὶ τῶν λόγων τῆς πολιτικῆς, καὶ ῥητορικῆς ἔργον ἐστίν.

ist, und ob er einem bestimmten Gegenstande nachtrachtet oder nicht, weshalb er Denjenigen keinen Charakter zugestehen will, welche nicht vollständig darlegen, wonach sie streben oder was sie fliehen. Gesinnung aber sei das, worin man zeigt, wie etwas ist oder wie es nicht ist, oder worin überhaupt etwas Allgemeines verkündigt wird. [1]

Die Gesinnung ist auf diesem Standpunkt sittlicher und dramatischer Weltbetrachtung nicht die den ganzen menschlichen Charakter durchdringende und bestimmende Substanz, wozu sie in der Sphäre des modernen Geistes untrennbar von Charakter und Handlung geworden. In den wenigen Worten, womit Aristoteles das Wesen des dramatischen Charakters bezeichnet, hat er ihn als den Organismus einer bestimmten Lebensbewegung hingestellt, in der es sich um die Jedem eigenen und nothwendigen Ziele handelt, auf welche sein Dasein als ein thätiges und mit Inhalt erfülltes gerichtet ist. Die Gesinnung ist aber dann gewissermaßen nur das rhetorische Gedankenspiel des Charakters, und Aristoteles zeigt sich

---

[1] ἔστι δὲ ἦθος μὲν τὸ τοιοῦτον, ὃ δηλοῖ τὴν προαίρεσιν ὁποία τις, εἰ προαιρεῖται ἢ φεύγει. διόπερ οὐκ ἔχουσιν ἦθος ἔνιοι τῶν λόγων, ἐν οἷς μηδ' ὅλως ἐστίν, ὅτι προαιρεῖται ἢ φεύγει ὁ λέγων. διάνοια δέ, ἐν οἷς ἀποδεικνύουσί τι ὡς ἔστιν, ἢ ὡς οὐκ ἔστιν, ἢ καθόλου τι ἀποφαίνονται.

auch in der Aufstellung dieser Ansicht nur als der bewußte Interpret der ihm vorliegenden griechischen Tragödie, in welcher Sentenz und Charakter allerdings oft in einer gewissen Unangemessenheit zu einander sich befinden, und einzelne Gesinnungs-Aeußerungen fallen, welche für sich selbst einen bestimmten Werth haben, dem Charakter aber keineswegs zur nothwendigen Behauptung seiner dramatischen Lebensstellung eignen.

Die Hauptbestimmungen des Aristoteles über die Gestaltung des dramatischen Charakters enthält aber das funfzehnte Capitel seiner Poetik. Wir versuchen in Folgendem eine Uebertragung dieser Stelle zu geben: „Was den Charakter anbetrifft, so ist dabei vornehmlich nach vier Dingen zu streben. Das Eine und Erste ist, daß die Charaktere gut ($\chi\varrho\eta\sigma\tau\alpha$) sind. Charakter wird aber immer Der haben, dessen Rede oder Handlung, wie schon oben bemerkt worden, ein bestimmtes Streben des Willens offenbar macht, einen schlechten Charakter, wenn dieses Willensstreben schlecht, einen guten, wenn es gut ist. Es entsteht der Charakter aber in jeder Gattung von Menschen; denn auch das Weib ist gut, wie auch der Sclave, obwohl vielleicht die Erstere weniger gut ist, der Zweite aber im Allgemeinen schlecht ist. Das

Zweite ist, daß die Charaktere angemessen (ἁρμόττοντα) sind. Denn es giebt auch vorzugsweise männliche Charaktere, dem Weibe aber wäre es nicht angemessen, männlich oder furchtbar zu sein. Das Dritte ist, daß sie wahrscheinlich sind, denn dies ist noch etwas Anderes, als die Charaktere gut und angemessen zu bilden, wie wir auseinandergesetzt haben. Das Vierte ist, daß die Charaktere mit sich übereinstimmen und sich selbst gleich sein müssen. Denn wenn auch Der, welcher dargestellt werden soll, unbeständig und mit sich selbst keineswegs in Uebereinstimmung sein sollte, und gerade nach dieser Anlage zu erdichten ist, so muß doch auch der Unbeständige auf eine beständige und übereinstimmende Weise dargestellt werden. Ein Beispiel von der Schlechtigkeit des Charakters, das keine Nothwendigkeit in sich trägt, ist Menelaus im Orestes. Ein Beispiel der Unschicklichkeit und Unangemessenheit des Charakters giebt die Wehklage des Odysseus in der Scylla und die Rede der Melanippe, des Widerspruchs mit sich die Iphigenia in Aulis, denn die um Hülfe jammernde Iphigenia zeigt sich da keineswegs als dieselbe, wie sie nachher erscheint. Man muß aber bei den Charakteren sowohl, wie auch bei der Composition der Handlungen, immer das Nothwendige oder das Wahrscheinliche suchen, so daß Jeder stets nur das sage oder thue, was nothwendig oder wahrscheinlich ist, und auch in dem, was danach geschieht, nichts als das Nothwendige oder Wahrscheinliche sich zeige."

Die dramatische Charaktergestaltung zeigt sich nach diesen Forderungen des Aristoteles allerdings als eine in sich harmonische und verhältnißmäßige Schöpfung, die in einer gewissen Abgemessenheit und Angemessenheit aller Theile zu sich selbst sich gliedern soll und in der eine gewisse Mitte der menschlichen Individualität eingehalten ist, die nach keiner Seite hin in einer extremen Richtung überragend erscheint und sich so am meisten dazu eignet, auf dem Boden dieser antiken Schicksalstragödie zu stehen und das göttlich bestimmte Verhängniß in seiner objectiven Gewalt über sich anzuerkennen.

Diese haltungsvolle Mittelstellung des Charakters hat auch Aristoteles an einer anderen Stelle (cap. XIII.) als das eigentliche Lebensprincip für die Gestaltung einer dramatischen Individualität ausdrücklich hervorgehoben. Er bezeichnet hier geradezu den mittleren Charakter als einen solchen, welcher für die dramatische Darstellung am günstigsten und zulässigsten ist, und sagt: "Dies ist ein solcher Charakter, der weder durch Tugend und Gerechtigkeit sich vor Anderen besonders auszeichnet, noch auch durch Schlechtigkeit und schimpfliche Handlung in Unglück verfällt, sondern nur durch irgend eine Schuld, die von solchen begangen wird, welche in großem Ansehen und Glück stehen, wie Oedipus und Thyestes und ähnliche ausgezeichnete Männer von solchem Geschlecht."

Das moderne Drama hat dieses dem antiken Menschen- und Kunstleben durchaus entsprechende Gesetz der Mitte, wie es Aristoteles theoretisch begründet, aus seiner innersten Lebensbedeutung heraus durchbrechen müssen.[1] Indem es zum Ausdruck einer erweiterten individuellen Macht und Freiheit des Daseins geworden, nimmt es auch den menschlichen Charakter in seiner ganzen allseitigen Beweglichkeit und selbst in dem äußersten Extrem seiner Lebensrichtungen als ein in keiner Beziehung zu enges Organ auf. Das moderne Drama ist auch darin diese universale Menschheitsschöpfung geworden, daß

---

[1] Vgl. H. Th. Rötscher, Cyclus dramatischer Charaktere. Nebst einer einleitenden Abhandlung über das Wesen dramatischer Charaktergestaltung (Berlin 1844), worin der Gegensatz der griechischen Tragödie und der Aristotelischen Kunstbestimmungen zum modernen Drama und vornehmlich zur Shakspeare'schen Darstellung des Bösen (besonders S. 29—46) vortrefflich entwickelt ist. Dieser geistvolle Kritiker hat sich sonst in seinen zahlreichen dramaturgischen Schriften nur wenig über das allgemeine Wesen der dramatischen Dichtung ausgesprochen. S. jedoch seinen Artikel im Rotteck und Welcker'schen Staatslexicon: Theater und dramatische Poesie in ihrem Verhältniß zum Staat.

es sich auf künstlerisch conventionelle Gränzen des Guten und Bösen durchaus nicht mehr einläßt, sondern den brausenden Strom des Lebens mit allen seinen Wellen und Stürmen auf sein unendlich gewordenes Gebiet herübergeleitet hat. Das Drama der modernen Welt, welches auch das Böse in seiner wildesten dämonischen Gewalt zur Darstellung aufgenommen, hat darin die Macht der Persönlichkeit selbst an den düstersten und sittlich verworfensten Charakterbildern zu verherrlichen, und entnimmt die Kraft dazu aus dem Geist des modernen Bewußtseins, das alle Gegensätze und Widersprüche des Daseins in sich freizulassen vermag, und sie nicht in der Natur- und Götter-Nothwendigkeit bändigt, wie die antike Welt, sondern sie individuell ausstürmen läßt, um sie zuletzt in der freien Idee des menschlichen Lebens versöhnend aufzulösen. Der dramatische Charakter kann in der modernen Welt zu einem höheren Grade von Schlechtigkeit und Bosheit heransteigen, als in dem antiken Schicksalsnexus, weil er hier ganz allein auf sich selbst und seine menschliche Verantwortlichkeit gestellt erscheint, und weil er die gleich dem innersten Wachsthum der Blume ihn nothwendig drängende Aufgabe hat, sich selbst zu vernichten, wenn er nicht gut sein, das heißt: in der ewigen Idee des Lebens sich nicht harmonisch begränzen kann.

Dieser Selbstvernichtungsprozeß des bösen Charakters ist eine Hauptbewegung des modernen Drama's geworden, das darin seine äußere Gestaltungskraft wie seine tiefste Lebensinnerlichkeit fesselos walten läßt. Wie der Charakter hier überhaupt in seiner völligen Einheit mit der Handlung auftritt, so hat er auch das ganze unbegränzte Gebiet, so weit es das Drama für die objective Welt der thatsächlichen Ereignisse sich überweisen darf, ebenso für die subjective Welt als freien Spielraum seiner Individualität in Anspruch zu nehmen.

Im modernen Drama steht der Mann auf der Höhe seiner Thaten, und der Charakter mißt sich an seiner eigenen Handlung in allen seinen menschlichen und künstlerischen Dimensionen ab.

---

8. Verwickelung und Katastrophe.

Der dramatische Höhepunkt des Lebens ist die **Katastrophe**, welche der entscheidungsvolle Moment ist, der aus einer Verwickelung folgt und in der diese eine alle weitere Lebensmöglichkeit zur Nothwendigkeit abschließende Lösung findet.

Aus der künstlerischen Einheit der Handlung, die wir früher in ihr rechtes Licht zu stellen gesucht, erhellt schon von selbst, daß die Verwickelung des Drama's, welche die Vorbereitung der Katastrophe ist, nicht zu ausgreifend und bunt überladen geschehen darf. Denn die Bedeutung der Katastrophe, die allerdings in gewichtigster Schwere hereinbrechen muß, kann durch die Vielfältigkeit und künstliche Verschlingung der ausgeworfenen Fäden nicht erhöht werden, obwohl die großen Lebensmassen, welche der Geist des modernen Drama's von selbst anzieht, zu der hohen Einfalt der Composition, wie sie der antiken Poesie eigen war, nicht mehr gelangen lassen.

Auf der andern Seite hat sich aber auch das heutige Drama, eben wegen dieser seiner Beziehung zu einem verwickelter gewordenen Lebensprozeß, vor einer zu großen Einförmigkeit seines thatsächlichen Fortganges zu hüten. Von allen Seiten her Verwickelungsmomente anzuhäufen, immer neuen begebenheitlichen Zünd- und Explosionsstoff heranzuschleppen, und Steine des Anstoßes und der Ueberraschung auf den Weg der Handlung zu werfen, um die Katastrophe länger und länger aufzuhalten, dies ist schon an sich kein dramatisches Verfahren, und kann nur von dem Epiker und Novellendichter mit wirklichem Erfolg ausgeführt werden.

Dagegen verlangt es das Recht der dramatischen Composition, die Verwickelung der Handlung und Charaktere so thatsächlich zu sättigen, ihr Nichts, was in die Lebensidee des Ganzen gehört, vorzuenthalten, und das productive Bedürfniß des Stoffs nach seinem innern Maaß so reichlich walten zu lassen, daß die Katastrophe nachher wie auf einer gesunden kräftigen Naturbasis darauf ruhen und sich um so entscheidungsreicher als das letzte Glied einer großen vollen Lebenskette geltend machen kann.

Diderot[1] macht eine sehr treffende Bemerkung, wenn er sagt: daß man die Entwickelung vor dem Zuschauer nicht verbergen dürfe! In der That darf sich der Dichter dem Zuschauer gegenüber nicht in ein Geheimniß hüllen, sondern er muß den letzteren auf die Höhe seines eigenen schöpferischen Standpunktes zu sich erheben. Es darf im Drama keine geheimnißvollen und unklaren Momente geben, auf welche die Handlung in ihrem Fortgang und in ihren Entscheidungen sich stützt. Wenigstens muß dem

[1] Dialogue et Discours sur la poesie dramatique in den Oeuvres de Théâtre de Mr. Diderot; deutsch von Lessing (Berlin 1781) II. 240.

Zuschauer klar sein, was der handelnden Person im Drama selbst noch unklar geblieben sein dürfte. Denn die Ueberraschungen, die romanhafter Art sind, haben in der dramatischen Poesie nur einen geringen Werth.

Auf der anderen Seite dürfen aber auch nicht die Motive sowie die begebenheitlichen Verwickelungen des dramatischen Charakters so fertig und durchsichtig ausgebreitet vor dem Zuschauer daliegen, daß dieser sich gewissermaßen an den Fingern berechnen kann, wie sich Alles ereignen wird.

Die geheimen Fäden der dramatischen Verwickelung müssen dem Zuschauer klar sein, aber er muß nichtsdestoweniger noch mit seiner ganzen geistigen Spannung in denselben verkettet bleiben, damit die Katastrophe eine solche auch für den Zuschauer wird, und die dramatische Lösung als die Entwirrung einer ganzen menschlichen Frage zugleich die wohlthuende Entlastung aller daran Betheiligten ist.

Solche dramatischen Verwickelungen werden aber niemals taugen, wo der Zuschauer den handelnden Charakter zu sehr übersieht, und denselben der Beschränktheit zeihen muß, etwas nicht gesehen und bemerkt zu haben, was vor Aller Augen offenbar und unzweifelhaft ist. Denn Alles eignet sich zur dramatischen Darstellung, nur nicht die Dummheit, die im

Ernst als Verstand und Charakter eingeführt werden soll.

9. Dialog und Monolog.

Als die Verbindungsform der dramatischen Darstellung erscheint der Dialog, welcher die plastische Gruppirung der Scene durch den Rede-Ausdruck innerlich ausführt, und darin das pulsirende Leben des Drama's in allen seinen Accenten und Tonarten auseinanderlegt.

Der Dialog hat nicht nur den inneren Charakter der Personen, sondern auch das äußere Gewebe der Handlung zu tragen. In ihm schließt sich das Geistige und Thatsächliche des Stücks individuell zusammen, und er hat deshalb die unendliche Fülle des Inhalts mit dem feinsten charakteristischen Maaß zu verarbeiten. Der Dialog muß ein straffer, stets angespannter Bogen sein, dessen Pfeile nach allen Richtungen hin ausfliegen, und niemals ihres Ziels verfehlen dürfen. Denn ein einziger lahmer Wurf vernichtet hier ganze Lebensmomente, während das Kleinste und Einzelnste, das durch den Dialog in seiner richtigen Bezeichnung steht, in die gesammte Lebensschöpfung Licht und Wärme verbreitet.

Wie der Dialog, ist auch der Monolog zu beurtheilen, der ein Zwiegespräch der handelnden Person mit sich selbst ist, und in sofern auch dialogisch behandelt werden muß. Der Monolog darf ebenso **wenig ein einsames Selbstgespräch, als eine müßige undramatische Betrachtung sein,** sondern er muß als ein geistiges Moment der dramatischen Handlung erscheinen. Im Drama giebt es keine Einsamkeit, und auch der Monolog, in welchem der Charakter sich in seine innersten Motive zurückzieht, muß eine Handlung für Alle sein, die uns in derselben Spannung hält, wie jede andere Action des Drama's.

Bei dem raschen und ungesäumten Vordringen, welches aller dramatischen Handlung von Natur eigen ist, kann auch der Dialog nicht die Stätte müßiger Ergehungen sein, welche für das Ganze keine charakteristische Bedeutung haben. Der Dialog, als diese geistige Concentration von Charakter und Handlung, steht in allen seinen Aeußerungsweisen durchaus im Dienst dieser beiden dramatischen Haupt-Elemente, und muß denselben streng, rasch, erschöpfend und mit möglichst wenigem Zeitverlust versehen.

Denn das Drama ist diejenige Dichtung, die am **wenigsten Zeit mit Worten zu verschwenden hat,** und da die entscheidende dramatische Stunde jeden Augenblick schlagen kann, so müssen auch die Worte nach dem Maaß der Thaten und der auf sie gerichteten Charaktere sich begränzen.

So muß auch der Dialog als die Wortgebung der Charaktere sich vor jeder falschen Tonart hüten, die der individuellen Natur und Stimmung, wie auch der thatsächlichen Situation nicht angemessen wäre.

Der Dialog muß dem Charakter im Drama Alles geben, was zu seiner Hervorbringung nöthig ist. Der Charakter empfängt vom Dialog nicht nur den Ausdruck seiner Seele, sondern auch seine Physiognomie, seine mimische Bewegung, seine Gestalt, ja selbst seine Kleidung, welche der dramatische Dichter schon durch den Dialog dem Charakter anerschaffen muß.

Denn der Dichter, der sich in Bezug auf alle diese Dinge auf seine etwa in Parenthese einzuschaltenden Bemerkungen, auf die herkömmliche Theaterpraxis und auf das Talent des Schauspielers verlassen wollte, würde dadurch dem Zufall anheimgeben, was Sache der dichterischen Production selbst ist, und durch die inneren Mittel derselben von ihm beschafft werden muß.

Der dramatische Dialog trägt in sich die Kraft, eine so allseitige und intensive Mannigfaltigkeit von Ausdrucksformen aufzubauen, daß dadurch auch eine vollständige mimische und plastische Abbildung des Charakters geschehen muß. In dem Tonmaaß, den Schwingungen und dem Farbenaufwand der Rede, in der ganzen individuellen Dialektik des Dialogs, muß der Dichter auch Gestalt und Physiognomie seiner Charaktere, ihr Gebärdenspiel, ihre Größe, ihre ganze leibliche Erscheinung, vorzuzeichnen und geistig auszuprägen verstehen.

Als der Meister dieser wahrhaft plastischen und körperzeugenden Kunst des Dialogs ist vor Allen Shakspeare zu nennen, dessen Charaktere sich stets so energisch und umfassend entweder in ihren eigenen Redeformen oder auch in der Contrastirung durch die Reden der Andern darlegen, daß über die Dimensionen ihrer Aeußerlichkeit niemals ein wesentlicher Zweifel übrig bleiben kann.

Der Schauspieler, welcher einen Shakspeare'schen Charakter darzustellen hat, wird über die zu wählende Maske niemals in einer großen Ungewißheit sein können, und er ist zur wirksamsten Herstellung derselben nur auf das richtige innere Verständniß des Dichters zu verweisen. Diejenigen Schauspieler, welche die höchste geistige Erkenntniß des Dichters haben, werden darum auch in der Regel in der Charaktermaske die glücklichsten und zutreffendsten sein, wie dies unter den neueren deutschen Mimen namentlich bei Seydelmann als eine Haupt-Eigenthümlichkeit sich erwies.

Diese symbolische Eigenschaft des wahren dramatischen Dialogs kann sich, wie gesagt, bis auf die Kleidung erstrecken, denn eine Person im Schlafrock wird sich anders ausdrücken müssen als eine im Königsmantel, und die Lumpen des Bettlers bedingen eine andere Redeweise als Sammet und Seide der Vornehmen.

Wenn sich Shakspeare auch zuweilen in dem dramatischen Maaß der Diction zu vergreifen scheint, indem er gewisse hochtönende Wendungen Personen aus allen Ständen und auf allen Lebensstufen gleichmäßig giebt, so weiß er doch diese Ungehörigkeit, die bei ihm weniger eine dramatische Inconvenienz als ein Fehler des poetischen Stils seiner Zeit ist, stets durch die ächt plastische Figuration seines Dialogs, in dem am Ende Alles an seinen rechten Ort und in sein rechtes Licht kommt, auszugleichen.

10. Dramatischer Stil. Vers und Prosa.

Der wahrhafte dramatische Stil wird aber immer der sein, wo die Sprache des Drama's die individuellen geistigen und mimischen Elemente des Charakters zu einer anschaulichen Einheit gebracht und darin die ganze äußere und innere Bewegung des dramatischen Lebens fest und sicher abgebildet hat.

Der dramatische Stil erfordert darum den höchsten Tact des Gentes, weil in ihm nichts gekünstelt und geleimt werden darf, sondern Alles wie eine unmittelbare Lebensströmung, in einem ebenen und harmonischen Maaß das Unendliche und Mannigfaltigste einschließend, dastehen muß. In dem epischen und Romanstil wird der Dichter mehr oder weniger seine eigene Individualität einmischen können, und dadurch auch seiner eigenen Stimmungen in seinem Werk sich entledigen.

Dieses subjective Behagen des Urhebers, das auch manches künstliche Wesen in den Stil hineinbringen kann, verträgt das Drama nicht. Hier bedeutet das Wort im eigentlichsten Sinne den Mann, und stellt einen lebendigen menschlichen Gliederbau bar, in dem die kleinste Partikel den ganzen Organismus betrifft.

Das referirende Element, welches der epische Stil in sich trägt, wird demselben mancherlei Freiheiten und Abschweifungen gestatten, und ihn auch zu einer künstlicheren und verschlungeneren Satzbildung befähigen, als dem dramatischen Stil eigen sein darf. Der letztere ist nicht, wie der epische, um etwas Anderen willen da, das er bloß in Weise der Aufzeichnung vermittelt. Der dramatische Stil bedeutet sich selbst, insofern er der unmittelbare Ausdruck der Lebensthat ist und von dieser die ursprünglichen Farben und Darstellungstöne empfängt.

Ob Vers oder Prosa dem dramatischen Stil am besten eignen, wird sich aus allgemeiner Theorie schwerlich bestimmen lassen. Wenn auch das Drama vorzugsweise die Sprache des wirklichen Lebens zu reden hat, so steht es doch immer auch in seinen Ausdrucksformen auf der idealen Höhe, zu der alle Kunst unmittelbar durch ihre vergeistigende Natur erhebt.

Der Gebrauch des Verses kann daher die dramatische Darstellung in der Treue, welche sie der realen Wirklichkeit schuldig ist, nicht beeinträchtigen. Vielmehr hat das Drama seit der griechischen

Tragödie her als diese höchste Lebens- und Kunst-Schöpfung immer vorzugsweise den idealen Gang des Verses sich vorbehalten.

Nothwendig ist aber dem Drama der Vers keinesweges, besonders aber nicht in den Zeiten späterer Kunst- und Weltbildung, wo auch die Prosa ihr substantielles Wesen erhöht und in ihren eigenen Formen nicht mehr als ein Gegensatz zu dem Element der Poesie selbst zu betrachten ist.

Es wird wesentlich von der Stimmung, dem Bedürfniß und der Bildung eines Zeitalters abhängen, ob das Drama, welches auch darin der Repräsentant der Gegenwart ist, aus dem Vers oder der Prosa die Technik seiner Darstellung bestreitet. Die Anforderungen der Epochen wechseln sich darin ab, und auch die Rücksicht auf die Zweckmäßigkeit, welche sich in den verschiedenen Zeiten der künstlerischen Cultur verändert, mag darüber zu entscheiden haben.

Wenn die poetische Bildung eines Volkes in Phrasen zu zergehen droht, und die Macht der überlieferten und schon geschaffenen Formen stärker wird als das innere productive Vermögen, ist die Prosa auch für die Sprache des Drama's einer solchen Zeit mehr anzurathen als der Vers.

Der Vers, der auch für sich seine den Gedanken

bestimmenden Ueberlieferungen hat, wird leichter die gedankenlosen und conventionellen Wendungen benutzen als die Prosa, in der, was einer solchen Periode Noth thut, auf das allgemeine productive Grundelement des Geistes zurückzugehen ist.

Dies Bedürfniß scheint auch die gegenwärtige Zeit des deutschen Drama's zu empfinden, in dem mit Recht die Prosa wieder vielfach zum Organ der dramatischen Darstellung gemacht worden ist. Shakspeare mischte Verse und Prosa in charakteristischen Gruppen durcheinander, und prägte darin die Freiheit der dramatischen Darstellung auf das Beweglichste, jedoch stets mit einem bestimmten und ideegemäß beabsichtigten Eindruck, aus. Die Prosa eignet er aber keinesweges bloß den niederen Leuten und dem Volke zu, sondern sie tritt auch, wie im Lear, Othello und anderen Stücken, an Stellen bei ihm ein, wo gewissermaßen alle Lebensformen geplatzt sind, und der schmerzerfüllte, am Dasein verzweifelnde Geist in das allgemeine Wesen der Dinge zurücktreten möchte.

Zweiter Abschnitt.

Der Ursprung der modernen Bühne.

1. Das Drama und die christliche Kirche.

Alle dramatische Kunst nimmt ihren Ursprung aus den religiösen Cultusformen der Völker. Die Kirche, wie ausschließend sie sich nachher auch stets gegen das Theater zu stellen suchte, hat doch immer und überall nur als Theater, in der Form dramatischer und theatralischer Darstellung, ihre erste Herrschaft befestigt.

Plutarch, in seinem Buch de Musica, will deshalb auch das Wort Theater, Θεατρον, von Θεός, Gott, ableiten, um damit die religiöse und gottesdienstliche Entstehung aller theatralischen Spiele zu bezeichnen.

Wenn aber das Theater auf Θεός, Gott, sich bezieht, so hängt es eben so sehr, und für den Etymologen vielleicht noch wahrscheinlicher, mit θεάομαι, schauen, zusammen. Das Volk will seinen Gott schauen, und dies Bedürfniß des wirklichen Schauens, das sich mit dem bloßen Glauben an einen unsichtbaren religiösen Inhalt nicht mehr begnügen will, zeigt sich schon gewissermaßen wie ein Erwachen des Skepticismus im Volksgeist, und erscheint als der erste Drang, etwas wissen zu wollen von der **Wirklichkeit eines göttlichen Lebens.**

Dieser Herausforderung des skeptischen Volksgeistes, wirklich einmal etwas von den göttlichen Dingen zu sehen, haben alle Religionssysteme nur dadurch entsprechen können, daß sie in dieser großen Verlegenheit sich die darstellende Kunst zu Hülfe gerufen, und daß die Kirche selbst theilweise sich in ein Theater verwandelt und das Drama selbst in ihrem heiligen Schooße geboren hat.

Man darf aber nicht annehmen, daß das Volk, welches immer nur von einem Instinct für die Wahrheit geleitet wird, in diesen theatralischen Darstellungen des göttlichen Inhalts, welche die Kirche giebt, etwas Anderes vollbracht sieht, als eine allmählige Zersetzung und Auflösung der religiösen und kirchlichen Formen, als eine Auslieferung der Priestertradition an das immer neu schaffende freie Volksbewußtsein. Darum sehen wir auch, wie in den ersten Theaterspielen der christlichen Kirche, in diesen religiösen und geistlichen Mummereien, und selbst in den ernstesten religiösen Festdarstellungen, sich bald auch das komische Volks-Intermezzo eindrängt, welches burleske und oft im witzigsten Narrenton gehaltene Jahrmarktsscenen mitten in die Darstellung der geheimnißvollsten Lebensmomente Jesu Christi hineinverlegt.

Der Volksgeist deutet dadurch, freilich oft in unpassender und widriger Weise, sein Recht an, sich in unmittelbare Nähe zu dem Inhalt der Religion zu stellen, und ihr den ganzen Muthwillen und die Eigenmacht seines irdischen Lebens gewissermaßen jauchzend entgegenzusetzen. Und in diesem Recht bestärkt und bestätigt ihn die Kirche selbst durch die dramatische und theatralische Form, die sie angenommen, und durch welche sie bei aller Geschicklichkeit der Priester doch immer bald verrathen muß, daß es jenseits dieser Formen noch eine Religion der Wahrheit und des reinen Geistes giebt, die man durch die bunten theatralischen Spiele des Cultus eigentlich nur umhüllt und umnebelt.

Die theatralische Kirche, mag ihre Mummerei nun in phantastischen Prozessionen oder im Buchstabenformalismus der positiven Glaubensbekenntnisse beruhen, die theatralische Kirche drängt überall selbst ihren Gegensatz und ihre Auflösung in der Religion des Geistes, heraus, die wir im Mittelalter schon durch die humoristische Volksopposition, die sich dicht an die heiligen Traditionen stellt, angedeutet sehen können.

Die christliche Kirche hat darin gerade dieselben Wendepunkte durchgemacht, wie das mythische Heidenthum. Wie das griechische Drama aus dem Dionysosdienst, so ging das moderne Drama aus dem kirchlichen Dienst des Christenthums und aus dem Leben Jesu Christi hervor, welches Clemens Alexandrinus das Drama der Menschheit (τὸ δρᾶμα τῆς ἀνθρωπότητος) nannte.

Der culturbringende, vermittelnde und erfüllende Gott Dionysos, welcher als der Gipfel der antiken Welt- und Kunstbildung erscheint, stirbt in der antiken Objectivität, die zuletzt als eine aus sich selbst entgöttlichte und entleerte dasteht. In Christus aber erwacht die unendliche Subjectivität der neueren Menschheit als eine freie und sich aus sich selbst bestimmende.

Das plastische und lebensvolle, gewissermaßen dionysische Prinzip, welches ursprünglich in der Sendung Jesu Christi liegt, ist von den Heiden der damaligen Zeit bei weitem richtiger erkannt worden, als von einem großen Theil der späteren Christen selbst, die eigentlich nur das Leiden Christi und seine negative Stellung zur Welt zum Gegenstand ihrer Religion gemacht haben. Die erste Bemerkung, welche die Heiden über den erschienenen Christus machten, war die, daß er auch ein genießender Gott sei, und weil sie sahen, daß er Wein trank, nannten sie ihn οἰνοπότης, und riefen: „siehe, der Menschensohn isset und trinket!" Christus erscheint auch in den ältesten Kunstvorstellungen der ersten Christen niemals als der gekreuzigte Gott, und Fr. Münter hat in seinem Buch: „Die Kunstsymbole der alten Christen" (l. 7. 7.) mit ziemlicher Gewißheit gezeigt, daß die Vorstellung des Gekreuzigten in der ganzen ältesten Kirche durchaus unbekannt gewesen, wie man auch annehmen kann, daß die Kirche nicht vor Ende des siebenten Jahrhunderts die Crucifixe gekannt habe.

Dies eigenthümliche Verhältniß stellt sich uns noch beziehungsreicher in der Stellung der ersten christlichen Kirche zum Theater der heidnischen Völker dar, welches letztere sich noch lange, bis in die ersten Jahrhunderte des Christenthums hinein, pomphaft und mächtig anlockend erhalten zu haben scheint. Man muß es der christlichen Kirche nachsagen, daß sie zuerst gewaltige Anstrengungen machte, das antike Theater, an dem sie einen gefährlichen Nebenbuhler in der Gewinnung des Volksgeistes hätte, zu verdrängen, und beide standen sich lange in einem durchaus feindseligen und gereizten Verhältniß gegenüber: das antike Theater, in welchem gewissermaßen die fortdauernde Lebenskraft des Heidenthums in letzter Glorie sich vertreten wollte, und die christliche Kirche, welche trotz aller Verdammungsformeln, die sie gegen das Schauspiel aussprach, doch bald fühlte, daß der reine Geist Jesu Christi für die Völker noch nicht anlockend genug geworden war.

Das antike Theater führte seinerseits in seinen eigenen scenischen Darstellungen den Kampf gegen das Christenthum, und besonders gab man zu Rom im ersten Jahrhundert der christlichen Zeitrechnung Stücke, in welchen die christliche Religion verhöhnt und beschimpft wurde. Die christliche Kirche sollte aber bald auf das Gebiet des Theaters selbst hinübertreten, und sie lernte zunächst dem antiken Theater alle seine Vortheile abzugewinnen, was sie zuletzt in der That dahin führte, daß die äußere Einrichtung des christlichen Kirchengebäudes den räumlichen Verhältnissen des antiken Theaters, an welche das Volk einmal durch die Gewohnheit gefesselt war, anpassend gemacht wurde.

Die altchristliche Liturgie selbst, aus welcher alle heutigen noch im Gebrauch befindlichen herstammen, war nichts Anderes, als ein symbolisches Drama, in dem der Inhalt der christlichen Religion mit großartigen Effecten in Scene gesetzt wurde, in welchem aber zugleich das Volk selbst, als berechtigte dramatische Person mitspielend, einen selbständigen Antheil an der religiösen Handlung gewann.

Das symbolisch-liturgische Drama des Urchristenthums, welches die Kirche zum Mittelpunkt einer großen Volksgemeinschaft, und die Religion zu einer frei aus sich selbst heraustretenden Volks-Action machte, es stellt uns den christlichen Cultus in seinen reinsten und ächtesten Formen dar, die er später sowohl in der römisch-katholischen Kirche selbst, wie auch in der protestantischen, nur wieder einbüßen, charakterlos verwaschen und an die absolute Priesterformel verfallen lassen konnte.

Man hat in unserer Zeit auch das Urchristenthum wieder zu einem der Stichwörter des Tages gemacht, aber Diejenigen, welche bereitwillig versprechen, uns in diese ersten gesunden Zeiten der christlichen Religion wieder zurückzuführen, mögen vielleicht nicht bedenken, daß in diesen Zeiten das Christenthum noch durch und durch Volksreligion war, der Cultus ein frei von aller polizeilichen Dogmatik sich gestaltendes Volksdrama, und die christltche Gesellschaft eine Verwirklichung der christlichen Liebe, die, nach den Ansichten der Apostel und ersten Kirchenväter, sogar auf eine Gemeinschaft des Eigenthums und auf einen Allen gleichmäßig zustehenden Antheil an den Erzeugnissen des Erdbodens sich erstrecken sollte.

Eine wirklich dramatische Handlung ist immer die, wo alle Theile als gleichberechtigte Träger der ihr eigenstes Wesen bestimmenden Idee erscheinen, und in dieser Bestimmtheit zu einer Action gegen einander herausgetreten sind. Darum verlor das christliche Abendmahl seine wahrhaft dramatische Bedeutung, sobald in den späteren Gestaltungen der Kirche das Volk gewissermaßen den Priestern weichen mußte und von dem berechtigten Mitgenuß der Communion ausgeschlossen wurde, wodurch an die Stelle einer dramatischen Handlung der bloß theatralische Prunk des Meßschauspiels, welches die Priester allein bestritten, eintrat. Die Reformation führte zwar das Volk als den zum Mitgenuß und zur Mithandlung berechtigten Körper des Gottesdienstes wieder an den Altar zurück, und besiegelte dadurch zuerst den Beginn einer neuen dramatischen Weltepoche, welche sich mit der Reformation heraufführte. Aber die Lutherische Messe selbst wurde doch mehr oder weniger nur eine rationelle Abklärung der römisch-katholischen Elemente, und konnte die innere dramatische Lebenskraft der urchristlichen Liturgie nicht wieder in die Kirche zurückführen.

2. Die Mysterienspiele in Deutschland.

Wie die alte christliche Kirche ein wirklich dramatisches Element in ihrem eigenen Schooße trug, so war sie auch, den sinnlich verwöhnten Heiden gegenüber, bald immer mehr auf wirksame theatralische Darstellungsmittel, besonders bei ihren religiösen Festen, angewiesen. Vornehmlich war es die Feier des Osterfestes, die schauerlichen Momente der Passionswoche, das große geheimnißvolle Charfreitags-Drama und die wunderbare Palmsonntags-Prozession, welche letztere zuerst aus der Mitte der Kirche selbst ein theatralisches Spiel hervortreten ließ, indem Christus früher an diesem Tage auf dem sogenannten Palmesel reitend dargestellt wurde, welches entweder ein hölzerner oder auch ein lebendiger Esel war, der, mit Kränzen und Blumen geschmückt, und eine Patene mit der geweihten Hostie tragend, eine Puppe auf seinem Rücken umherführete, und diese Puppe war Jesus Christus selbst.

Diese Ostergegenstände sind auch der Hauptinhalt aller dieser kirchlich theatralischen Darstellungen und Mummereien, welche in Deutschland besonders unter dem Namen der Mysterien, und in diesem Lande vielleicht früher als anderswo, ihre Ausbildung erhielten. Diese bei allen Nationen verbreiteten Mysterienspiele scheinen in Deutschland schon zur Zeit Karls des Großen stattgefunden zu haben, und es giebt zwei Handschriften alter Klosterschauspiele aus dem Jahre 815, wie auch aus dieser Zeit ein Verbot angeführt wird, wonach bei solchen Darstellungen keine Priester- oder Mönchskleidung angelegt werden durfte. Unter den uns bekannt gewordenen Osterspielen ist eines der ältesten und bemerkenswerthesten das ludus paschalis de adventu et interitu Antichristi, welches in das zwölfte Jahrhundert gesetzt wird, und in dem der römische Kaiser, verschiedene Könige, die Kirche, die Synagoge und der Antichrist auftreten. Der Antichrist macht sich zum Herrn aller Kaiser und Könige, die sich ihm tributpflichtig unterordnen, aber seine Macht wird gebrochen, die Monarchen kehren wieder zur Kirche zurück und sühnen ihren Abfall von derselben durch den Ausdruck der tiefsten Reue.[1]

[1] Pezii thessaur. novias. anecdot. Vol. II. Part. 3. p. 185.

In die ursprünglich lateinische Sprache dieser Spiele scheint sich bald auch die Volkssprache selbst eingedrängt und damit ihr Recht auf den dargestellten Inhalt geltend gemacht zu haben. Insofern erscheinen diese theatralischen Formen der alten Kirche überhaupt als die eigentliche Vermittelung der Kirche mit dem Volksgeist. Der lateinische Gottesdienst konnte dem Volke den Inhalt der Religion nur verbergen, und die theatralischen Darstellungen der christlichen Glaubensgeschichte wurden gewissermaßen die erste, dem Volksverstand entsprechende Exegese des religiösen Stoffes, welche die Priester sonst nicht geben konnten und wollten, die sie aber als theatralische Lustbarkeit unbesorgt an das Volksbewußtsein auslieferten, wodurch denn Christus und die Apostel, ihre Thaten und ihre Leiden zuerst in eine warme menschliche und verständliche Nähe gerückt wurden. Man kann daher sagen, daß das Christenthum in die Welt hineingeschauspielert werden mußte, weil es sonst durch die Priester niemals eine volksthümliche Verbreitung gefunden haben würde. Die lateinische Sprache blieb zwar in den Mysterienspielen gewissermaßen die officielle Sprache des lieben Gottes und Jesu Christi selbst, die sich Anstandshalber nicht anders als in den Ausdrücken der kirchlichen Vulgata äußern durften, aber auch diese beiden ersten Personen der Gottheit wurden bald so gefällig, der lateinischen Vulgata zum Besten des Volks eine artig gereimte deutsche Uebersetzung hinzuzufügen.

In dieser Form ist durchgängig ein Osterspiel aus dem Anfang des 14. Jahrhunderts, welches uns Mone aus einer St. Gallener Handschrift mitgetheilt hat, und das in einer schon ziemlich festen dramatischen Gestalt in neun Handlungen das Leben Jesu in seinen bedeutendsten Momenten darstellt. So heißt es z. B. in dem Gespräch zwischen Jesus und Petrus über die Fußwaschung:

Petrus.

Non lavabis mihi pedes in aeternum.
    Herre Meister, es soll nit sein,
    Daß Du waschest die Füße mein.

Jesus.

Si non lavero te, non habebis partem mecum.
    Lässest Du Dir die Füße nit
    Waschen hier zu dieser Zit,
    So inhast Du sicherlich
    Keinen Theil an meinem Rich.

Petrus.

Domine, non tantum pedes meos, sed et manus et caput.
    Herre, die Rede soll nit sein,
    Wasche nit alleine die Füße mein,
    Wasche mir das Haupt und auch die Hand,
    Eh ich so duro werde genannt. —

Diese erste Volksdramatik der neueren Völker, die wir zuerst aus einem freien Ineinanderleben von Volk und Kirche heraustreten und auf diesem Grunde in den Mysterienspielen sich gestalten sehen, zeigt aber in ihren Formen noch überwiegend einen epischen Charakter auf, indem sie die Handlungen, welche sie darstellt, weniger in ihren entscheidenden thatsächlichen Momenten und in dem eigentlich dramatischen Umschlagen der Charaktere und Verhältnisse erfaßt, als es ihr vielmehr darauf ankommt, cyklisch und gruppenweise eine ganze Reihe von Handlungen und Personen vorüberzuführen, die ihre Bedeutung in dem Gesammtverlauf der ganzen Entwickelung und ihren Endpunkt in einer letzten sich anschließenden Handlung finden.

Wir sehen dies namentlich bei jenen Darstellungen des Neuen Testaments, bei den großen Passionsspielen und Apostelbramen, deren Darstellung oft mehrere Wochen hintereinander dauerte, wie auch bei den Heiligen-Schauspielen, die immer biographisch einen gesammten Lebensverlauf zum Gegenstand haben. Diese dramatischen Spiele halten darin noch den allgemeinen Charakter des Mittelalters fest, das eine cyklische Zusammenhäufung von Lebensgruppen ist, die sich nacheinander abwickeln, wie auch die bildenden Künste in dieser Zeit am liebsten Alles gruppenweise darstellen.

In dieser Art sind auch die ersten scenischen Einrichtungen des modernen Volksdrama's charakteristisch. Der berühmte Julius Cäsar Scaliger (Poetic. 1561. l. c. XXI.) beschreibt uns noch die Weise der Mysteriendarstellungen in Frankreich, wie er sie zu seiner Zeit, in der ersten Hälfte des 16. Jahrhunderts, gesehen. Die Personen, welche in einem Stück aufzutreten hatten, stellten sich alle zu gleicher Zeit auf der Bühne vor den Zuschauern auf, und pflegten während der ganzen Handlung nicht abzutreten, auch wenn sie nichts mehr zu sprechen hatten, indem die schweigenden für abwesend angesehen wurden. Dasselbe bestätigt Riccoboni in seiner Geschichte des französischen Theaters, indem er bemerkt, daß das Theater in den Mysterienspielen Paradies, Hölle, Himmel und Erde zu gleicher Zeit darstellte und daß diese Decoration niemals verändert wurde, wie auch immer die Handlung selbst wechseln mochte. Die Erde bildete den mittleren Theil zwischen Himmel und Hölle, und stüßte bald Jerusalem, bald das Vaterland irgend eines Heiligen oder Patriarchen vor. Auf die Erde sah man bald Engel vom Himmel heruntersteigen, bald Teufel aus der Hölle heraufkommen, um ihren Einfluß auf die menschlichen Handlungen zu üben.

In einem mittelniederländischen Osterspiel, welches Haupt in seiner Zeitschrift für deutsches Alterthum mittheilt, erscheint Gott Vater hoch oben auf einem Gerüste in schneeweißem Talar, mit langem Silberbart. Unmittelbar zu den Füßen des Himmelsgerüstes aber gähnte der Höllenschlund, der durch einen Kasten vorstellig gemacht wurde, welcher sich öffnen und schließen konnte, je nachdem die Teufel zur Welt heraufkommen oder nach verrichtetem Tagewerk wieder in die Hölle hinabfahren wollten. Der obere Raum des Höllenkastens, an dessen Seite das Gerüste des Gottesthrons befestigt war, repräsentirte zugleich die Erdenwelt.

In dem Stücke selbst vermißt sich Lucifer, seinen Thron neben dem Thron Gottes aufrichten zu wollen, in welchem Vorsatz er durch einige aufrührerische Engel bestärkt wird, die aber mit ihm zugleich in die Hölle hinabgestoßen werden. Nun erst sehen wir Gott Vater mit der Schöpfung des Menschen sich beschäftigen, worauf die Darstellung des Sündenfalls und der Vertreibung aus dem Paradiese folgt.

Wenn auch zum Theil bei diesen Vorrichtungen schon kühne Maschinerieen im Werke gewesen zu sein scheinen, so stellt sich uns doch darin gewissermaßen der Naturzustand der modernen Bühne dar, der in einem solchen Nebeneinander der Gruppirung freilich noch nicht diesen dialektischen Wechsel der individuellen Momente kennt, in denen später der ächte Begriff des modernen Drama's sich bestimmt, der aber in seiner Einrichtung zugleich auf die thätige Mitwirkung der Phantasie des Zuschauers rechnet, die hier allerdings selbst die Ausführung der vom Dichter gegebenen Andeutungen unternehmen muß und dadurch leichter in eine schöpferische Stimmung versetzt wird, welche den ganzen geistigen und künstlerischen Eindruck der Darstellung erhöht.

Obwohl diese Theaterzustände allerdings manches Widersinnige mit sich bringen mußten, so waren sie doch zugleich die erste kühne Durchbrechung der antiken klassischen Bühnengesetze, indem sie Raum und Zeit, an deren Einheit die antike Scene gefesselt war, maaßlos durcheinanderwarfen, und darin schon die ungebundene Vielbeweglichkeit des modernen Volksgeistes bethätigten.

Auch in Deutschland waren die ersten theatralischen Darstellungen auf die größte Freiheit und Natürlichkeit der Scene berechnet, da die ersten Mysterienspiele, außer in den Kirchen, größtentheils auf dem Markt und den öffentlichen Plätzen, ohne allen theatralischen Hintergrund, stattfanden. Im Jahre 1412 wurde zu Bautzen auf dem Markt ein Spiel von der heiligen Dorothea aufgeführt, wobei die Zuschauer größtentheils auf den Dächern der Häuser saßen, und es sich ereignete, daß das Löbauische Haus unter der Last einstürzte und viele Personen zerschmetterte. Vor dem Markgrafen Friedrich von Meißen wurde im Jahre 1322 zu Eisenach ein Spiel von den zehn Jungfrauen gegeben, welches in dem Thiergarten von den Geistlichen und ihren Schülern gespielt wurde, und wobei die Chronikenschreiber die Seltsamkeit erzählen, daß, als die fünf klugen Jungfrauen den fünf thörichten kein Oel geben wollten, und letztere bei den Heiligen und der Mutter Gottes vergebens baten, und das Urtheil der Verdammniß auf sich zogen, der Markgraf darüber außerordentlich zornig geworden sein soll, indem er sagte, daß die christliche Religion nichts tauge, wenn sich Gott nicht über uns erbarme, und die Fürbitte der Jungfrau Maria und aller Heiligen nichts helfen könne, in welchem Unmuth er vom Schlage getroffen wurde, und lahm und stumm blieb bis zu seinem bald darauf erfolgten Ende.

Bei diesen frühesten deutschen Darstellungen scheinen jedoch schon Larven bei einzelnen Figuren, auch charakteristische Kostüme, die Hof oder Magistrat lieferten, und bald auch künstlichere theatralische Maschinerieen in Anwendung gekommen zu sein.

Wie es in Deutschland in frühester Zeit oft bei solchen Mysterien-Aufführungen herging, darüber hat uns das Volksbuch vom Eulenspiegel (in der dreizehnten Historie) eine interessante Nachricht aufbehalten, die in dieser Beziehung als eine klassische Stelle angeführt zu werden pflegt. Eulenspiegel kam nämlich nach manchen Abenteuern zu einem Pfarrer, der ihn zu seinem Küster machte. Von diesem Pfarrer wird erzählt, daß er sich ein Kebsweib gehalten, welches einäugig war, und auf das Eulenspiegel einen Groll hatte, weil sie ihn wegen seiner schelmischen Streiche bei seinem Herrn angab. „Während dieser Zeit nun", heißt es in der Geschichte weiter, „sollten sie zur Osterfeier spielen die Auferstehung unseres Herrn. Und dieweil nun die Leute nicht gelehrt waren, auch nicht lesen konnten, so nahm der Pfarrer sein Kebsweib und that sie in das heilige Grab, statt eines Engels. Da nun das Eulenspiegel sah, nahm er zu sich drei der einfältigsten Leute, die da zu finden waren, daß sie die drei Marieen vorstellten, und der Pfarrer stellte Christum vor, mit einem Panier in seiner Hand. Darauf sagte Eulenspiegel zu den einfältigen Leuten: wenn der Engel fragt, wen Ihr suchet, so sollt Ihr sagen: des Pfaffen einäugiges Kebsweib. Nun begab sich's dann, daß die Zeit herankam da sie spielen sollten, und der Engel fragte sie: wen suchet Ihr? Sie antworteten, wie sie Eulenspiegel gelehrt, und sagten: wir suchen des Pfaffen einäugiges Kebsweib. Und da konnte der Pfaffe hören, daß sein gespottet ward. Und als des Pfaffen Kebsweib das vernahm, wollte sie aufstehen aus dem Grab und dem Eulenspiegel mit der Faust ins Gesicht schlagen, aber sie verfehlte sein und traf einen von den einfältigen Leuten, der eine von den drei Marieen vorstellte. Dieser gab ihr wieder eine Maulschelle, und darauf ergriff sie ihn bei den Haaren. Das sah sein Weib und kam herbeigelaufen und schlug des Pfaffen Kebsweib. Als das der Pfaffe sah, warf er hin seine Fahne und lief herzu seinem Kebsweib zu helfen. So gab denn einer dem andern tüchtige Stöße und Püffe und ward ein großer Lärm in der Kirche. Da nun Eulenspiegel sah, daß sie einander alle in der Kirche bei den Ohren hatten, ging er seiner Wege hinaus und kam nicht wieder." —

Diese Volksfigur des Eulenspiegel sehen wir

hier nicht ohne Bedeutung in die ersten volksthümlichen Gestaltungen und Darstellungen des modernen Drama's eintreten. Das Element des Narrenthums, in seinen Berührungen mit dem Christenthum selbst und mit dem kirchlichen Cultus, bildet überhaupt die spezifische Grundlage für diese ersten dramatischen Aufführungen, welche den Ursprung der modernen europäischen Bühne in sich bergen.

In diesem Eulenspiegel stellt sich uns eben dies Element der volksthümlichen Narrheit, welches auch die kirchliche und religiöse Tradition ergreift, als ein eigenthümliches deutsches Volkselement dar, und zwar so, daß diese volksthümliche Narrheit zugleich als eine dialektische und zersetzende Kraft mitten in die Volks- und Geisteszustände eindringt, und dadurch zu einem reformatorischen Princip im Schooße des Volkslebens selbst wird.

Bei jenen Mysterienspielen hatte schon in ganz äußerlicher Weise der Narr gewisse Ruhepunkte und Pausen der Darstellung zu vermitteln gehabt, indem er oft an die blutigsten und schauerlichsten Momente der christlichen Ueberlieferungen unmittelbar seine Späße anreihte, um zu scenischen Vorbereitungen oder sonstigen Uebergängen Zeit zu lassen. Das Element des Narrenthums mischt sich aber bald auch in das innere Leben der Darstellung selbst ein, und die Entwickelung der heiligsten und geheimnißvollsten Momente nimmt einen närrischen Charakter an. Man kann sagen, daß in der Idee der Narrheit sich der eigentliche gesunde Menschenverstand der neueren Völker constituirte und sich dadurch mitten in der Religion und dem kirchlichen Cultus selbst eine Befriedigung erschuf.

In Deutschland besonders sehen wir das Element der Narrheit schon seit frühen Jahrhunderten als ein wahrhaft nationales eingebürgert. Es hatte im Volksbuch des Eulenspiegel eine bestimmte Persönlichkeit angenommen, es hatte im Reinecke Fuchs unter der Thiermaske so sinnreich die Opposition gegen Fürsten und Pfaffen verborgen, in Sebastian Brand's Narrenschiff sich zu einer großen sittlichen Geißel über alle Stände und Geschlechter gemacht; in Joh. Geiler von Kaisersberg hatte es sogar die Kanzel des Straßburger Münsters bestiegen, um dort über die Schiffsladung der Brand'schen Narren zu predigen, und Erasmus von Rotterdam hatte in seiner berühmten Lobrede der Narrheit (Moriae encomium) dies Element schon als ein reformatorisches aufgegriffen und daraus die eindringlichste Zeitsatire gegen die dialektische Theologie und gegen die Dummheit und Unwissenheit der Mönche gemacht. Luther selbst, in der Zueignung seiner Schrift „an den christlichen Adel deutscher Nation" nannte sich mit ächtem Welthumor einen Narren, und bezeichnete es als eine Pflicht gegen seinen Gott und die Welt, auch einmal, wie er sagt, „Hofnarr zu werden", indem er sich in dem Augenblick, wo er sein Reformationswerk gründlicher unternahm, als der wahre Nachfolger jener Hofnarren erschien, deren Narrheit darin bestanden, das Selbstbewußtsein des Volkes und der Machthaber zu erwecken.

Dieser wehmüthige Drang des Volkes, sich selbst zum Narren zu machen und aus Altem Narrheit zu weben, ist die innere Widerstandskraft, durch welche das Volk den Druck der bestehenden Verhältnisse und die Last der ihm aufgebürdeten Traditionen erträgt. Wenn es die Traditionen nicht thatsächlich abwerfen kann, so macht es eine Narrheit daraus, welche die ideale Vermittelung mit der Wahrheit in sich trägt. Dieses volksthümliche Vermittelungsprinzip der Narrheit, haben selbst Staat und Kirche im Mittelalter jederzeit bereitwillig anerkannt, indem die Fürsten sich in ihren Hofnarren gewissermaßen eine besoldete Opposition hielten, die ein vollkommen organisirtes Hofamt geworden war, und die Kirche feierte in ihrer eigenen Mitte das Narrenfest, welches in den ältesten Zeiten des Christenthums an den Weihnachtstagen begangen wurde, mit Anklang an jene freien December-Saturnalien der Römer, auf welche das christliche Weihnachtsfest übergegangen war.

Das Narrenfest und die Narrenmesse scheinen namentlich in Paris mit solchen Zügellosigkeiten, possenhaften und üppigen Umtrieben aller Art, die in der Kirche selbst statsfanden, gefeiert worden zu sein, daß Verordnungen der päpstlichen Legaten zur Regulirung dieser christlichen Saturnalien schon frühe erschienen. Du Cange (in seinem Glossar) berichtet uns, daß die Theilnehmer des Festes während einer solchen Narrenmesse in abenteuerlichen Masken herumtanzten, unzüchtige Lieder sangen, am Altar aßen und poculirten, mit Würfeln spielten, Koth oder altes Leder in die Rauchfässer warfen und damit räucherten.

In ähnlicher Weise wurde auch ein kirchliches Eselsfest gefeiert, das ebenfalls besonders in Frankreich seine Stelle fand, und in einigen Städten am Weihnachtstage, in anderen zum Andenken an die Flucht Mariä nach Aegypten begangen ward. Es wurde dann eine Eselin (wahrscheinlich auch mit specieller Erinnerung an Bileams Eselin) mit einem

Chorrock behangen und in feierlicher Prozession unter zahlreicher Begleitung der Geistlichkeit und des Volkes durch die Straßen in die Kirche geführt. Erst im funfzehnten Jahrhundert gelang es, in Frankreich namentlich den Anstrengungen der Sorbonne, diese Narrenfeste wenigstens aus der Mitte der Kirche selbst zu vertreiben, wodurch sie aber mit ihren Christenthum und Narrheit verbindenden Darstellungen in die dramatischen Volksspiele selbst übergingen und den Hauptgegenstand derselben ausmachten.

An besonderen Theaterverordnungen für die Kirche fehlte es überhaupt schon seit den frühesten Zeiten nicht. Ein Verbot dieser Art gegen die unzüchtigen Possenspiele, die sich in den christlichen Cultus selbst eingedrängt hatten, findet sich schon in der berühmten Gesetzsammlung las Partidas, die von dem Spanischen König Alphons X. (seit 1252) veranstaltet worden, und worin zugleich eine Gränze des Erlaubten für die theatralischen Aufführungen der Kirche festgestellt wurde, indem z. B. Darstellungen von der Geburt Christi, von der Kreuzigung und Auferstehung, nach jener Verordnung zu den vorzugsweise verstatteten und gewünschten gehören sollen, „zumal sich die Leute dabei erinnern mögen, daß sich das Dargestellte einst wirklich begeben hat".

Durch jene theatralischen Aufführungen spielte aber die Kirche selbst die Keime ihrer eigenen Zersetzung und Vernichtung mitten in das Volksleben hinüber, und diese Saat gedieh reichlich in den Mysterienspielen, deren Aufführung bis in die Mitte des 15. Jahrhunderts dauerte, und dann in den Fastnachtspielen, in denen vornehmlich das deutsche Volksdrama auf einer bestimmten nationalen Grundlage sich fortbildete. Das Drama gewann bei andern Nationen, namentlich bei den Spaniern, bei weitem früher eine kunstgemäße und freie Ausbildung seiner Formen, während es in Deutschland lange auf diesem allgemeinen Grunde des wogenden Volksgeistes, als ein halb allegorischer, halb humoristischer Ausdruck desselben, sich bewegte.

In jenen geistlichen Spielen vermischte sich aber die Figur des Narren häufig auch mit der des Teufels. Wie die Fürsten der Hofnarren bedurften, um zu sich selbst zu kommen, das Volk aber des Narren, um auf seine Schulter die Last der bestehenden Traditionen abzuwälzen, so bedurfte das Christenthum des Teufels, den zu besiegen und dessen Werke zu zerstören Christus in die Welt gekommen ist. Er ist nach der ältesten christlichen und kirchlichen Vorstellung eine ursprüngliche Volkskraft, die für sich selbst so mächtig werden kann, daß Gott selbst sich in einen Kampf mit ihr einzulassen hat, um sie wieder sich zu unterwerfen.

Der alte christliche Volksteufel, wie er in den Dichtungen und dramatischen Spielen erscheint, ist aber auch wieder nur dieser Narr des Christenthums, in dessen Behandlung sich auf die lustigste und gemüthlichste Weise eine Zersetzung der kirchlichen Vorstellung von dem Bösen vollbringt. Wenn man in neuester Zeit zum Theil von Staatswegen versucht hat, den Teufel wieder zu restauriren als ein rechtmäßiges und gewissermaßen unveräußerliches Bestandstück des positiven Christenthums, so daß es hier und da fast mit zur Anstellungsfähigkeit gehört, wieder an einen persönlichen Teufel zu glauben, so sollte man lieber an dem alten christlichen Volksteufel in den Mysterien- und Fastnachtsspielen lernen, wie das Volk ein ursprünglich Böses in der Welt niemals anzuerkennen vermocht hat, sondern diese Idee durch seine lächerliche Darstellung des Teufels und aller seiner Genossen stets auf das Entschiedenste verspottet und vernichtet. Der Volkswitz zeigt sich nur so reich und unerschöpflich in der von ihm erdichteten Mythologie des Teufels, um durch einen komischen Contrast den Grundgedanken des Volkes, daß in der Welt Alles von Natur gut sei, und daß die Erde überall nur Gott gehöre, desto siegreicher zur Geltung zu bringen.

Eine andere eigenthümliche Wesenheit, welche sich in den Mysterienspielen bei allen Völkern bemerklich macht, ist die in diesen dramatischen Anfängen herrschende enge Verbundenheit des Tragischen und Komischen, welche durchaus noch keine entschiedene Sonderung von Tragödie und Komödie weder innerlich noch äußerlich hervortreten läßt, eine Sonderung, die überhaupt nicht ursprünglich in Sinn und Richtung des modernen Völkergeistes liegt, und die erst später, bei fortgeschrittener Kunstbildung, und gewissermaßen aus gelehrter Aneignung der antiken Poesie heraus, aus dieser auch in die neuere Kunst wieder hinübergenommen wird.

Sämmtliche Mysterienspiele der modernen Völker gehören ebenso sehr der Tragödie wie der Komödie an, worin sich die unendliche Freiheit und zugleich der vielseitige Kampf des neuen Weltbewußtseins ankündigt, für welches das Tragische und das Komische eigentlich nur zwei verschiedene Ausstrahlungen einer und derselben Lebens-Idee sind.

3. Die Fortbildung des deutschen Volksdrama's durch die Reformation.

Die Reformation war die glückliche und gesunde Zeit des deutschen Nationallebens, und wenn wir in England, Frankreich, Italien, Spanien sehen, wie die höhere Pflege der dramatischen Kunst und des Theaters zuerst von den Höfen und den Fürsten ausgehen mußte, so haben wir es in Deutschland in dieser Epoche nur mit dem deutschen Volke selbst zu thun, das hier den kurzen Rausch genießt, über sein Dasein selbst zu bestimmen und es zum Gegenstand seiner eigenen Schöpfungskraft zu machen.

In diesem Element erwuchs auch das deutsche Drama zu einem allseitigen Volksbegriff in unserer Nation, in den alle Stoffe und Richtungen des deutschen Lebens sich zu einer nationalen Gestaltung drängten, und Deutschland würde, wie kein anderes Land, ein Nationaltheater und eine Volksbühne haben, wozu in der Reformationszeit die großartigste Grundlage gelegt wurde, wären nicht jene großen historischen Bewegungen des deutschen Volksgeistes wieder rückgängig geworden, und wäre nicht Deutschland, nachdem es in der Reformation auch zu einer neuen politischen National-Einheit angesetzt hatte, bald darauf doch wieder in diese vielen deutschen Hofhaltungen zerfallen, in deren Interesse es lag, dem Volksgeist seine schaffende Eigenmacht zu nehmen, und auch das nationale Volksdrama mehr und mehr nach dem bon plaisir der Herrscher, nach dem was für die Ohren des Hofes taugte, zurechtzustutzen. So wurden aus dem Volke Unterthanen und aus dem Volksdrama Hoftheater gemacht.

Im Jahrhundert der Reformation aber hatte der productiv gewordene deutsche Volksbegriff in die dramatische Kunst auch die Kämpfe des öffentlichen Lebens hineingespielt und das Theater zu einer wesentlichen Bildnerin des reformatorischen Geistes der Zeit zu erheben gesucht.

Der höhere Begriff von dem Volke ist überhaupt ein Begriff des Protestantismus, und wir müssen gerade den protestantischen Ursprung dieser Idee allwege festzuhalten und zu behaupten suchen. Der bekannte K. L. v. Haller stellte in seiner berühmten Restauration der Staatswissenschaften den Satz auf, daß eine Nation nichts Anderes heiße, als eine Menge zerstreuter Leute, welche durch den Staat polizeilich zusammengehalten würden, was sich denn eine wirkliche Nation in der That nur aus einer augenblicklichen Zerstreuung gefallen lassen könnte. Diese

Ansicht, die noch heutzutage hier und da nur zu sehr ihre Geltung ausüben will, sie erscheint bereits durch die Bewegungen der Reformation in ihrem innersten Wesen vernichtet, indem zuerst in Luther's Bibel-Uebersetzung das nationale Element, und zwar der eigenste einheitliche Organismus des Nationallebens, die Sprache, zum eigentlichen Träger der göttlichen Offenbarung gemacht, und darin der Volksgeist, als eine in sich selbst bestimmte historische und göttliche Macht, als die wahre Bewegungsmacht der Geschichte anerkannt wird. Wie Luther, als der erste geistige Volkstribun der Deutschen, selbst ein Mann aus dem Volke und eines Bauern Sohn gewesen, so waren es in dieser Zeit auch vorzugsweise arme Leute, Handwerker, Schullehrer und Prediger, welche den dramatisch gewordenen Volkscharakter der Deutschen nun auch poetisch in Scene zu setzen suchten.

Schon im funfzehnten Jahrhundert hatten Männer, wie der patriotische Barbier und Meistersänger Hans Volz, Verfasser von vier derb witzigen und gemüthskräftigen Fastnachtspielen, die, wie der Dichter selbst, auf protestantischem Lebensgrunde stehen, und Hans Rosenplüt, genannt der Schnepperer, der ernst und schwungreich die Hempacher Schlacht besang, und in zehn Fastnachtspielen sich mit witzigem

Uebermuth erging, das deutsche Volksdrama bestimmter zu formen gesucht. Beide Männer waren in der deutschen Stadt Nürnberg heimisch gewesen, die uns überhaupt in dieser Zeit als ein eigenthümlicher Mittelpunkt für die Pflege der dramatischen Kunst in Deutschland erscheint, und wo auch der große Schuhmacher Hans Sachs als der eigentliche Begründer des kunstmäßigeren deutschen Drama's auftritt.

Für die Entwickelung dieses Dichters und für die der deutschen dramatischen Kunst überhaupt war es aber gerade charakteristisch gewesen, daß dieselbe in einer ächt deutschen Bürgerstadt, in der kein Hof-Element Einflußgebend werden konnte, geschah. Es ist möglich, daß die deutsche dramatische Kunst, wie sie vorzugsweise von Nürnberg ausging, sogleich einen weltfreieren und darum weniger kleinstädtisch eingeengten Charakter entwickelt hätte, wenn Nürnberg etwa Paris, London oder Madrid gewesen wäre. Der Mangel einer großen deutschen Welthauptstadt, eines Deutschland vereinheitlichenden Centralsitzes, war es aber überhaupt, welcher die deutsche Reformation hinderte, in einen großen weltgeschichtlichen Schwung zu kommen, und dadurch, was ihr ewig gefehlt hat, auch zu einer Thatsache der politischen Freiheit für Deutschland zu werden. Die deutsche Reformation selbst verengte und verkleinstädterte sich allmählig, und wie Hans Sachs in seinen Stücken oft den lieben Gott selbst wie einen guten Nürnberger Hausvater reden läßt, so zeigten sich auch die deutschen Fürsten, welche das Reformationswerk in die Hände genommen hatten, bald nur wie ängstliche Kleinstädter der Glaubensfreiheit, indem sie mit der letzteren einen bürgerlichen Kleinkram anfingen, und hausväterlich besorgt nur soviel davon an ihre Unterthanen abließen, als für den kleinen Hof und Staat selbst nicht gefährlich werden konnte. So verlor das protestantische Kirchenregiment, welches die deutschen Fürsten damals aus den Händen des Volkes an sich genommen, sofort seine historische Größe und Freiheit, und die deutsche Nationalbühne, die auf dem Grunde des ächten deutschen Volkslebens selbst eine Nationalbühne ersten Ranges hätte werden können, konnte zuerst selbst von den begabtesten Geistern nicht über den Nürnberger Stadt-Horizont hinausgeführt werden.

Bedeutend waren aber immerhin die Anstrengungen zur Gründung eines deutschen Volkstheaters, wie sie in Nürnberg gemacht wurden, wo sich schon frühe eine satirische Volksbühne gebildet hatte, die sogar mit einem Chor, gleich dem Theater der alten

Griechen, versehen gewesen, wie denn überhaupt die künstlerische, gesellige und geistige Ausbildung dieser Stadt auf einer so hohen Stufe stand, daß Luther in der Zueignung einer kleinen Schrift („daß man die Kinder zur Schule halten soll") begeistert ausruft: „Nürnberg leuchtet wahrlich in ganz Deutschland wie eine Sonne unter Mond und Sternen, und gar kräftiglich alle Städte beweget was daselbst im Schwange geht!"

Auf die Form und Gestaltung der dramatischen Arbeiten des Hans Sachs scheinen aber Terenz und Reuchlin von besonderem Einfluß gewesen zu sein. Die schon in sehr früher Zeit in Deutschland versuchten Uebertragungen des Terenz, wie auch die neuere lateinische Dramatik, mit welcher Reuchlin besonders durch seine scenica progymnasmata und sein Drama Sergius vorangegangen war, hatten überhaupt in dieser Zeit einen bedeutenden Einfluß auf eine kunstmäßige Entwickelung der deutschen dramatischen Poesie gewonnen. Die Kenntniß des Terenz, welche der Hervorbildung der Formen des deutschen Volksdrama's so förderlich wurde, erhielt noch einen besonderen Anhalt durch die Aufführung lateinischer Schauspiele in den Schulen, die hier zu einem eigenthümlichen Gebrauch geworden waren und in einigen Ländern sogar zur Schulvorschrift gehörten. Luther selbst begünstigte dies durch eine Aeußerung in seinen Tischreden, wo er in dieser Beziehung sagt: „Und Christen sollen Komödien nicht ganz und gar fliehen, darum daß bisweilen grobe Zoten und Buhlerei darin sein, da man doch um derselben willen auch die Bibel nicht dürfte lesen. Darum ist's nichts, daß sie solches fürwenden, und um derselben willen verbieten wollen, daß ein Christ nicht sollte Komödien lesen und spielen."

Es bildete sich dadurch, da man den Terenz natürlich bald durchgespielt hatte, eine eigenthümliche lateinische Schuldramatik in Deutschland, welche von Schülern und Studenten, zuweilen wohl auch von den Lehrern und Geistlichen selbst gespielt wurde, und die für die protestantische Welt, die kein theatralisches Kirchengepränge, keinen Bilderdienst und keine Mysterienspiele mehr hatte, gewissermaßen an die Stelle derselben zur Befriedigung ihrer Schaulust zu treten anfing.

Das Publikum, welches diese lateinischen Aufführungen in den Schulen und Klostersälen herbeizogen, bestand bald auch, deutscher Gemüthlichkeit gemäß, aus den Frauen und Kindern der Lehrer und aus den Familien der Schüler, für welche dann zum Verständniß des lateinischen Schauspiels bald deutsche Prologe und Vorberichte, und auch theilweise deutsche Uebertragungen einzelner Scenen eingeschaltet wurden. Bei dem zotenhaften Grundelement, welches den Charakter dieser Zeit färbte, und worin sich eigentlich nur die physische und geistige Gesundheit derselben wiederspiegelte, konnte es selbst in diesen lateinischen Schulkomödien nicht fehlen, daß sich die derbsten Dinge einmischten.

Aber auch die drängenden reformatorischen Conflicte der Zeit wurden in diese Schulkomödien oft gewaltig hineingespielt. So ließ Anton Schorus aus Hochstraten in Brabant, der Lehrer der schönen Wissenschaften in Heidelberg war, daselbst durch seine Schüler eine Komödie aufführen, deren Inhalt und Tendenz ihm die bittersten Verfolgungen zuzog. Es erschien nämlich in diesem Stück die Religion selbst, als hülfsbedürftiges flehendes Weib umherziehend und vor den Palästen der Könige, Fürsten und Großen mit mitleiderregender Stimme Einlaß und Herberge begehrend, aber überall wo sie anklopfte fand sie nur verschlossene Thüren und schnöde Abweisung. Von den reichen und vornehmen Leuten verstoßen, floh die Religion zu dem niedrigsten Pöbei, zu den Aermsten des Volkes, und dort fand sie Aufnahme und Pflege, Liebe und Anerkennung.

Diese Komödie scheint in ihrer Zeit ein so ungeheures Aufsehen erregt zu haben, daß der Ruf davon selbst bis zu den Ohren des Kaisers Karl V. gedrungen war, der eine strenge Untersuchung und Bestrafung dieses Vergehens befahl und damit den Churfürsten von der Pfalz Friedrich II. beauftragte. „Was wird man von den Großen denken", schrieb Karl V. an den Churfürsten, „was wird man denken, wenn es erlaubt sein dürfte, die Großen als Verfolger der Religion auf dem Theater auszuposaunen?" Der Churfürst, nachdem er sich die Komödie des Schorus verschafft, erkannte natürlich auch bald den frechen und gefährlichen Uebelthäter darin, und Schorus konnte sich nur noch durch die Flucht retten, einige seiner Schüler aber wurden von dem Rector der Akademie ins Gefängniß geworfen.[1] Die Tendenz des Schoruschen Stückes würde aber heutzutage, wo die Religion umgekehrt bei den vornehmen Leuten ihren Hauptzufluchtsort gefunden, nicht mehr wahr sein. Diesen exclusiven Begriff der Religion kannte man aber zur Zeit des Schorus noch nicht, obwohl ihn Karl V. bereits durch sein Verbot geltend zu machen

[1] Vgl. Flögel Geschichte der komischen Literatur Bd. IV. S. 207.

schien, da es ihn verdroß, daß die eigentlich gesunde Fortentwickelung von Religion und Kirche nur im Volke selbst leben solle.

Dieser Kaiser wurde überhaupt in dieser reformatorischen Epoche nicht nur von den Widersprüchen seiner Zeit, die er nicht begriff, und seines Charakters, der allen Parteien sich hingeben wollte, sondern auch von der theatralischen Kunst der Zeit mehrmals empfindlich beleidigt. In dieser Beziehung ist eine ihm vorgespielte Pantomime sehr berühmt geworden, welche der Jesuit Masenius in seinem speculum imaginum veritatis occultae aufbewahrt hat, und die vielleicht eine der ersten Pantomimen war, die in Deutschland zur Aufführung kamen. Der Inhalt derselben wird folgendermaßen berichtet: Eines Tages, als sich Kaiser Karl zu Augsburg befand, und mit seinem Bruder, dem römischen König Ferdinand, bei Tafel saß, erschienen vor ihm einige Schauspieler und baten um Vergunst, den Kaiser während des Essens durch einige Pantomimen ergötzen zu dürfen. Der Kaiser gewährte ihre Bitte und die Pantomime begann.

Zuerst erschien ein Mann in der damaligen Tracht eines Doctors; auf seinem Rücken stand mit großen Lettern geschrieben: Johann Capnio oder Reuchlin; er trug ein Bündel Holzscheite, die er hin und wieder auf dem Boden umherstreute und sich dann entfernte; nun trat ein Anderer auf, der die verstreuten Holzscheite sammelte, sich bemühte die geraden von den krummen zu sondern und sie dann alle ordnen wollte. Weil es ihm aber natürlich nicht gelingen konnte, die krummen Scheite gerade zu machen, und alle in gehörige Ordnung zu bringen, entfernte er sich mit einer Gebärde des Unwillens wieder, und man bemerkte jetzt, daß auf seinem Rücken die Worte standen: Erasmus von Rotterdam. — Nun erschien ein Mönch, auf dessen Kutte man den Namen Luther bemerkte. Er trug glühende Kohlen und Brände, legte diese unter die von Erasmus aufgestapelten Scheite und blies so lange hinein, bis das Holz in hellen Flammen auflohte. Nachdem dies geschehen, ging er mit vergnügter und selbstzufriedener Miene von dannen. Nach ihm kam ein Mann in kaiserlichen Gewändern, der, als er die Flamme erblickte, sein Schwert zog und damit, um die Gluth zu dämpfen, heftig in das Feuer schlug. Als er aber nun die Flamme nur noch gewaltiger auflodern machte, entfernte er sich zornig. Hierauf erschien ein Geistlicher in päpstlicher Kleidung, der entsetzt den heftigen Fortschritt der Flamme betrachtete und angstvoll nach einem Mittel umherblickte, sie zu löschen. Er gewahrte jetzt in der Ecke zwei gefüllte Eimer, die er herbeiholte, um mit der flüssigen Masse, die er über das Feuer ausgoß, dasselbe zu löschen. Aber da zeigte sich, daß die Eimer statt des vermeintlichen Wassers Oel enthalten, und nun die neu gekräftigte Flamme nur um so kräftiger und gewaltiger emporloderte, so daß der päpstliche Repräsentant in Verzweiflung fortlief. Damit endete das Spiel, welches den Kaiser und seinen Bruder durch seinen deutlichen und geistreich dargestellten Sinn dermaßen empört hatte, daß rasch befohlen wurde, die Schauspieler zu ergreifen und festzuhalten, die aber plötzlich spurlos verschwunden waren. —

Die Schulkomödien aber, die in Deutschland einen so bedeutenden reformatorischen Charakter erhielten, wurden durch einige ausgezeichnete Dichter, die in dieser Form vorzugsweise ihr Talent und ihren Zeiteifer geltend machten, immer reicher angebaut und gaben denselben zugleich den Anstoß zu der weiteren freieren Ausbildung dieser Form. Unter diesen Dramatikern der Reformationszeit ist besonders der sächsische Schulmeister und Pfarrherr Paul Rebhuhn zu nennen, dessen „geistlig Spil von der gottfürchtigen und keuschen Frawen Susannen" (Zwickau 1536) schon in einer gewissen äußeren Kunstbildung sich darstellt und eine streng biblische und christliche Richtung seltsam genug mit einer Nachbildung der Formen der griechischen Tragödie vereinigt. Das genannte Stück hat sehr regelmäßig geformte Chöre, in denen der Dichter oft ganze Odenstrophen einmischte.

Paul Rebhuhn schrieb seine Stücke in deutscher Sprache, und soll sich auch mit einer deutschen Grammatik, die er vorzugsweise aus Luther's Schriften schöpfen wollte, beschäftigt haben. Die achtsylbigen Jamben, die dem deutschen Drama bis dahin eine klappernde und beengende Eintönigkeit gegeben hatten, verwandelte er in seiner Susanne, wie auch in seiner Hochzeit zu Cana in drei-, vier- und fünffüßige Jamben und Trochäen, die er nach Erforderniß des inneren Ausdrucks wirksam abwechseln zu lassen versteht. Einer seiner Zeitgenossen scheint ihm die Susanne wieder in die einmal volksthümlich beliebten achtsylbigen Jamben umgeschrieben zu haben, denn in einer neuen Ausgabe dieses Stückes verwahrt sich Rebhuhn ausdrücklich dagegen und erklärt die bestimmten Absichten, die er mit seinem Versbau verbinde.

In Zwickau, wo die Stücke des Rebhuhn gedruckt erschienen, und in dieser ganzen Gegend sehen wir überhaupt die dramatische Dichtung der Zeit besonders lebhaft ergriffen, und Zwickau wetteifert mit Nürnberg in der eifrigen Pflege des Drama's und der Bühne. Charakteristisch ist dabei dies, daß überall, wo die Reformation und der Protestantismus am lebendigsten eindringen, zugleich die Cultur des Drama's und Theaters vorzugsweise beginnt, und zwar von Seiten dieser protestantischen Schullehrer, Cantoren und Prediger selbst, die alle in dieser Zeit dramatisch gestimmt und begabt erscheinen und in ihren scenischen Aufführungen die in Handlung getretene Welt des Protestantismus dem Volke verkündigen.

So war auch Zwickau vorzugsweise eine Reformationsstadt geworden, und hatte von Wittenberg aus die Elemente des Protestantismus kräftig aufgenommen, ja sogar schöpferisch zu entwickeln angefangen. Es schienen in dieser Stadt eigenthümliche innere Bewegungen stattgefunden zu haben, aus denen die Geschichtsschreibung noch ein merkwürdiges Zeitbild zu erneuern hätte. Unter Anregung Thomas Münzer's, der sein früheres Leben in Zwickau zubrachte, regten sich hier die ersten Keime der Wiedertaufe, und eine socialistische Handwerkerverbindung, an deren Spitze der Tuchmacher Klaus Storch steht, zeichnet auf deutschem protestantischen Lebensgrunde die ersten Spuren eines auf Gemeinschaftlichkeit des Eigenthums gegründeten Communismus ab. Die Schullehrer und Prediger von Zwickau aber schrieben Dramen und veranstalteten theatralische Vorstellungen. Besonders ließ der in Zwickau geborene, nachher in Dessau lebende Schulmeister Joachim Greff regelmäßig alle Sonntage biblische Stücke aufführen, deren er selbst eine nicht geringe Anzahl verfaßte, so seine „Tragedia des Buches Judith in deutsche Reime verfasset" (Wittenberg 1536), seine Mundus, ein schön newes kurzes spil von der Welt Ardt vnd Natur" (Wittenberg 1537) u. s. w. Ein anderer Zwickauer Dramatiker ist Joh. Ackermann, von dem zwei biblische Stücke bekannt sind: „Spil vom verlornen Sohn" (Zwickau 1536) und „Ein Spil von dem frommen gottfürchtigen Manne Thobias (Zwickau 1539). Man kann nicht läugnen, daß der Stand der protestantischen Geistlichen, den wir hier in dem dramatischen Geist der ganzen Reformationsepoche thätig sehen, darin auf der weltfreien und lebenskräftigen Höhe sich zeigt, von der er später, verstrickt in dogmatischen Satzungsgeist und eingeengt durch positive Bekenntnißformeln, nur allzu sehr wieder heruntergeglitten.

Diese kleinen sächsischen, märkischen und thüringischen Prediger in der Reformationszeit, denen wir eine so reiche Blüthe lebendiger dramatischer Dichtkunst verdanken, und die in den von ihnen veranstalteten Bühnen-Aufführungen in den Kirchen, Schulen, auf den Märkten und auf den Schützenhöfen zum Theil dieselben Stoffe behandelten, die das Volk in den alten katholischen Mysterienspielen und Moralitäten gesehen, aber mit dem Unterschiede, daß sie den Inhalt und die Gegenstände der Religion, welche die alte Kirche in ihren Mysterien-Aufführungen theatralisch abgenutzt und zerrieben hatte, in dem freieren Geist der neuen Lehre gewissermaßen wiedergebaren und neu zusammenfügten, diese protestantischen Prediger und Theaterdichter waren regsame Männer des Volkes, die noch keine geheimen Conduitenlisten über ihre Abendmahlsgänger zu führen brauchten, und darum Zeit gewannen, für das Volk zu schreiben und zu dichten.

Das moderne Theater und Drama empfängt überhaupt damals von der protestantischen Geistlichkeit nicht nur diesen kräftigen Anstoß seiner Erhebung und Bildung, sondern auch die erste Anerkennung seiner höheren sittlichen und geistigen Bedeutung, die bei den Kirchenvätern und den katholischen Theologen noch eine so leidenschaftliche Verkennung gefunden.

Wie Luther darüber dachte, indem er meinte, daß, wenn man keine Komödien lesen und spielen dürfe, man auch die Bibel nicht lesen könne, haben wir schon oben aus einer Stelle seiner Tischreden ersehen. **Er selbst war mit seinen Studenten in Wittenberg den Theater-Aufführungen der Zeit vorangegangen.** Nur Calvin, in welchem der Reformationsstandpunkt sich in einem engherzigen Purismus der Sitten verknöcherte, verwarf auch Drama und Theater, gegen welche das von ihm zu einer protestantischen Inquisition eingerichtete Consistorium zu Genf den strengsten Bann aussprechen mußte, und es gab in jener schweizerischen Republik lange keine Schauspiele. Durch das erste System der theologischen Moral aber, welches aus der evangelischen Kirche hervorging, und das Joh. Conr. Dürr zum Verfasser hat (zuerst 1662 gedruckt), erhielten Drama und Theater eine ganz neue Anerkennung, wie sie bis dahin noch nie von der Seite der Kirche her ausgesprochen worden war. Dürr vertheidigt nämlich das Schauspiel gegen die Ansicht der alten Kirchenväter, und bezeichnet den Stand des Schauspielers für einen nützlichen und anerkennenswerthen, weil er ein natürliches Talent zur Darstellung menschlicher Sitten, Handlungen und Schicksale und zum lebendigen Ausdruck der Schönheit der Tugend und der Häßlichkeit des Lasters verwende, warin die dramatische und theatralische Kunst nicht mehr Tadel verdiene, als die rhetorische und poetische, und er setzt den Zweck der Schauspiele darein, daß sie, wie er sich ausdrückt, „Gottes Weltregierung vor Augen stellen, Klugheit lehren, zur Tugend ermuntern, vom Bösen zurückschrecken."

Den weiteren Verfolg, sowie die näheren Angaben dieser Periode des deutschen Drama's hat die Literaturgeschichte zu liefern. Für unsern Zweck konnte es uns an dieser Stelle nur auf die obigen Andeutungen ankommen.

---

4. Die Mysterienspiele der Franzosen.

Um die Elemente, welche bei dem Ursprung der modernen Bühne bestimmend und thätig gewesen, vollständig zu überblicken, haben wir uns jetzt auch der dramatischen Anfänge der anderen europäischen Nationen, namentlich bei den Franzosen, Italienern, Spaniern und Engländern, bei denen es aus denselben Ursachen und zum Theil in denselben Richtungen hervorging, zu veranschaulichen. Auch bei diesen Völkern sehen wir die dramatische Form ein-

treten als den Beginn einer neuen geschichtlichen
Lebensepoche, welche das epische Behagen früherer
Zustände ablöst und unterbricht, und gewissermaßen
eine vorgehende Entzweiung des ganzen Daseins an-
kündigt. Der Bruch, welcher mit der beginnenden
Geschichte entsteht, und durch den alle Gegensätze der
Wirklichkeit erwachen, ist überall der Anfang der dra-
matischen Formen, in welche sich darum auch die
ganze Skepsis des aufgehenden Weltverstandes, die
Zweifel an Religion, Kirche und Staat, auf das
Schneidendste hineinsetzen.

Wir betrachten zuerst die dramatischen Anfänge
der Franzosen. Die historische Plastik des französischen Nationalcharakters läßt uns dies Volk auch
vorzugsweise als ein dramatisches und dramatisch be-
fähigtes erscheinen. Die erste Entstehung des Drama's knüpft sich auch hier an diese freien theatralischen Kirchendarstellungen, welche in dem christlichen
Cultus selbst, wie auch in der volksthümlichen Anschauung der Heiligengeschichte ihren Stoff und ihre
Formen empfingen. In einzelnen Theilen von Frankreich war aber schon frühe durch die umherziehenden
Spielleute, Jongleurs und Troubadours ein dramatisches und theatralisches Element gepflegt und ausgebreitet worden. Spuren dramatischer Dichtkunst

und eines ziemlich organisirten Theaterwesens findet man unter den provençalischen Dichtern schon in sehr früher Zeit. Die recht eigentlich aus dem provençalischen Naturell hervorgegangene lyrische Gattung der **Tenzone** hatte, als dieser dialektische Streit- und Wettgesang mehrerer Dichter schon einen unläugbar **dramatischen Charakter** an sich; er begründete die schärfste Ausbildung des Dialogs, wo es entweder zwei Dichter waren, die in dieser poetischen Streitform einander gegenüberstanden, oder auch in kunstreicher Verschlingung der Gegensätze mehrere Personen, die daran Theil nahmen, und in welchem Fall die Tenzone zu der Bedeutung eines poetischen Turniers sich ausdehnte.

Die Anfänge theatralischer Darstellung zeigten sich aber schon bei jenen umherziehenden Spielleuten und Jongleurs, die zu ihren Liedern auch das Talent mimischer Ausführungen und Belustigungen fügten, und damit sowohl die Vornehmen auf ihren Schlössern, wie das Volk auf den Marktplätzen zu unterhalten hatten. Indem diese Jongleurs entweder auf ihre eigene Hand im Lande umherwanderten, oder einen höher gestellten Troubadour, dem die Gabe des eigenen Vortrags seiner Lieder versagt war, in dessen Dienst begleiteten, bestand ihr Hauptgeschäft zunächst in dem Spielen der Instrumente, unter denen besonders Harfe, Cither und die der heutigen Geige verwandte Viole die gebräuchlichsten waren, obwohl auch noch viele andere, uns zum Theil unverständliche, wie Mandore, Monocord, die siebzehnsaitige Rote, außerdem Trommel, Castagnetten, Geige, Sackpfeife, Leier, Pauke, in den provençalischen Gedichten vorkommen.[1] Dabei waren aber die Jongleurs zugleich im eigentlichsten Sinne des Wortes Seiltänzer und Gaukler, die in allerhand figürlichen Darstellungen und körperlichen Kunststücken geübt sein mußten. Sie führten auch Frauen mit sich (Jongleresses), die ihrerseits die ihnen angemessenen Rollen bei solchen Gaukeldarstellungen übernahmen, und so scheinen sie bald zu organisirten Gesellschaften sich verbunden zu haben, die ihre mimischen und musikalischen Vorstellungen auch mit Worten und einem bestimmten Inhalt ausfüllten.

Von Constanze, der Gemahlin des Königs Robert, wird erzählt, daß sie diese Ergötzlichkeiten der Pantomimen, an die sie sich in ihrer Heimath, der Provence, gewöhnt hatte, um das Jahr 1009 auch nach Paris verpflanzen ließ. Daß jedoch dies provençalische Komödiantentreiben auch zügellose und

[1] Vgl. Diez, die Poesie der Troubadours S. 42.

scandalöse Entartungen mit sich brachte, geht aus vielen gesetzlichen Verordnungen hervor, welche gegen diese Mimen ergingen, wie denn schon Philipp August von Frankreich diese Schützlinge Constanzens wieder verbannen ließ, was sein Enkel Ludwig IX., der Heilige, wiederholen mußte.[1]

Jedenfalls haben wir hier die ersten Entwickelungen des modernen Schauspielerwesens vor uns, das durch einzelne provençalische Dichter, die schon bestimmter ausgeführte dramatische Compositionen unternahmen, auch kunstmäßiger angebaut wurde. So wird von Anselme Faidit, dem Sohn eines Bürgers aus Avignon (um das Jahr 1220), erzählt, daß er nicht nur Dichter und Musiker gewesen, sondern auch als Komiker und Schauspieldichter sich ausgezeichnet habe, wie er denn seine Komödien und Tragödien oft für ein Honorar von 3000 Livres verkauft haben soll. Auch heißt es, daß er selbst die theatralischen Darstellungen anordnete, und alles Geld, welches die Zuschauer zahlen mußten, einzog, wodurch er bedeutende Summen gewann. Eine Zeitlang stand er auch in Diensten König Richard's von England, nachher führte er zwanzig Jahre hindurch ein umherschweifendes und abenteuerliches Pilgerleben. Auf

[1] Beauchamps, Recherches sur les théâtres de France I. 164.

seinen Streifzügen verführte und heirathete er eine Nonne aus Air in der Provence, Namens Guillaumone de Sollers, die jung, schön und geistreich war, und ihrem Gatten, dessen Lieder sie sang, bei seinen poetischen Vorstellungen half. Da sie aber ebenso liederlich war, wie Anselme Faidit selbst, so geriethen beide auch wieder in große Dürftigkeit. Eine Komödie des Faidit wird unter dem Titel l'heregia dels Payres (die Ketzerei der Väter) erwähnt, ein satirisches Stück, welches Boniface Marquis von Montferrat auf seiner Villa öffentlich darstellen ließ. Die Komödie bezieht sich auf die freien Religionsbewegungen der Waldenser und Albigenser, welche letzteren gerade zur Zeit des Dichters in der Provence große Verbreitung, aber auch heftige Verfolgung Seitens des römischen Stuhls gefunden hatten. Boniface war ein entschiedener Freund und Beförderer dieser Richtungen, und der Dichter verfaßte deßhalb seinem Gönner zu Gefallen dies Stück, in dem er die Verfolger und Verdammer der Albigenser selbst als die eigentlichen Ketzer darstellte.[1] Nostradamus (Les vies des plus célèbres et anciens poëtes provençaux, 1575) erzählt uns, daß Faidit diese Ko-

---

[1] Vgl. Parfait, histoire du théâtre français I. 17. — Beauchamps, Recherches sur les théâtres de France I. 19.

mödie ganz heimlich verfaßt und sie nur dem Marquis von Montferrat gezeigt habe, der aber von ihrer treffenden satirischen Tendenz so hingerissen wurde, daß er die öffentliche Darstellung des Stückes auf seinem Gebiet veranstaltete. Auch Petrarcha (im vierten Capitel seines trionfo de l'amore) spricht von diesem Dichter, und soll einige seiner Sachen nachgeahmt haben.

Die Arbeiten der provençalischen Dramatiker sind leider nicht bis auf uns gelangt, aber man findet sie häufig und an verschiedenen Orten mit so bedeutender Hinweisung angeführt, daß wir noch einige der bekanntesten dieser Dichter näher bezeichnen müssen. Besonders erwähnenswerth sind: Luco de Grimauld (gestorben um das Jahr 1308), der einige beißende Komödien gegen den Papst Bonifaz VIII. geschrieben haben soll, und auf obrigkeitliches Einschreiten genöthigt wurde, sie selbst zu verbrennen, bei einem glücklichen Gedächtniß lernte er sich jedoch seine Arbeiten noch vorher sammt und sonders auswendig, und wußte sie dadurch später wiederherzustellen. Er erlitt das tragische Schicksal, daß er in Folge eines Liebestrankes, den ihm seine Geliebte, um sich seine Neigung zu erhalten, eingegeben, rasend wurde und sich mit eigener Hand den Tod gab. —

Ferner ist René von Anjou, König von Sicilien und Neapel und Graf der Provence, als Verfasser mehrerer Komödien zu nennen.

Am bedeutendsten unter allen Troubadours aber ragt mit dramatischen Arbeiten B. de Parafols (um 1383) hervor, der fünf Tragödien schrieb, in denen er das ganze Leben der Königin Johanna von Neapel (deren Arzt sein Vater gewesen) darstellte. Er eignete diese Stücke dem damals in Avignon residirenden Papst Clemens VII. zu, welcher den Dichter dafür mit dem Canonicat zu Sisteron belohnte, dessen er jedoch nicht lange mehr genoß, da er bald darauf an Gift starb. Vielleicht war ein Motiv zu dieser tragischen Todesart die Richtung seiner Tragödien selbst, die eigentlich mehr eine dramatische Aufdeckung aller Lebensgräuel der genannten Königin, als eine poetische Darstellung waren. Die erste dieser Tragödien führte den Titel l'Andriasse, und behandelt die Ermordung des André, ersten Gemahls der Johanna, durch Verschworene, deren Leiter Charles Prinz von Duras war. Der Dichter läßt Johanna unter allen ihren Thränen und Klagen doch keineswegs als unschuldig erscheinen, wie sie auch bald

[1] Vgl. Parfait, Histoire du théâtre français I. 13. — Beauchamps, Recherches sur les théâtres de France I. 105.

darauf durch das Eingehen einer neuen Heirath mit dem schönen Prinzen Louis, ihrem Vetter, beweist. Die zweite Tragödie hieß la Tharanta, und behandelt die Zeit des glücklichen Ehelebens zwischen Louis und Johanna, das nur durch den Bruder des ermordeten André, Louis den Großen, König von Ungarn, getrübt wurde, der nach Italien kam, um diese Schandthat zu rächen. Das bedrohte Königspaar flüchtete sich zum Papst Clemens VII., der ihnen zwar seinen Schutz unter großen Ehrenbezeugungen angedeihen ließ, die bedrängte Lage der Königin aber zugleich zu einem profitablen Handel benutzte, indem er sie nöthigte, ihm die Stadt und Grafschaft von Avignon für 80,000 florentinische Goldgulden zu verkaufen, unter welcher Bedingung er auch ihre Heirath mit dem Prinzen Louis von Tarent anerkannte. Parafols dritte Tragödie führte den Titel la Malhorquina, und zeigte die Königin Johanna in ihrer dritten Ehe mit Jacob von Arragonien, den sie jedoch nur als Gatten genießen, nicht aber als herrschenden König neben sich sehen wollte. Da er ihr jedoch untreu wurde und ein anderes Weib liebte, ließ sie ihm einfach den Kopf abschneiden. In der vierten Tragödie, l'Allamanda, verheirathet sich Johanna mit einem deutschen Prinzen, Otto von Braunschweig, mit dem sie in einem sehr guten Einverständniß lebt; er wird aber von Karl Durazzo, dem General des Königs von Ungarn, in einer Schlacht besiegt und zum Gefangenen gemacht. Durazzo erobert Neapel, und läßt Johanna sowohl wie ihren Gemahl in seiner Gegenwart erdrosseln. In einer fünften Tragödie, la Johannela oder la Joannada betitelt, scheint Parasol gewissermaßen eine Recapitulation der ganzen Lebensgeschichte der Johanna von Neapel vorübergeführt zu haben, was man aus der Bemerkung des Nostrabamus schließen kann, daß der Dichter darin nichts darzustellen vergessen, was dieser Königin von ihrem sechsten oder siebenten Jahre an bis zu dem verhängnißvollen Ende ihrer Tage begegnet sei. —

Im funfzehnten Jahrhundert sonderten sich in Frankreich schon die einzelnen dramatischen Gattungen auf bestimmten Theatern, deren es vornehmlich drei gab; und unter denen zuerst das Theater der Passionsbrüderschaft (Confrairie de la Passion) zu nennen ist. Dies waren zuerst aus dem gelobten Lande heimkehrende Pilger gewesen, die auf den öffentlichen Plätzen und an den Straßenecken die frommen und bildlichen Eindrücke, die sie von der Anschauung des heiligen Grabes mitgebracht, ihren Landsleuten vorspielten. Dies scheint im zwölften oder dreizehnten Jahrhundert stattgefunden zu haben, aber erst am Ende des vierzehnten Jahrhunderts bildete sich daraus eine fest organisirte Gesellschaft, welche jetzt in ihren regelmäßigen Darstellungen von Mysterienspielen besonders auch die Leidensgeschichte Christi aufführte, und sich durch dies Passionsstück (zuerst 1380 gespielt) vorzugsweise ihren Ruhm erwarb, so daß sie sich nach demselben auch den Namen der Passionsbrüderschaft beilegte. Diese erste stehende Gesellschaft in der europäischen Theaterwelt erhielt im Jahre 1402 ihr besonderes Privilegium, durch das sie sich förmlich constituirte.

Jenes große biblische Drama aber, welches die Passionsbrüder als das Mysterienspiel von der Passion unsres Herrn Jesu Christi zur Aufführung brachten, wollen wir hier noch kurz in seiner eigenthümlichen Zusammensetzung schildern. Es stellte in dramatischen Bildern das Leben des Messias von seiner Taufe durch Johannes bis zu seinem Begräbniß dar, war aber so umfangreich, daß ein Tag zur Darstellung desselben nicht ausreichte, und man es in einzelnen Abtheilungen mehrere Tage hintereinander aufführen mußte. Jede solche Abtheilung, die auf einen Tag kam, war gewissermaßen ein Tagewerk, und hieß demnach Journée, was, nach der Meinung

Sismondi's, den Spaniern später Veranlassung gegeben haben soll, in ihren geistlichen und weltlichen Schauspielen einen Act oder Aufzug Jornada zu benennen, ohne daß man sich in Spanien des Ursprungs dieser Benennung bewußt geblieben.[1] Dies große Mysterium von der Passion scheint nun mit allem Pomp einer Oper dargestellt worden zu sein, und nicht bloß die Chöre, sondern auch einzelne Scenen wurden gesungen. Im Ganzen traten 87 Personen in diesem Stücke auf, worunter sich auch die drei Personen der christlichen Gottheit, sechs Engel oder Erzengel, zwölf Apostel, sechs Teufel, Herodes mit seinem ganzen Hof und viele andere erdichtete Personen aus allen Ständen befanden. Die Teufel spielten in den meisten Scenen die Rolle des Hanswursts. Die dramatische Entwickelung schließt sich genau an die Lebensmomente des Heilandes an, und man kann der ganzen Anlage wie auch manchen Einzelnheiten einen großartigen und kühnen Geist nicht absprechen, wenn auch die Darstellung häufig in die geschmacklosesten und trivialsten Rohheiten verfällt. Nach einem Prolog, der eine vollkommene Predigt

[1] Vgl. Sismondi, histoire de la littérature du midi T. I. — Das Mysterienspiel von der Passion selbst lernt man in einem Auszuge bei Parfait histoire du théâtre français T. I. kennen.

über die Fleischwerdung des göttlichen Wortes ist, tritt Johannes in der Wüste auf und hält ebenfalls eine Predigt. Darauf sieht man eine Versammlung des jüdischen Synedriums, in der einzelne Stellen den erhabensten Schwung des Ausdrucks zeigen, und in den Aeußerungen eines Priesters eine merkwürdig ausgedrückte Skepsis an der Geburt des Erlösers selbst wiederklingt, indem er sich z. B. in folgenden Versen ausspricht:

> Premièrement l'empereur sous mains dures
> Nous tient subjetz, tout le peuple murmure,
> Rien n'est en paix, tout est mal gouverné,
> Erreurs croissent, la Synagogue endure,
> Haynes pululant, et tout mal en procure,
> Pourquoi je dis, que Messias n'est pas né.

Oder an einer anderen Stelle äußert sich Mardochai in dieser jüdischen Rathsversammlung folgendermaßen:

> Wann einst Messias, wann der Christ regiert,
> Dann hoffen wir, daß er uns gubernirt
> Mit starker Hand in friedlichem Verein;
> Die Scheitel eine goldne Krone führt,
> Sein Haus wird sein mit Ruhm und Glanz geziert,
> Und Recht und Friede seinem Volke sein.
> Und plagt der Mächtige den armen Mann,
> Verbannt den freien Lehnsmann der Tyrann,
> Wann Christus kommt, wird Alles sein geschlichtet! [1]

[1] Nach der Uebersetzung von L. Hain, in seiner deutschen Ausgabe von Sismondi, Literatur des südlichen Europa I. 451.

Hierauf folgt ein Gespräch Christi mit seiner Mutter und dem Engel Gabriel, dann kommt die Taufe Christi selbst. Interessant ist weniger die Ausführung dieser Scene, als vielmehr einige dramaturgische Bemerkungen und Vorschriften, die bei dieser Gelegenheit eingeschaltet werden. Hier, so heißt es, tritt Jesus in den Jordanfluß, ganz nackt; und Johannes nimmt Wasser in die Hand und schüttet es über Jesu Haupt:

St. Johannes.

O Herr, Ihr seid getauft nunmehr,
Ob's gleich nicht Eurer Göttlichkeit
Geziemt, noch meiner Einfältigkeit,
Euch solchen würdigen Dienst zu thun;
Doch woll' in Gnaden Gott geruh'n,
Das Mangelnde hinzu zu fügen!

„Hier steigt Jesus aus dem Jordanfluß und wirft sich ganz nackt vor dem Paradies auf die Knie. Nun spricht Gott der Vater, und der heilige Geist steigt nieder in Gestalt einer weißen Taube auf das Haupt Jesu, dann kehrt er ins Paradies zurück. Und ist zu bemerken, daß die Rede Gottes des Vaters verständlich und recht nachdrücklich gesprochen werden muß in drei Stimmen, nämlich in einem Discant, einem Alt und einem Baß, wohl übereinstimmend; und in dieser Harmonie muß die ganze folgende Clausel gesprochen werden:

Hic est filius meus dilectus,
In quo mihi bene complacui.
Das ist mein lieber Sohn,
An dem ich Wohlgefallen habe.[1]

So geht es in einem mannigfachen Wechsel von Scenen weiter bis zum Tode Jesu Christi, der in einer Weise geschildert wird, die ins gräßlich Tragische hineinspielt, wozu besonders auch merkwürdige Teufelsscenen, die damit in Verbindung gesetzt sind, beitragen. Wir sehen hier ein großes Kirchendrama im höchsten Stil und in prächtigster Darstellung, die zwei Jahrhunderte hindurch, so lange die Mysterienspiele dauerten, nur immer zunahm.

Eines der berühmtesten Mysterienspiele nach dem von der Passion war auch das große Aposteldrama (le triomphant mistère des actes des Apôtres), als dessen Verfasser die Dichterbrüder Arnold und Simon Greban genannt werden. Dieses Spiel, das sich durch lustige Einmengungen und possenhafte Scenen vor allen übrigen pikant darstellte, wurde in allen Städten unter dem mächtigen Zujauchzen des Volkes aufgeführt, und später auch

[1] Vgl. Sismondi a. a. O. I. 253.

mehrmals durch den Druck veröffentlicht. Die erste Darstellung desselben fand zu Bourges Statt, um das Jahr 1536, woselbst man ein eigenes Amphitheater zu diesem Zweck erbaut hatte und die ersten und angesehensten Männer und Bürger der Stadt die Rollen der heiligen Apostel zu spielen übernahmen. Vierzig Tage waren zur vollständigen Darstellung dieses Stückes erforderlich, welches in fortlaufenden Bildern die Lebensbegebenheiten der zwölf Apostel vor den staunenden Zuschauern vorüberführte und eine solche Wirkung hatte, daß das hingerissene Volk in diesen Darstellungen die Wirklichkeit selbst zu erblicken glaubte.[1] Zu Paris ward es aber besonders glänzend aufgeführt. Vierzig Tage hindurch versammelten sich jeden Morgen Tausende von Männern auf dem Rathhause, um von dort aus in feierlicher Prozession sich zu dem Schauplatz hinzubegeben. Dem Zuge voran schritten sechs Trompeter in Livrée des Königs, ihre Tuben und Hornschnecken mit Blumen umwunden. Hinter ihnen ging der Ausrufer der Stadt, dann folgte eine Menge Polizeidiener und Sergeanten. Hinter diesen sah man auf schönen Pferden die beiden Männer, welche die Procla-

[1] Vgl. Beauchamps Recherches sur les théâtres de France I. 265 figd.

mation des Mysterienspiels zu verlesen hatten; ihnen folgten die beiden Directoren und die Entrepreneurs der Mysterien-Aufführung auf köstlich geschmückten Pferden, dann kamen vier Geistliche auf Mauleseln, welchen man goldgestickte Decken übergelegt, und hinterher in feierlicher Ordnung und im höchsten Staat gingen die Bürger und die Angesehensten der Stadt, umdrängt von Zuschauern jedes Standes und Alters. An jeder Straßenecke hielt man still, und nach den feierlichen Tönen der sechs Trompeten, nach dem ruhegebietenden Wink des Ausrufers begannen die beiden dazu bestellten Männer die in zierlichen Versen abgefaßte Proclamation, durch welche alle Einwohner von Paris, „mit Ausnahme der heidnischen Lutherischen, dieser esprits diaboliques" zum Anschauen des Mysterienspiels von den Aposteln eingeladen wurden.

Wie das ganze alte und neue Testament auf den Mysterienbühnen abgespielt wurde, so machten auch die Legenden der Heiligen vielfach den Gegenstand derselben aus. Die Dichter scheinen sich aber bei diesen Heiligengeschichten eine größere Freiheit der Erfindung genommen zu haben, und ergingen sich dabei namentlich mit Vorliebe in der Behandlung possenhafter und schlüpfriger Scenen, wozu ihnen die

vielen Versuchungsgeschichten der Heiligen reichliche
Ausbeute lieferten. So ward in dem Mysterienspiel
von der heiligen Barbara diese Märtyrerin zum großen Ergötzen des Volks bei den Beinen aufgehan-
gen, und mußte in dieser anstößigen Stellung, die
eigentlich alle Mysterien aufhob, dem Tyrannen gegenüber verharren, an den sie sich mit den rührend-
sten Worten wendet, indem sie ihm das Unanstän-
dige ihres Todes vorhält:

> N'as tu point honte ne vergogne
> De commettre telle besogne?
> De prendre une pauvre pucelle
> Par les pieds: C'est chose cruelle!
> Hélas! pour l'honneur féminine
> Et pour celle qui tant fut digne
> De te porter dedans ses flancs,
> Tu ne dusses par fausses mines
> Commettre cette oeuvre maligne
> Par courroux qui te sont en flancs.

Aber der Tyrann, lüstern und grausam zugleich,
zeigt sich unerbittlich, und die arme Heilige wird
darauf noch mit eisernen Kämmen gräßlich zerfleischt
und sodann an Lampen gebraten, woraus man zur
Ermöglichung einer solchen Darstellung allerdings auf
eine damals schon weit vorgeschrittene Theaterma-
schinerie schließen muß.[1]

[1] Vgl. Parfait histoire du théâtre français I. 297.

Wie wir es bei den deutschen Mysterienspielen bereits bemerkt haben, so mischten sich auch in den französischen die komischen und tragischen Elemente der Darstellung auf einem und demselben Lebensgrunde durcheinander. So sieht man in einem französischen Mysterienspiel Gott den Vater oben auf seinem Himmelsthron während der Kreuzigung und Grablegung Christi gemächlich schlafen, und ein Engel weckt ihn auf mit den Worten:

>Père éternel, vous avez tort
>Et devriez avoir vergogne.
>Votre fils bien aimé est mort,
>Et vous dormez comme un ivrogne.

Gott Vater.
Il est mort?

Der Engel.
D'homme de bien.

Gott Vater.
Diable emporte, qui en savais rien!

In einem andern französischen Mysterienspiel, das Leben und die Wunder der Jungfrau Maria darstellend (Les Miracles de Notre Dame), kamen unter Anderem folgende Scenen vor: 1) wie die heilige Jungfrau eine Aebtissin befreite, die von ihrem Beichtvater schwanger war; 2) wie sie die Salomé ihrer Hände

14*

beraubte, weil diese damit hatte untersuchen wollen, ob die heilige Jungfrau auch wirklich als Jungfrau geboren habe; 3) wie sie einem Bischof Milch aus ihrer eigenen Brust in einem goldenen Becher reicht; 4) wie der Kaiser Julian auf Befehl der Jungfrau getödtet wird, sein Seneschal aber Einsiedler wird und sich seine beiden Augen ausreißen läßt, um die heilige Jungfrau in ihrer ganzen Schönheit sehen zu können, diese ihm aber darauf sein Gesicht wiedergiebt, u. a. m.[1]

5. Die französischen Moralitäten.

Die französischen Mysterienspiele, die auf dem ersten förmlich organisirten Theater der sogenannten Passionsbrüder vorzugsweise zur Aufführung gekommen, waren durch eine zweite, in Frankreich eigenthümlich erfundene Gattung, die Moralitäten (Moralités), abgelöst worden.

Diese neue dramatische Erfindung stammte von einigen Schreibern aus der Advokatenzunft, die la Bazoche genannt wurde und sich als eine eigene

---

[1] Vgl. Beauchamps Recherches sur les théâtres de France I. 235 fgd.

Gilde unter einem besonderen Oberhaupte, welches roi de la Bazoche hieß, constituirt hatte.[1]

Die von dieser Gesellschaft aufgeführten Spiele boten im Grunde wenig Verschiedenheit von den Mysterienspielen dar, indem sie ganz in der Form derselben zum Theil den nämlichen Inhalt behandelten, dem sie nur eine freiere weltliche Darstellung und in der Regel eine moralisch-allegorische Wendung zu Theil werden ließen, wozu sie zunächst ganz äußerlich genöthigt waren, da sie mit ihren Darstellungen in das ausschließliche Privilegium der Passionsbrüder nicht eingreifen durften. Derselbe christliche Theaterapparat, der bei den Mysterienspielen stehend geworden war, mußte auch in der Regel in den Moralitäten erscheinen, z. B. das hohe Gerüste, auf dem gewöhnlich Gott Vater umgeben von seinen Engeln zu sitzen pflegte, und zu dessen Füßen die Hölle lag, ferner die Engel und Erzengel, Lucifer mit allen seinen Teufeln. Auch sah man vorn an der Scene wohl eine Nische mit Vorhängen, die dazu diente, den Zuschauern gewisse Details des Stückes, welche man nicht leicht vorstellig machen

[1] Die Geschichte und Einrichtungen dieser Schreiberzunft, die sich besonders unter Philipp dem Schönen zu Anfang des vierzehnten Jahrhunderts eigenthümlich ausbildete, hat Parfait in seiner Histoire du théâtre franç. I. 78 flgd. umständlicher erzählt.

konnte, zu verbergen, wie z. B. die Niederkunft der
Jungfrau Maria und der heiligen Anna, und ähnliche geheimnißvolle dramatische Momente.

Die christlichen und kirchlichen Vorstellungen des
Mittelalters erhalten jetzt vollends durch eine ins
Ungeheuerliche sich ausbildende theatralische Allegorie
ihre skeptische Zersetzung, worauf es seltsamer Weise
in allem fortschreitenden Schaffen und Wissen der
neueren Völker abgesehen zu sein scheint. In einem
dieser Moralitätenspiele unter dem Titel: le bien-
advisé et le mal advisé (der Wohlberathene und
der Uebelberathene)[1] wird der bien-advisé von
der Madame Vernunft aus wohlmeinenden Absichten
zum Glauben (la Foy) hingeführt. Der Glaube
schenkt ihm eine Laterne mit zwölf kleinen Fenstern,
auf denen die zwölf Glaubensartikel geschrieben stehen, auf jedem Fenster ein Artikel, und dazu ein
brennendes Licht. Der Glaube empfiehlt ihm dies
Licht nie ausgehen zu lassen, dann würde er die Artikel des Symbols immer richtig verstehen. Dann
schenkt er ihm auch noch einen Mörser mit einer
Keule, um damit die guten Werke, les bonnes
oeuvres, zuzubereiten. Denn die guten Werke, belehrt ihn der Glaube, sind das Fleisch, von dem

[1] Bei Parfait, histoire du théâtre franç. II. vollständig mitgetheilt.

sich Gut-Ende (Bonne-Fin) ernährt. Aus den Thränen der Bußfertigen, heißt es ferner, wird die Sauce zu diesem Fleisch gemacht. In dieser Weise geht es mit Personification aller christlichen Tugenden und Glaubensbegriffe fort, und der muthwillige Trieb des Allegorisirens erstreckt sich sogar bis auf Zeitwörter und deren verschiedene Tempora, wie denn hier Regno, Regnavi und Regnabo, wie auch ein gewisser sum sine regno auftreten. Die Seelen dieser Zeitwörter werden verfolgt von einer besonderen Sorte kleiner Teufelchen, welche sich der Verfasser dieser Spiele unter dem Namen Diablotons erfunden hat. Der Teufel tritt in diesen Stücken gewöhnlich mit einer langen rothen Nase, mit einem Schwanz und gespaltenen Klauen auf. Dagegen erscheint das Laster merkwürdiger Weise gewöhnlich als eine komische Person, in einem buntscheckigen Narrenkleide und mit einer Peitsche in der Hand.

Einen neuen weltlichen Aufschwung scheinen diese Spiele durch den Einfluß Ludwigs XII. genommen zu haben, nachdem sie unter den vorhergegangenen Regierungen theilweise wieder beschränkt und gehindert gewesen. Dieser König beklagte sich, daß ihm in seiner Zeit Niemand die Wahrheit sagen wolle, und er darum nicht wisse, wie sein Reich verwaltet werde. Da es damals noch keine Zeitungen und keine liberale Tagespresse gab, so kam er auf den Gedanken, daß die Theater sich dieser Aufgabe unterziehen könnten, ihm die Wahrheit zu sagen und ihn mit vielen Dingen bekannt zu machen, die es ihm sonst unmöglich wäre zu hören. Er ertheilte deshalb allen Dichtern die Erlaubniß, in ihren Stücken die Mängel und Mißbräuche aller Personen seines Reiches und Hofes ohne irgend eine Ausnahme, selbst nicht die seiner eigenen Person, frei zur Darstellung zu bringen. Dies ist eigentlich die erste Anerkennung der höheren ideellen Bedeutung des Schauspiels, welche uns in der Geschichte begegnet, und die ein guter und gewissensfreier französischer König aussprach, dem bange wurde in der Einsamkeit seines absoluten Herrschergefühls, der sich nach freien Menschen umsah, und dieselben in einer bereits von den Ideen der absoluten Monarchie gebundenen Zeit nur durch einen ausdrücklichen Befehl auf dem Theater sich schaffen konnte. Solche Privilegien der Freiheit und Wahrheit hat seitdem kein König wieder irgend einem Theater erneuert, obwohl ein solches Mitregierungstheater, wie es Ludwig XII. sich dachte (eine Idee, die später gewissermaßen an die Idee der constitutionellen Kammern überging), auch heut noch den Königen bessere Dienste leisten würde, als manche officielle Zeitung oder eine theuer erkaufte Regierungspresse, durch welche man Alles erfährt, nur nicht wie es im Lande aussieht.

Die Verfasser und Spieler der Moralitäten benutzten aber dieses neue Privilegium reichlich, und zum Theil auch gegen die Person Ludwigs XII. selbst, dessen Geiz sie namentlich in mehreren Stücken verspotteten; was der König mit lachendem Munde hinnahm. Er erlaubte den Spielern der Bazoche sogar, auf der berühmten Marmorplatte im großen Saal des Königlichen Schlosses ihr Theater aufzuschlagen. Auch wurden ihnen häufig vom Parlament besondere Gratificationen zur Entschädigung ihres Aufwandes an Garderobe und Schmuck (pour leurs montres et jeux) verwilligt. Der Muthwillen, mit welchem die Bazoche in das wirkliche Leben hinübergriff, ging auch bald soweit, daß die Schauspieler Masken anlegten, welche die Gesichtszüge bekannter Personen, auf welche es abgesehen war, unverkennbar hinstellten, und zuweilen ließ man auch geschriebene Zettel ausflattern oder Tafeln anschlagen, auf denen der verhüllte Sinn gewisser Stellen des Stückes, namentlich aber die cynischen und zweideutigen, noch besser ins Licht gestellt wurden. Dagegen ergingen denn mehrfache Parlaments = Verordnungen, durch welche auch schon im Jahre 1538 eine gewisse Theater=Censur eingeführt ward, indem man die Schauspieler verpflichtete, die Manuscripte ihrer Stücke vierzehn Tage vor der Aufführung zur Genehmigung einzureichen.

Eines der berühmtesten Moralitätenspiele war die Verurtheilung des Banketts (la condemnation de banquet, à la louange de diètte et sobriété pour le profit du corps humain). Dies Stück behandelt in eigenthümlich durchgeführter Prozeßform einen seltsamen Rechtshandel gegen Souper und Banquet, welche beide angeklagt sind, daß sie vier Personen durch ihre Verlockung getödtet haben. Monsieur Banquet hat nämlich zu einem großen Festmahl einladen lassen, zu dem Schwelgerei, Gutschmeckerei, Gute Gesellschaft, Mich zu bedanken, und andere ähnliche Personen, geladen und auch erschienen sind, während von draußen durch das Fenster Schlagfluß, Gicht, Kolik und andere Krankheiten dem Schmause zusehen. Gegen Ende der Tafel ruft aber Souper, der sich auch schon in der Gesellschaft befindet, jene Krankheiten herbei, welche nun begierig über die Gäste herfallen, die sich aber noch ihrer zu erwehren wissen. Nach einer augenblicklichen Besänftigung durch Banquet entsteht aber ein neuer Kampf zwischen den Gästen und den Krankheiten, von denen diesmal Schwelgerei, Gutschmeckerei, Gute Gesellschaft und Mich zu bedanken todt auf dem Platze bleiben. Die übrig gebliebenen Gefährten wenden sich klagend an die Erfahrung, und Banquet wird von derselben verurtheilt, gehangen zu werden, welche Sentenz auf der Stelle durch die Diät vollzogen wird, die das Amt des Scharfrichters übt. Souper aber wird verurtheilt, bleierne Halbärmel zu tragen, damit er nicht zu viel Schüsseln auftragen könne, und dem Diner soll er, bei Strafe des Galgens, nicht mehr weiter als auf sechs Stunden sich nähern dürfen. Man findet den witzreichen Hergang dieses Stückes auch zuweilen auf alten Tapeten abgebildet.

Eine nicht geringe Anzahl dieser Stücke hat sich in verschiedenen Sammlungen bis auf uns verbreitet,[1] obwohl die Namen ihrer Dichter größtentheils verloren gegangen sind. Unter diesen ist jedoch Margaretha von Navarra, des ritterlichen Franz I. Schwester, in bemerkenswerther Weise auch als Verfasserin von Mysterienspielen und Moralitäten

---

[1] Parfait, Histoire du théâtre français und Du Verdier, Biblioth. française.

zu nennen, während sie in den Literaturgeschichten gewöhnlich nur wegen ihres leichtfertigen und schelmischen Novellen-Heptameron, das sie dem Boccaccio nachbildete, angeführt wird. Sie schrieb aber auch **geistliche Komödien und Moralitäten, und scheint dazu,** nach der Erzählung des Brantôme (Vies des femmes illustres), besonders durch das lebhafte Interesse, welches diese Prinzessin an der Bibel genommen, bestimmt worden zu sein. Ein Doctor der Sorbonne, Gerard Roussel, hatte sie überredet, die Bibel in französischer Sprache zu lesen, und sie begann eine so eifrige und eigenthümliche Beschäftigung mit derselben, daß sie eine dramatische Bearbeitung des Neuen Testaments unternahm. Sie theilte dasselbe in vier Tragikomödien (nach ihrer eigenen Benennung) ab, und betitelte dieselben folgendermaßen: 1) Die Geburt Christi. 2) Die Anbetung der heiligen drei Könige. 3) Die Unschuldigen. 4) Die Wüste. Diese Tragikomödien wurden (wie de Beze in seiner Kirchengeschichte berichtet) in einem eigens dazu eingerichteten Saale des königlichen Schlosses zu Pau vor dem Hofe aufgeführt, und Margarethe hatte zu diesen Darstellungen die besten Schauspieler Italiens verschreiben lassen. Zugleich suchte Margarethe bei diesen theatralischen Aufführungen einer bei ihr immer stärker hervortretenden Hinneigung zu den neuen Lehren Calvin's und Luther's Genugthuung zu verschaffen, indem sie damit beißende Angriffe auf die Geistlichkeit verband. Sie ließ die angesehensten Vertreter derselben oft als Zuschauer zu ihren Spielen einladen, und die Schauspieler mußten dann kleine Couplets und Spottgedichte auf die Priester in diese biblischen Tragikomödien der Prinzessin einlegen. Es entstand dadurch allmählig eine tiefe und nachhaltige Erbitterung der französischen Geistlichkeit, die sich noch durch einen anderen Umstand steigerte, indem der König, Margarethens Gemahl, unmittelbar nach solchen Theatervorstellungen sich gewöhnlich in die Kirche zur Messe zu begeben pflegte, als wenn diese letztere gewissermaßen nur eine Fortsetzung des Bühnenspiels sei. Die Priester Frankreichs begnügten sich bald nicht mehr damit, gegen Margarethe von Navarra zu predigen, sondern sie brachten es auch dahin, daß ein anderes, stark mit protestantischen Elementen angefülltes Werk der Prinzessin, welches sie in Versen unter dem Titel: Spiegel der sündhaften Seele (le miroir de l'âme pecheresse, 1533) herausgegeben, von der Sorbonne verdammt und verboten wurde. In diesem Buch Margarethens war gar nicht mehr von den Verdiensten der Heiligen und von der Kraft

des Bluts der Märtyrer die Rede gewesen, und dies
empörte die Geistlichkeit, die außerdem in dem Colle-
gium von Navarra eine satirische Komödie gegen die
Prinzessin aufführen ließ, worin diese als eine Höllen-
furie dargestellt wurde. Margarethe war jedoch Weib
genug, sich darüber bei ihrem Bruder zu beklagen,
und König Franz ließ die Haupt-Acteurs dieses
Schauspiels ins Gefängniß werfen. So sieht man
auch die ersten protestantischen Kämpfe Frankreichs
mit den Waffen der dramatischen Dichtung und des
Schauspiels sich verfechten, eine dramatische Polemik,
in welcher die Hauptbewegungen des modernen Geistes zusammenstoßen.

Unter den Moralitäten giebt es auch einige, die
von durchaus mystischer Haltung sind und eine Verherrlichung der Grundelemente des Katholizismus enthalten sollen, obwohl diese doch wieder mit mancherlei
naiven Erfindungen, die den Ernst des Ganzen beeinträchtigen, durchwebt erscheinen. Ein Stück dieser Art
ist Mariä Himmelfahrt (l'Assomption), in welchem die Höchst-Vollkommene (Bien-Parfaite),
welches die heilige Jungfrau ist, auftritt und eine sehr
ungezwungene Unterhaltung führt mit dem Höchst-
Gefälligen (Bien-Gracieux), in dem wir einen
Secretair des Höchst-Souverainen (Bien-Sou-

verain), welches Jesus Christus ist, kennen lernen. Der Höchst-Anmuthige macht der Höchst-Vollkommenen so viel Complimente über ihre Schönheit, daß sie endlich zu ihm sagt: Ach, mein Herr, Sie sind gar zu gütig, mir dies zu sagen, und man sieht daran deutlich, daß Sie der Höchst-Gefällige sind! — Ich bitte dies keineswegs so zu nehmen, entgegnet der Andere, und ich berufe mich hier auf das Zeugniß meines Kameraden, des Höchst-Tugendhaften (Bien-Vertueux), der ganz dasselbe wie ich sagen wird. — Daneben steht auch der Höchst-Natürliche (Bien-Naturel), der sich ein wenig über alle diese Complimente zu langweilen anfängt, und sich damit ergötzt, an den guten Wein zu erinnern, den er auf der Hochzeit zu Canaa getrunken hat. Es war gar kein schlechter Burgunder damals, sagt er, und ich habe stets bedauert, niemals wieder eine ähnliche Sorte angetroffen zu haben. Die Unterhaltung bewegt sich noch eine Zeitlang in diesem Ton, und das Ganze endigt mit der verherrlichenden Himmelfahrt der Jungfrau, die der Höchst-Souveraine, begleitet von seinem Kammerdiener, dem Höchst-Triumphirenden, in einem Wagen abholt, um sich mit ihr zu vermählen und sie zur Königin des Himmels zu krönen.

6. Die ersten Elemente des französischen Lustspiels.

Das Moralitäten-Theater, welches die Schreiberzunft der Bazoche gründete, zeigte die ersten Keime des wirklichen Drama's in sich auf, und entwickelte dabei auch schon eine eigenthümliche Gattung desselben, nämlich die Farce, in welcher diese frühesten dramatischen Dichter schon den entschiedenen Uebergang zur Darstellung der Wirklichkeit machten.

Die Gattung der Farce, welche zuerst auf dem Theater der Bazoche erschien, und in der wir das französische Lustspiel seinen Ursprung nehmen sehen, war in einem besonderen Stil und Geschmack gearbeitet, und beschäftigte sich schon in sehr lebendiger und scharfer Form mit den Mängeln, Zerwürfnissen und Widersprüchen der gesellschaftlichen Welt, mit der Schwäche und Lächerlichkeit der menschlichen Charaktere. Die Farce begnügte sich aber dabei nicht immer mit erfundenen Personen, sondern sie zog bald auch bekannte und angesehene Personen der Gesellschaft, welche sogar mit Namen bezeichnet wurden, vor ihr Forum. Wie sich die Farce innerlich schon in den Spielen der Mysterien und Moralitäten geregt, hat sich bei der Darstellung der letzteren oft genug bemerklich gemacht. Auch hatte man schon farcenhafte Zwischenspiele bei den Mysterien-Aufführungen selbst zur Abwechselung und zur Anlockung des größeren Zuschauerhaufens eintreten lassen, welche die komischen Titel der Jeux de pois pilés (gestampfte Erbsen) führten, eine Benennung, die aus der muthwilligen Mischung des Profanen und Heiligen, worauf es in diesen Divertissements abgesehen war, entnommen zu sein scheint.[1] Als sich aber die Farce durch die Spieler der Bazoche zu einer selbstständigen dramatischen Gattung auszubilden anfing, schlug sie sogleich mannigfache und auch durch verschiedene Nebenbezeichnungen charakterisirte Tonarten an.[2]

Eine der ältesten und berühmtesten Farcen dieser Art ist der Advocat Pathelin, ein Stück, in welchem der moderne Lustspiel-Charakter schon in sehr klarer und fester Ausbildung seines Typus und mit einer gewissen Vollendung auftritt. Diese Farce hat sich durch ihre ausgezeichnete komische Kraft, durch die dialektische Gewandtheit der Darstellung und durch einzelne köstliche Späße bis auf die heutige Zeit im

---

[1] Vgl. Parfait, histoire du théâtre français I. 52. Bouterwek, Geschichte der französischen Literatur I. 117.

[2] Es gab die Farce joyeuse, histrionique, fabuleuse, enfarinée, morale, recréative, fasboleuse, badine, françoise.

ruhmvollen Andenken erhalten, und war auf der französischen Bühne noch bis zu Ende des 18. Jahrhunderts lebendig geblieben. Eine moderne Theaterbearbeitung davon gab der Abbé Brueys im Jahre 1715, worin als neue Zuthat eigentlich nur eine eingewebte Liebes-Intrigue erschien, während der Gang der Hauptscenen und an vielen Stellen selbst der Dialog aus dem alten Stück unverändert beibehalten blieben. In dieser modernisirten Gestalt ging es auch mehrfach über die deutsche Bühne, und besonders war der Schauspieler Eckhof als Meister Pathelin beliebt, wie auch aus Lessing's Dramaturgie (I. 110) hervorgeht. Lessing bemerkt mit Recht, daß sich Molière dieses Stücks nicht hätte schämen dürfen, obwohl dieser schon so trefflich geformte Lustspiel-Typus mehr dem alten ursprünglichen Original, als der dasselbe mehrfach entstellenden Bearbeitung des Brueys zukommt. Das Stück hatte aber in Frankreich eine so populaire Verbreitung gewonnen, daß selbst einzelne Stichworte und Witze daraus sprüchwörtlich wurden, und Meister Pathelin Jahrhunderte hindurch eine Lieblingsfigur des Volkes blieb. Es mußte auch auf dasselbe einen doppelt starken Reiz ausüben, weil hier ein betrügerischer und verschmitzter Advocat zuletzt durch einen einfachen

Mann des Volkes überlistet wird. Der von Lessing als bemerkenswerth hervorgehobene Umstand, daß der in dem Stück vorkommende lächerliche Marquis der erste seiner Art sei, paßt nur auf die neue Theaterbearbeitung des Brueys, da dieser Marquis in der alten Farce selbst nicht vorkommt.

Als Verfasser dieses zuerst auf dem Theater der Bazoche gespielten Stückes wird von Einigen Pierre Blanchet (geboren zu Poitiers 1459) genannt, der allerdings als Verfasser mehrerer Farcen und Satiren in dieser Zeit vorkommt, doch ist jene Autorschaft nur eine Vermuthung des Beauchamps (Recherches sur les théâtres de France I. 288), welche sich sonst durch nichts Thatsächliches bestätigt hat. Die Schreiber der Bazoche scheinen es zum ersten Mal im Jahre 1480 auf ihrem Theater gespielt zu haben. La Caille führt jedoch in seiner Geschichte der Buchdruckerkunst schon eine gedruckte Ausgabe des Pathelin vom Jahre 1474 an. Das Stück wurde in vielen Sprachen, auch ins Lateinische übersetzt, und verbreitete sich überall als ein Gemeingut der europäischen Bühnen. Es hat offenbar den Grund zu dem eigenthümlichen Lustspiel-Dialog der Franzosen gelegt, und wird auch nach dieser Seite hin stets eine merkwürdige Stelle in der Theatergeschichte einnehmen.

Die Farce beginnt mit einem Zwiegespräch des Pathelin mit seinem Weibe Guillemette. Pathelin klagt, daß er in letzter Zeit so wenig verdient habe. Seine Advocatenrobe falle ihm in Fetzen vom Leibe, und auch seiner Frauen Kleid lasse schon an einigen höchst bedenklichen Stellen sehr freimüthige Oeffnungen zu. Schon aus Schamhaftigkeit müsse er darauf denken, sich neue Kleider anzuschaffen. Er verläßt alsdann sein Weib und geht zum Tuchhändler Guillaume. Pathelin sagt, er komme nur ihn freundschaftlich zu besuchen, und dann bricht er in Thränen der Rührung aus über die merkwürdige Aehnlichkeit des Tuchhändlers mit dessen seligem Vater, der der Weiseste der Weisen, der Edelste der Edlen gewesen. Der Tuchhändler Guillaume ist natürlich sehr gerührt von diesen Lobeserhebungen, und nun erst bemerkt Pathelin ganz zufällig ein Stück Tuch, das ihn blendet wegen seiner Schönheit. Er sagt, er habe sich achtzig Thaler zurückgelegt, um sich davon eine Leibrente zu gründen, aber dies Stück für seinen Leib zu verwenden, sei die schönste Leibrente. Er handelt also mit dem Tuchhändler, und nimmt nach kurzem Handeln das Zeug als sein Eigenthum unter den

Arm. Dann will er bezahlen, und fragt den Kaufmann, ob er seine Bezahlung in Gold oder in Münze vorziehe. Der überglückliche Kaufmann erklärt sich mit jeder Art der Bezahlung zufrieden. Gut, sagt Pathelin, so zahl' ich in Gold! Er langt schon in die Tasche, das Geld zu geben, da fällt ihm ein, daß Herr Tuchhändler Guillaume ungebührlich lange ihm keinen Besuch gemacht habe. Deßhalb will er ihn zwingen ihn zu besuchen. Herr Guillaume soll nur in Pathelin's Hause seine Bezahlung empfangen, und ein Glas Wein, ein wenig Kuchen wird er nicht verschmähen. Der Kaufmann sagt natürlich zu, das Glas Wein, welches ihm versprochen wird, macht sein Herz hüpfen, und Pathelin geht mit seinem Stücke Tuch nach Hause, um, wie er sagt, mit seiner Frau Alles herzurichten zum Empfange des Herrn Guillaume. Nun theilt Pathelin seiner Frau Guillemette seinen Plan mit. Das Stück Tuch muß sie verstecken, er selber will sich in's Bette legen, und wenn der Kaufmann kommt, soll sie ihn mit einem Glase von dem Weine, welcher so gut durchschlägt, empfangen, und erzählen, daß Pathelin schon seit Wochen krank darnieder liegt. Der Kaufmann kommt endlich, Guillemette empfängt ihn mit einem Glase von dem ominösen Wein, und als der Kaufmann endlich um seine Bezahlung bittet, fragt sie erstaunt, wofür? Für das Stück Tuch, welches ihr Mann heute Morgen bei ihm gekauft. Mein Mann? Das ist unmöglich, der liegt schon seit Wochen krank **im Fieber, im furchtbarsten Delirium. Guillaume** tritt an das Bett des kranken Pathelin, der laut zu phantasiren beginnt, im Jargon des Pöbels allerlei Unsinn spricht, und des Kaufmanns wüthende Frage nach seiner Bezahlung mit lustigen Phantasieen beantwortet. Indeß beginnt bei dem unglückseligen Manne der Wein zu wirken, er muß fort, wüthend und fluchend rennt er aus dem Hause des kranken Pathelin. Auf der Straße aber begegnet Herrn Guillaume sein Schäfer, der ihn um einige Hammel betrogen hat. Herr Guillaume fordert ihn vor Gericht, und eilt gleich selbst zum Richter, zu dem er den Schäfer hinbescheidet. Dieser aber klopft bei Pathelin an, und bittet ihn, als sein Advocat ihn zum Richter zu begleiten. Pathelin ist natürlich längst von seinem Delirium geheilt, sein Weib Guillemette hat ihm auch schon von dem Tuch Guillaume's eine Robe zusammengesetzt. Der Schäfer fordert ihn auf, seine Sache zu führen, gesteht ihm aber zugleich, daß er Herrn Guillaume wirklich die Hammel gestohlen. Thut nichts, sagt Pathelin, wenn Du mich ordentlich bezahlst, werde ich Deine gerechte Sache führen, und Du wirst als unschuldig erkannt werden. Sie dingen nun über die Summe, welche der Schäfer an Pathelin zahlen soll, und nachdem sie handelseinig geworden, sagt Pathelin, der Schäfer solle nun ihm folgen zum Richter, sich aber wohl hüten, irgend ein Wort zu sprechen, weil jede unbedachte Aeußerung des Schäfers Alles verderben könne. Pathelin schärft ihm daher ein, auf alle Fragen des Richters oder seines Anklägers nichts weiter zu antworten, als Bäh! Bäh! Der Schäfer sagt, diese Antwort sei ihm von seinen Schafen her sehr geläufig, und Beide verfügen sich zum Richter. Die nun folgende Scene ist die drolligste des ganzen Stückes, und von außerordentlich drastischer Wirkung. Bei dem Richter ist nämlich schon Herr Guillaume mit seiner Klage gegen den Schäfer. Das Erscheinen Pathelin's mit seiner Robe von Guillaume's Tuch macht den Kaufmann verwirrt, er stottert, er verliert die Haltung, er vermengt in seiner Rede den Diebstahl des Schäfers mit dem Betrug Pathelin's, er beschuldigt den Schäfer sich aus seinen Hammeln ein Stück Tuch gestohlen zu haben, und klagt Pathelin an, sein Rock sei einer von den Hammeln, welche ihm gestohlen worden. Der Richter entsetzt sich, und wird zuletzt

selber verwirrt, indem er auf die confuse Rede des
Guillaume immer nur schreiend antwortet: revenons
à nos moutons! (um auf besagten Hammel wieder
zurückzukommen — ein seitdem gäng und gäbe gewordenes Sprüchwort, dessen Entstehung die Franzosen selbst aus dieser Farce vom Meister Pathelin
herleiten).

Der Richter fragt sodann den Schäfer, ob er
bekenne die Hammel gestohlen zu haben. Dieser
aber antwortet immer nur sein Bäh! Bäh! was
den Richter nur noch mehr verwirrt und auch zur
Folge hat, daß Guillaume immer aufgeregter und
verworrener spricht. Pathelin allein bleibt ruhig,
und aus Guillaume's Verwirrung und Betroffenheit
beweist er, daß derselbe eine falsche Anklage vorgebracht, und daß der Anblick des ehrwürdigen Richters seine lügenhafte Zunge gelähmt und ihn um
seine Besinnung gebracht habe. Diese Ansicht leuchtet dem geschmeichelten Richter ein, Guillaume wird
mit seiner Klage abgewiesen, und der Schäfer sowohl als Pathelin freigesprochen. Wüthend rennt
Guillaume fort, und als Pathelin mit dem Schäfer
allein ist, fordert er von diesem seine Bezahlung.
Der aber antwortet immer sein Bäh! Bäh! Vergebens, daß Pathelin ihm droht und flucht, der

Schäfer antwortet immer Bäh! und damit endet das Stück.

7. Die satirischen Possenspiele der Franzosen (Sotties).

Das dritte Theater in Frankreich stifteten die Enfans sans souci, die Kinder ohne Sorgen, wie sich eine gesellschaftliche Vereinigung junger und reicher Leute aus vornehmem Stande nannte, die sich vorgenommen hatten, sich auf Unkosten der ganzen Welt zu vergnügen, und dazu eine eigene Art satirischer Theaterspiele sich ersannen, in denen freie Darstellungen aller Welt- und Zeitverhältnisse besonders aus dem Gesichtspunkte der Narrheit gegeben und gewissermaßen der Kritik des Narren unterworfen werden sollten. Es dienten ihnen dazu nicht nur die gesellschaftlichen, sondern bald auch die politischen Zustände der Zeit, besonders aber die Parteizerwürfnisse unter der Regierung des Königs Carl VI., wo der englische Krieg und das siegreiche Einrücken der Engländer in Paris auch die inneren Verhältnisse Frankreichs vielfach gespalten und zerrüttet hatte. Sie bezeichneten ihre Stücke mit dem

Namen der sotties, und spielten dieselben auf dem Markt, welchen man die Hallen nannte, worin ihre Aufführungen mit den Atellanen-Spielen der alten Römer, die ebenfalls die Form volksthümlicher Narrenspiele hatten, Aehnlichkeit gewannen.

Die Kinder ohne Sorgen verdankten die Privilegien ihrer Gesellschaft dem König Carl VI., welcher sie als eine joyeuse institution urkundlich bestätigte. Sie gaben ihre Vorstellungen dem Publikum ohne Eintrittspreis, was auch die Bazochiens thaten, während die Passionsbrüder für Geld spielten und in den Anforderungen an ihre Zuschauer so weit gegangen zu sein schienen, daß das Parlament, welches überhaupt die polizeiliche Aufsicht über die Schauspiele hatte, die Verordnung erlassen mußte, den höchsten Eintrittspreis nicht über 8 Sous festzusetzen. Die Gesellschaft der sorglosen Kinder aber hatte ein eigenes Oberhaupt an ihrer Spitze, welches den Titel eines Narrenfürsten (Prince des sots) führte, der sich lange in einem großen öffentlichen Ansehen erhielt, wie man denn von dem Bestehen dieser Würde noch um das Jahr 1600 einige Spuren sieht. Der Dichter Clémens Marot gehörte in seiner Jugend auch zu den Kindern ohne Sorgen, und hat in einer für sie gedichteten Ballade von dem aristokratischen Ursprung dieser Genossenschaft Zeugniß abgelegt.[1]

Die eigenthümliche Gattung, welche sich hier ausbildete, kann hinsichtlich ihrer dramatischen Form nicht in Betracht kommen, indem das Wesen der Allegorie, die in diesen Stücken noch dazu eine tendenziöse und kritizistische Grundrichtung hatte, die freieren und wirklich schöpferischen Bewegungen des Drama's hindern mußte. Die in diesen Narrenstücken auftretenden Charaktere waren immer nur Personificationen von Begriffen, unter denen die Welt selbst die Hauptrolle spielte, mit welcher dann alle Narrheiten, Laster und Mißbräuche der Erde in Berührung gerathen. Vornehmlich aber war es auch die Kirche, die in den sotties die schlagendsten Angriffe erfuhr, und gegen welche das auf diesem Gebiet schon früher von der Geistlichkeit selbst verstattete Narrenrecht oft in einer sehr schneidenden Allegorie geltend gemacht wurde. Eine der bedeutenderen Compositionen dieser Art hat den Dichter Pierre Gringore, genannt Vaudemont oder auch Narrenmutter (Mère sotte), zum Verfasser, und führte den Titel: le jeu du prince des sots et mère sotte joué aux halles de Paris le mardi gras

[1] Vgl. Suard, Mélanges de littérature IV. 46.

1511. Dieser zu seiner Zeit sehr beliebte Dichter, von dem außerdem noch mehrere Mysterienspiele und Moralitäten angeführt werden, lebte um das Jahr 1520 als Herold am Lothringischen Hofe, und schrieb **das erwähnte Stück auf den besonderen Befehl Ludwigs XII**, der in seinen Streitigkeiten mit dem Papst Julius II. auch den Dichter zum Kampfe gegen die Uebergriffe Roms in die Schranken rief.

Diese allerdings sehr merkwürdige Sottie fängt mit dem die Stücke gewöhnlich beginnenden Aufruf (le Cri) an, worin den Narren und Närrinnen aller Gattungen und Stände, allen Prälaten und großen Herren bekannt gemacht wird, daß am Fastnachts-Dienstag der Narrenfürst in der Halle spielen werde. Der Narrenfürst erscheint darauf mit seinem vielgeliebten Sohn, dem Prinzen der Heiterkeit, und die großen Herren und Prälaten stellen sich dem Narrenfürsten huldigend vor, wozu sich auch noch eine Bäuerin unter dem Namen der gemeinen Närrin (sotte commune) hinzufindet. Es fallen in den vorläufig sich entspinnenden Gesprächen schon einige starke satirische Aeußerungen gegen die Kirche und ihre ehrwürdigen Vertreter, worauf die Narrenmutter, als **Kirche gekleidet**, im pontificalischen Gewande und die Tiara auf dem Haupt, unten aber im Gewande der Narrheit, erscheint. Sie ist von der Närrin Zuversicht (sotte fiance) und Närrin Gelegenheit (sotte occasion) begleitet, und erklärt sofort in einigen Versen ihre Absicht, mit der sie auftritt, indem sie als Kirchenmutter und Narrenmutter zugleich die Prälaten und Fürsten verführen und sich zur unumschränkt gebietenden Herrin auch der ganzen Weltlichkeit und Zeitlichkeit machen will. Sie sagt unter Anderem:

> Je me dis mère saincte Eglise,
> Je veux bien qu'un chacun le note,
> Je mauldis, anatématise,
> Mais sous l'habit pour ma devise
> Porte l'habit de mère sotte,
> Bien sçay qu'on dit que je radotte
> Et que suis folle en ma vieillesse,
> Mais grumeler venil à ma porte
> Mon fils le prince en telle sorte
> Qu'il dininue sa noblesse.
> . . . .
> Mon médecin juif prophétise
> Que soye perverse, et que bon est.
> . . . .
> La bonne foy c'est le vieil jeu.

Nach mancherlei Machinationen gelingt es, die Prälaten zu gewinnen, aber die Fürsten erklären sich standhaft gegen die von der Kirchennärrin beanspruchte Vereinigung des Geistlichen und Weltlichen unter ihrem Scepter. Die Narrenmutter erläßt einen kriege-

rischen Aufruf an die Prälaten, und es kommt zu
einer Schlacht zwischen Prälaten und Fürsten, nach
deren Beendigung der Narrenfürst wieder mit seinen
Begleitern auf der Bühne erscheint. Er hört von
den Anschlägen der Kirche, und seine Vertrauten sagen
ihm, daß er sich rechtlich und ganz kanonisch gegen
dieselbe vertheidigen könne. Dem Narrenfürsten ist
aber der Argwohn aufgestiegen, daß dies wohl nicht
die wahre Kirche sein möge, und er schlägt deshalb
vor, vor allen Dingen zur Untersuchung ihrer Person
zu schreiten. Man reißt ihr die Kleider herunter,
und sieht, daß es die Narrenmutter ist, die man hart
zu bestrafen beschließt, weil sie sich durch Simonie
ihrer Kirchenwürde bemächtigt habe.[1]

Ein mit dieser Sottie zusammenhängendes Stück
desselben Dichters ist die **Moralität von dem
halsstarrigen Mann** (Moralité de l'homme obstiné), worin die Verwickelungen des Papstes Julius II. mit Frankreich noch entschiedener zum Gegenstand der satirischen Allegorie werden. Das Stück
beginnt mit einem Dialog zwischen dem **französischen Volk** und dem **italienischen Volk**, die hier
in einer Personification auftreten, und es werden dabei die bittersten Klagen und Vorwürfe ausgetauscht,

[1] Vgl. Beauchamps Recherches sur les théâtres I. 200.

welche bestimmte Beziehungen auf die Zeitgeschichte haben.

Eine in ihrem Jahrhundert sehr beliebte Farce des Pierre Gringore führt den Titel: Faire vaut mieux que dire, farce en vers de quatre pieds, 1511, in der eine Frau sich über ihren Mann beklagt, daß er ihren Weinberg brach liegen lasse, woraus denn einige seltsame Differenzen entstehen, indem Viele kommen, welche sich anbieten, denselben zu bearbeiten, womit sich auch die Frau zufrieden erklärt.

8. Die Anfänge der italienischen Bühne.

Die Mysterienspiele, welche auch in Italien als die ältesten dramatischen Bildungsversuche auftreten, hatten in diesem Lande nicht dieselbe lebendige Form und Bedeutung gewonnen, wie wir dies in Deutschland und Frankreich gesehen haben, sondern diese italienischen Darstellungen waren zunächst nur Fortsetzungen der altrömischen Pantomimen, die in Italien unaufhörlich fortgedauert zu haben scheinen. Sie bestanden deshalb ursprünglich nicht in einer durch Wort und Rede laut werdenden dramatischen Action, sondern in stummen Spielen, öffentlichen Prozessionen und Auftritten vermummter Menschen, worin aber auch die geistlichen Geschichten und der ganze christliche und kirchliche Inhalt in Scene gesetzt wurden.

Riccoboni, der berühmte italienische Schauspieler in Paris, der die Geschichte des italienischen Theaters geschrieben, sah noch im Jahre 1690 zu Genua ein solches stummes Schauspiel am Frohnleichnamsfeste. Auf den Gassen, durch welche die Prozession sich bewegte, waren überall Theater aufgerichtet, auf denen durch lebende Personen die heiligsten Momente des Alten und Neuen Testaments vorgestellt wurden. Auf einer solchen von den Fischern errichteten Bühne sah man das Meer mit seinen Ufern erscheinen, und Christus befahl durch Gebärden den Aposteln, ihre Netze auszuwerfen. In demselben Augenblick aber, wo das Sacrament vorbeigetragen wurde, zogen sie ihre Netze, worin eine Menge der herrlichsten Fische sich zeigte.

Es fehlte also in diesen ersten Spielen der Italiener die Rede, welche in Deutschland und Frankreich schon so witzig, gemüthlich und skeptisch zugleich, die kirchlichen und christlichen Vorstellungen, diese ursprüngliche Grundlage aller dramatischen Darstellung, geformt und in eine dialektische Bewegung gebracht hatte. Die Italiener waren aber schon in ihrer Bildung und Geistesanschauung weit über diesen Standpunkt der geistlichen Volksspiele hinausgekommen, in denen andere Völker noch gewissermaßen auf einem künstlichen Umwege einem reformatorischen Lebensdrang Ausdruck zu verschaffen gestrebt. Italien hatte schon Jahrhunderte früher durch gewaltige und hochbegabte Geister in der entschiedensten und geistesmächtigsten Form aus seinem eigenen Schooße diejenigen reformatorischen Elemente erzeugt, welche später bei den anderen Völkern in Saat aufgehen, für Italien selbst aber verloren bleiben sollten.

Die Brüderschaft del Gonfalone, welche sich im Jahre 1264 in Rom gründete, und die Passion Jesu Christi zum ausschließlichen Gegenstand dramatischer Darstellungen machte, kann gewissermaßen als die älteste Theatergesellschaft der Italiener angesehen werden, und die italienische Kritik, welche Italien gern als die eigentliche Wiege des modernen europäischen Drama's ansehen will, hat auf das hohe Alter jener Brüderschaft oft ein besonderes Gewicht gelegt, indem daraus allerdings hervorgehen würde, daß bei den Italienern eher als bei irgend einem anderen Volke dramatische Darstellungen des biblischen Inhalts stattgefunden. Derselben frühen Zeit gehört auch die Gesellschaft Batutti an, welche sich in Treviso ebenfalls zur Aufführung der christlichen Passionsgeschichte bildete, und die sogar nach einer Verpflichtung, welche die Canonici der Kathedrale zu Treviso übernommen hatten, aus diesem Capitel jährlich für die Rollen der Maria und des Engels zwei Geistliche geliefert erhielt.

Zu welcher Zeit aber die italienischen Mysterienspiele in die wirkliche Natur des Drama's hinübergingen, möchte schwer zu bestimmen sein. Es scheint, daß sie erst im funfzehnten Jahrhundert aus einer bloßen stummen Repräsentation zu lebendigeren Darstellungen wurden, in denen dann ebenfalls in burlesker und possenhafter Form das Verhältniß des Volkes zu Christenthum und Kirche zu Tage kam. Das älteste dieser Spiele ist Abraham und Isaak, von Francesco Belcari, welches zuerst im Jahre 1449 zu Florenz in der Kirche der Maria Magdalena aufgeführt wurde. Mit alttestamentlichem Stoff wurden diese Spiele Figure genannt, Misterj, wenn sie die christlichen Glaubensgeheimnisse behandelten, Vangelj, wenn der Inhalt aus dem Neuen Testament

---

1 Vgl. Riccoboni, Réflexions historiques et critiques sur les différens théâtres de l'Europe (Amst., 1740) p. 10.

genommen war, Essempj, wenn einzelne Thaten der Heiligen, und Istorie, wenn deren ganzes Leben zur Darstellung gebracht wurde. Auch hatten die Italiener Moralitätenspiele, welche aber bei ihnen Fausti genannt wurden.

Das italienische Volk vollbrachte in diesen Spielen eine allseitige Travestie der Bibel, scheint aber diese Travestie bald der Kirche und den Priestern allein überlassen zu haben, indem es sich mit größerer Vorliebe an die altrömischen Mimen und Atellanen, die noch immer in Italien aufgeführt werden mußten, hingab. Die italienische Malerei hält in dieser Zeit allein eine ideale Beziehung der Kunst zu den Gestalten des Christenthums fest, und strebt die christliche Mythologie, besonders aber das Christusideal selbst in den reinsten künstlerischen Formen zu bilden. Das Volk wie die Gelehrten wenden sich aber in Italien gleicherweise wieder vom Christenthum ab, mit dem sie alle weiteren Berührungen gewissermaßen ängstlich vermeiden, und suchen ihr Heil von Neuem in der antiken Welt und Kunst. Aus der Aneignung derselben geht auf der einen Seite das gelehrte Schauspiel der Italiener (commedia erudita) hervor, welches mit Uebersetzungen und Nachahmungen der griechischen und römischen Dramatiker schon frühe beginnt, und zwar größtentheils in lateinischer Sprache, in welcher der berühmte Paduanische Geschichtschreiber und gekrönte Poet Albertinus Mussatus (der von 1261—1330 lebte) zwei Tragödien schrieb, eine Achilleis und eine Eccerinis, in welcher letzteren er den Tod des Tyrannen Ezzelino von Romano behandelte.

Auf der Volksseite aber erzeugte sich aus der lebendig gebliebenen Berührung mit der antiken Welt das eigenthümliche nationale Volkslustspiel, welches sich in einer durchaus freien Weise der Production und Darstellung seit der ältesten Zeit her entwickelte, und unter dem Namen der Commedia del Arte die stehenden Masken und Figuren des italienischen Theaters, ganz dem Charakter des Volkes gemäß, und doch noch größtentheils nach antiken Mustern, ausbildete. Diese Commedia del Arte, welche ihre Benennung im Unterschied von der gelehrten regelmäßigen Komödie gewissermaßen zum Spott empfangen zu haben schien, wurde von herumziehenden Schauspielern aus dem Stegreife aufgeführt, und erhielt durch eine solche freie Production diese Grazie des lebendigen und natürlichen Sichgehenlassens, welche das italienische Volkslustspiel immer ausgezeichnet hat.

Die Verfasser dieser Stücke, von denen man nur

sehr wenige gedruckt findet, schrieben nur den allgemeinen Inhalt einer jeden Scene nach der Reihe auf, und dies Scenario, wie ein solcher dramatischer Entwurf genannt wurde, ward auf beiden Seiten der Schaubühne vor Beginn des Stückes angeheftet. Der Schauspieler, wenn er auf die Bühne trat, überflog mit einem Blick den Inhalt seiner Scene, den er dann improvisirend ausführte. Von diesen Scenarien sind mehrere durch den Druck veröffentlicht worden, namentlich aber von Flaminio Scala, genannt Flavio, einem berühmten italienischen Theaterdirector, welcher im Jahre 1611 sein Theaterbuch mit 50 solcher scenischen Entwürfe drucken ließ. Diese Improvisation setzte bei den Schauspielern selbst eine bedeutende geistige Beweglichkeit und bei den Zuschauern eine ungemeine Hingebungslust voraus. Es konnte nicht fehlen, daß bei dieser Darstellungsweise gewisse stehende Elemente nöthig wurden, welche zur leichteren Verbindung und Vermittelung des Ganzen dienten, sowie im alten homerischen Volksepos die einzelnen wiederkehrenden Redewendungen die geistigen Ruhepunkte des Rhapsoden bildeten.

So entstanden für den Dialog dieser Komödie die sogenannten Lazzi, welches Späße sind, die eigentlich nicht zur Sache und zur Handlung gehören, und die von den Schauspielern, namentlich aber vom Harlekin, bei Stockungen des Gesprächs und zur Ausfüllung einzelner Lücken eingelegt wurden. Nach Riccoboni (histoire du théâtre italien I. 69.) bedeutet das lombardische Wort Lazzi soviel als Bänder, Schlingen, und zeigt an, daß die Unterbrechung der Scene durch solche Späße eigentlich nur zur weiteren Verknüpfung und Bindung der ganzen Darstellung, damit diese nicht auseinanderfalle, dienen solle.

Zu den stehenden Figuren der italienischen Volkskomödie gehörte aber vor allen Dingen der Harlekin, Arlecchino, dieser italienische Narr, der auch hier als Mittelpunkt und Organ der innersten Volksproductivität erscheint, dieser possenhafte Volkstribun, durch den das Volk überall seine poetische Gerechtigkeit ausübt. Der italienische Harlekin, so national er sich auch äußerlich und innerlich geformt hat, ist aber altrömischen Ursprungs, worauf zuerst Riccoboni aufmerksam gemacht hat. Seine Tracht besteht aus dreieckig zusammengehefteten Fetzen von rothem, blauem, gelbem und grünem Tuch, einem kleinen Hut, der kaum seinen geschorenen Kopf bedeckt, Schuhen ohne Hacken und einer ausgekratzten schwarzen Maske, die keine Augen hat, sondern statt deren nur ganz kleine Sehlöcher. Riccoboni findet in dieser Gestalt die

Tracht der Planipedes aus den altrömischen Mimen wieder, bei denen die geschorenen Köpfe (rasa capita) und die geschwärzten Gesichter (mimi fuligine faciem obducti) ebenfalls einen Hauptbestandtheil der Figur ausmachten. Auch erscheinen die bloßen Füße der Planipedes, wovon sie ihren Namen haben (planis pedibus), bei dem italienischen Arlecchino wieder, insofern dieser, da Beinkleider und Strümpfe bei ihm ein und dasselbe sind, jeder anderweitigen Fußbekleidung ermangelt. Die aus hundert bunten Flicken zusammengesetzte Harlekinstracht findet Riccoboni in dem Centunculum wieder, wie Apulejus in seiner Apologie die Tracht des römischen Mimen nennt. Die Italiener bezeichnen auch ihren Harlekin und seinen geistesverwandten Genossen, den Scapin, mit dem Namen Zanni, welches deutlich genug an den römischen Possenreißer Sannio erinnert, den Cicero de oratore II. 61. folgendermaßen schildert: Quid enim potest esse tam ridiculum quam Sannio est? sed ore, vultu, imitandis moribus, denique corpore ridetur ipso, worin zugleich die gymnastische Körperbeweglichkeit und Springkunst, in der sich der italienische Harlekin besonders hervorthun mußte, bezeichnet zu werden scheint.[1]

[1] Vgl. Riccoboni histoire du théâtre italien I. 5.

Der italienische Arlecchino erlitt aber später einige Umwandlungen. Der alte Arlecchino war ein muthwilliger und unverschämter Schalksnarr, der neuere wurde dagegen ein einfältiger, naschhafter und feigherziger Bediente, der sich aber für unendlich pfiffig hält und darum die dümmsten Streiche begeht. Der dumme Harlekin bildete sich endlich in bestimmter Weise zum Pierrot aus, während Harlekin selbst, namentlich in den berühmten Darstellungen des Dominique zu Anfang des vorigen Jahrhunderts bei der italienischen Truppe in Paris, seinen witzigen und verschlagenen Charakter wieder annahm.

Der Pulcinella (Policinell) ist der neapolitanische Harlekin, und soll seine Entstehung einem gewissen Puccio d'Aniello verdanken, der als ein berühmter Possenreißer unter den Landleuten in der Gegend von Acerra lebte und nachher auf die Bühne ging, wo er lange der allgemeine Liebling der Neapolitaner blieb und die ihm eigenthümliche Maske dauernd einbürgerte. Er trug auf dem Theater weite weißwollene Beinkleider, ein eben solches Hemd mit sehr weiten Aermeln, unten mit Frangen eingefaßt und mit einem schwarzen Ledergürtel um den Leib befestigt, um den Hals eine breite Leinwandkrause, auf dem Kopf eine weiße wollene Mütze, die in einen rothen Büschel zulief. Später wurde eine schwarze Maske mit einer krummen und spitz zulaufenden Nase, welche einem Vogelschnabel glich, hinzugefügt.

Die stehenden Personen dieser alten italienischen Volkskomödie hatten eine bestimmte systemartige Stellung gegen einander, aus welcher das Stück selbst gewissermaßen wie aus festgegossenen Typen, die durcheinander bewegt wurden, mit Leichtigkeit hervorgehen mußte, und A. W. Schlegel vergleicht dies Verhältniß in seinen dramatischen Vorlesungen sehr treffend mit den Steinen im Schachbrett, deren Gang im Voraus bestimmt und immer denselben Gesetzen unterworfen ist, während sich doch gerade aus diesen bestimmten und beschränkten Vorzeichnungen unendlich mannigfache Verwicklungen ergeben können. Die Schauspieler selbst, denen bei der productiven Ausführung dieser Komödien ein so großer und freier Spielraum gegeben war, konnten den Charakter dieser Personen, welche sie beständig auf der Bühne darzustellen hatten, auf das Gründlichste und Erschöpfendste durcharbeiten, und aus diesem ihnen zur andern Natur gewordenen Wesen interessante Verknüpfungen hervorgehen lassen, welche der Erfindung des Dichters nicht in diesem Umfang zu Gebote stehen konnten. So wurde das den Stücken zum Grunde liegende Scenaria bei verschiedenen Darstellungen oft in ganz verschiedener Weise ausgeführt, indem die Laune und Freiheit des Augenblicks jederzeit ihr Recht behaupten durften, wobei es freilich auch, wenn der Witz ausging, an Aushülfen durch ein erzwungenes und täppisches Gebärdenspiel, worin überhaupt ein Grundbestandtheil der italienischen Komik besteht, nicht fehlen konnte.

Unter diesen stehenden Masken ist eine der wichtigsten der Pantalon, der zuerst gegen Ende des vierzehnten Jahrhunderts auf die Bühne gekommen zu sein scheint. Er stellt einen venetianischen Kaufmann dar und spricht immer in dem weichen und humoristischen venetianischen Dialekt. Meistbin ist der Pantalon ein gutmüthiger Alter, verliebt in irgend ein Mündel oder sonst ein schönes Mädchen, von dem er natürlich getäuscht wird, indem ein jüngerer begünstigter Liebhaber ihn hinter's Licht führt. Zuweilen aber ist der Pantalon auch ein guter reicher Hausvater, und als solcher züchtigt er seine Dienerschaft und ist sehr strenge gegen seine Kinder. Seine Maske bestand in einem Barte, der rund um das Gesicht ging und vorn am Kinn in einer langen Spitze zusammenlief. Beinkleider und Strümpfe mußten aus einem Stück sein, was unsern bis auf die

Füße reichenden Beinkleidern den Namen der Pantalons verschafft hat. Anfangs waren diese Strumpfhosen des Pantalon roth; als aber Venedig in den Türkenkriegen das Königreich Negroponte verlor, mußte auch Pantalon Theil nehmen an der allgemeinen Trauer der venetianischen Republik, und er erschien deshalb in schwarzen Beinkleidern, die seitdem diese Farbe behielten, wie auch sein Oberkleid, ein kleiner kurzer Mantel mit Aermeln und schmalem Kragen, genannt die Zimarra, schwarz war.

Eine der ältesten Masken der italienischen Volkskomödie, vielleicht schon dem zwölften Jahrhundert angehörend, ist der Dottore, ein bolognesischer Arzt, der auch stets in diesem Dialekt spricht und sich als pedantischer Phrasenmacher und Raisonneur gebärdet. Daß diese Figur gerade aus Bologna, der hohen Schule der Rechtsgelehrsamkeit, hergeleitet wurde, war ohne Zweifel charakteristisch für die ursprüngliche juristische Bedeutung dieser Figur, indem die uralte Spottlust, mit welcher das Volk sich von jeher an den Rechtsgelehrten und Advocaten gewissermaßen aus einer gesunden und naturrechtlichen Opposition heraus gerieben, darin ihren Ausdruck gefunden zu haben scheint. Der Dottore trug eine drei-

1) Vgl. Napoli-Signorelli Storia critica de' teatri. III. 262.

viertel Larve, mit schwarzer Nase und Stirn, und
hochrothen Wangen.

Der Militairstand war durch den Capitano
vertreten (auch Spavento, Tracasso, Tempesta
genannt), einen großthuenden, aber dummen und
feigherzigen Bramarbas, der ein Italiener oder Spanier sein kann, und gewöhnlich in der schwarzen
spanischen Tracht erscheint. Seine Feigheit läßt ihn
aber in der Regel am Ende des Stücks den Püffen
des Harlekin erliegen. Er ging später zu Ende des
siebzehnten Jahrhunderts in den Scaramuccia über,
der aber im Charakter und Kostüm weiter keine
Veränderungen erhielt. Mehr ein Rüpel aus dem
Volke ist der Brighella aus Ferrara, der hier und
da auch als Kuppler auftritt, verschlagen, anmaßend
aber auch muthig sich benimmt, und in einem weiten, mit grünen Bändern verzierten Gewande sich
darstellt. Andere Masken waren der Giangur-
golo und Coviello, zwei calabresische Rüpel und
Fant's, Don Pasquale und Gelsomino, das
süße Herrchen aus Rom, Beltrame, der mailän-
dische Einfaltspinsel, und unbestimmte Abartungen
des Arlecchino, wie Truffaldino, Tartaglia,
Travaglino u. a. Dazu gesellten sich die Amo-
roso's und Innamorato's und die Smeral-

bina, Colombina, Spilletta und andere, welche die weiblichen Bedientenrollen auszuführen hatten. Die Frauenrollen wurden auf dem italienischen Theater lange, wie auf den alten englischen, von verkleideten Jünglingen gespielt, und erst zu Ende des sechzehnten Jahrhunderts gab es Schauspielerinnen zur Ausführung der weiblichen Charaktere.

Die verschiedenen stehenden Masken der italienischen Komödie pflegten auch in dem Dialekt ihres Orts, dem sie heimathlich angehörten, auf der Bühne zu reden. Dies dehnte der komische Dichter Ruzante aus Padua noch weiter aus, indem er in seinen sechs Komödien, welche er um das Jahr 1530 herausgab, sämmtliche Sprachdialekte Italiens auftreten ließ, welche unter die verschiedenen Personen seiner Stücke vertheilt sind und worunter man sogar einer Mischung des Neugriechischen mit dem Italienischen begegnet.

9. Die altenglische Bühne.

Die Einrichtungen und Leistungen der altenglischen Bühne, welche in der Bildungsgeschichte des modernen Drama's eine so bedeutende Stelle einnehmen, haben noch durch den Enthusiasmus einiger berühmten Kritiker und Dramaturgen Deutschlands, die darin das eigentliche Ideal aller Theaterkunst gesehen und dringend zurücksehnt haben, ein besonderes Interesse für die heutigen Theaterbeziehungen erlangt, obwohl gerade Diejenigen, welche in einer gewissen Epoche der deutschen Kritik beständig auf dies verlorene Paradies der modernen Bühnenzustände zurückkamen, wie August Wilhelm Schlegel und Ludwig Tieck, uns die gründlicheren Erörterungen darüber schuldig geblieben sind, für die namentlich Tieck, zu seinem wohl schwerlich mehr zu erwartenden Buche über Shakspeare, ohne Zweifel unschätzbare Materialien aufgesammelt hat.[1]

Wenn man aber in dem altenglischen Theater gewissermaßen den freien Naturzustand der modernen Bühne erkennen will, einen Zustand, in welchem dem inneren lebendigen Gedanken der Darstellung am wenigsten die Fessel äußerlicher Convention und die Bedingung materieller Täuschungsmittel auferlegt wurde, so zeigt sich ein Irrthum nur darin, daß das Bestehen dieser Vorzüge lediglich von den altenglischen Bühnen-Einrichtungen hergeleitet und danach

[1] Vgl. A. W. Schlegel, Vorlesungen über dramatische Kunst und Literatur. II. 2. Abth. S. 259. — Ludwig Tieck, dramaturgische Blätter (Berlin 1826) an mehreren Stellen; und Vorrede zu Tieck's altenglischem Theater (Berlin 1811).

benannt werden soll, während nicht nur die Mysterien-Bühnen aller neueren Völker sich fast durchweg in denselben wildgewachsenen Naturformen der theatralischen Repräsentation darstellen, sondern auch namentlich das alte spanische Theater eine der altenglischen Bühne durchaus gleichmäßige Ausbildung und Einrichtung genommen.

Die kritische Mode, welche die von Kostüm und Decoration freie Naturbühne als die vorzugsweise altenglische bezeichnete, entstammt daher eigentlich nur den Lieblingsrichtungen und Beschäftigungen der Kritik der romantischen Schule, welche sich mit ihrem besten und großartigsten Instinct an Shakspeare festgesogen hatte, und wie sie in dessen Poesie mit Recht die höchste Musterform des modernen Drama's erkannte, so auch in dem altenglischen Bühnenwesen vorzugsweise das Beispiel einer den wahren geistigen Interessen der Kunst entsprechenden Organisation aufstellen wollte. Diese Bestrebungen wurden damals freilich zum Theil mit einer Art von kritischem Feuerlärm betrieben, welcher selbst einem Goethe, dem sonst die tiefste Würdigung des Shakspeare'schen Genius nicht abzusprechen war, den auch literarisch festgehaltenen Stoßseufzer „Shakspeare und kein Ende!" abpreßte.

In unseren heutigen Theaterverhältnissen sind wir freilich schon durch die eingetretene gänzliche Richtungs- und Formlosigkeit unbefangener und parteiloser in diesem alten Streit geworden, der jedoch als ein die Lebensfrage der modernen Bühne berührender sein Interesse behalten und oft genug, wenn wir unser Bühnenwesen unter der Masse seiner übernommenen conventionellen Verpflichtungen zusammensinken und mehr und mehr geistig wie künstlerisch erliegen sehen, sich von Neuem in uns anregen muß. Vornehmlich ist es die übertriebene Ausbildung des Decorationswesens, welche die Entartung der heutigen Theaterkunst zu einer bloßen Luxusangelegenheit uns auf eine fast rettungslose Weise vor Augen legt, und von der um so schwieriger wieder abzubiegen sein wird, da sich zugleich die Fortschritte des artistischen Geschmacks und die Anforderungen der verfeinerten gesellschaftlichen Bildung, die überhaupt das Theater mehr und mehr bestimmt, darin begegnet sind.

Je üppiger aber die Theater-Convention in dieser Hinsicht sich ausgebildet, indem sie unter dem Vorwand der realen Genauigkeit alle inneren Dimensionen in der Welt des Dichters auch zu äußerlichen machen und als ein im Raume festgehaltenes Bild ausführen will, desto enger ist der geistige und dichterische Kreis des Theaters geworden und besto mehr haben sich die Gränzen der dramatischen Darstellung, die innere Bewegungsfähigkeit des Drama's selbst, verkürzt. Denn es konnte nicht ausbleiben, daß durch dies übermäßige bildliche Heraustreten der Raumverhältnisse eines Gedichts, die am Ende den eignen Inhalt an Ansprüchen überragen, für den letzteren selbst eine Beeinträchtigung seiner Freiheit entstehen mußte, und das Phantom des Theatermäßigen und theatralisch Darstellbaren, dem an und für sich im inneren Wesen der Kunst selbst gar kein Recht und keine Stelle gegeben werden kann, ist vornehmlich aus dem künstlich raffinirten und abenteuerlich genauen Decorationswesen und Decorationswechsel der modernen Bühne aufgestiegen.

Dies Erforderniß der Theaterhörigkeit hat sich auf unseren Bühnen in der neueren Zeit nur immer greller und engherziger ausgebildet, und bezeichnet recht eigentlich den in sich unfreien Zustand der heutigen Theaterkunst, indem es die tyrannische Formel geworden, deren der Handwerksgeist sich gegen das schaffende Genie bedienen kann, eine im Munde aller Theater-Directoren geläufige Schreckens-Kategorie, welche das amtliche Schema zur Zurückweisung aller höheren dramatischen Dichtung schon seit langen Jahren bei uns abgiebt.

Ein buntgeschminktes Gespenst, welches aus der Vermischung des Luxus und der gesellschaftlichen Convention mit der modernen Phantasielosigkeit zusammengeknetet worden, ist diese Kategorie des theatralisch Darstellbaren der Idee der Kunst gegenüber um so weniger haltbar, da sie gerade von Denen, welche sie selbst erfunden und lediglich als einen Handwerkskniff immer weiter aufgeschraubt haben, nämlich den Theater-Directoren und Theater-Speculanten selbst, einzig und allein zur mercantilen Ausbeutung ihres Geschäfts festgehalten wird.

Es ist zwar nicht abzuläugnen, daß die heutige Decorations-Maschinerie, ebenso wie das Kostümwesen, an sich auf einer hohen Stufe der artistischen und technischen Vollendung sich zeigt, und eine malerische Zusammenfassung des Bühnenbildes oft zur Erhöhung des Gesammteindrucks der Dichtung selbst leistet. Die neueste Zeit hat in dieser Bühnen-Malerei immer größere Fortschritte gemacht, wozu auch namentlich die Einführung der an den Seiten geschlossenen Decorationen gehört, welche eine äußere Abrundung der Scene hervorbringen, während früher die gebrochenen Linien der Seiten-Coulissen die Einheit der Anschauung (welche durch die Decoration fast immer beeinträchtigt wird) auch für das Auge störten.

Mag sich aber das Decorationswesen noch so kunstgerecht ausbilden, so wird es doch innerhalb der dramatischen Kunst und für dieselbe in der Regel nur einen zweideutigen Werth in Anspruch nehmen können, indem es schon eine Vermischung verschiedener Kunstsphären veranlaßt, und da eine sinnliche Wirkung der Malerei herbeizieht, wo das Drama an die Phantasie des Zuschauers selbst appelliren und mit Hülfe derselben die schöpferische Verwandlung von Raum und Zeit auf seinem eigenen dichterischen Grunde vollbringen und gestalten will.

Die Anwendung der Decoration, als einer sinnlichen Ergänzung und Ausführung des Dichters, ist eigentlich in ihrem Ursprung als eine italienische Erfindung zu bezeichnen, und entstammt jener Zeit der italienischen Hof-Aesthetik, welche zuerst in ritterlichen und romantischen Aufzügen, in theatralisch veranstalteten Turnieren und Maskenfesten, und bald auch in den Bühnenspielen selbst, die Pracht und den Aufwand fürstlichen Lebens entwickelte. Zu diesem Zweck einer ästhetischen Bethätigung der Fürstengröße konnten freilich nicht Effecte und Gewaltmittel genug aufgeboten werden; Maschinerieen aller Art wurden in Gang gebracht, um den Reiz des Seltsamsten und Unerhörtesten bei solchen Festen zu verbreiten, und wie man den **Wein in Röhren auf die Straße sprützte, um dem Volke eine Ueberraschung zu bereiten**, so durfte es auch auf der Bühne an Maschinerieen nicht fehlen, welche aus der Kunst selbst ein wahres Hoffest zu machen im Stande waren.

Aus dieser Veranlassung wurden zunächst die Gränzen der reinen Poesie durchbrochen, und ihr in der Malerei, im Tanz und in der Musik Gehülfen beigegeben, welche ihrer Gedankenwürde bunte Lappen unterbreiteten, auf denen sie sich festlicher und einschmeichelnder und mehr den hohen und höchsten Herrschaften gemäß ausnehmen sollte. Diese Richtung wurde in der Erfindung der italienischen Oper auf ihre Höhe gebracht, und die italienische Oper, dieser seltsame Mischmasch gesellschaftlicher Convention und künstlerischer Unwürde, ist es eigentlich, welche auch dem Decorationswesen der modernen Bühne in seiner ganzen raffinirten Zusammensetzung und in seinen auf schwache und flügellose Geister berechneten Täuschungen den Ursprung gegeben hat. —

Die älteste Gestalt der englischen Bühne, in der man vorzugsweise den Zustand der freien Naturbühne anzuerkennen pflegt, trifft im Wesentlichen ganz mit der theatralischen Oekonomie zusammen, welche auch in Spanien, Frankreich und Deutschland bei den Aufführungen der alten Mysterien und der ihnen zunächst folgenden dramatischen Spiele zur Anwendung gekommen war. Diese alte Einrichtung gewann aber in England allerdings dadurch noch eine umfassendere Bedeutung für das ganze Wesen der modernen dramatischen Poesie, daß sie noch zur Zeit der höchsten und ausgebildetsten Schöpfungen des dramatischen Genius bestehen blieb, und auf das innere Leben und Gestalten derselben einen auch heute noch unverkennbaren und gewissermaßen nachwirkenden Einfluß gewann. Denn wenn man die große schöpferische Freiheit und kühne Bewegungskraft des Shakspeare'schen Drama's wesentlich begünstigt sehen muß durch jene aller conventionellen Fesseln noch ledigen Bühneneinrichtungen seiner Zeit, so wirkt dieser Umstand heut zugleich ungünstig auf sein fortlaufendes Verhältniß zum modernen Theater nach, welchem er in seiner inneren Bedeutung unentbehrlich und unentziehbar ist, auf dem er aber je länger je mehr benachtheiligt und unheimisch gemacht worden, weil die heutige künstliche Theaterscenerie Das materiell ausführen und sinnlich festhalten will, was der Dichter, gestützt auf die der Phantasie überlassenen Formen seiner Bühne, lediglich in seinem geistigen Zusammenhang und in seiner idealen Nothwendigkeit frei hinstellen konnte. Durch dies Verhältniß sind viele Stücke Shakspeare's bei uns schon fast undarstellbar geworden, indem der Scenenwechsel, der damals geistig bestritten, und nur so mit allen seinen Ansprüchen ertragen werden konnte, durch die heutige Bühnenausführung einen ungeheuern Tumult hervorbringt, der im Zufälligen leicht das Hauptsächliche untergehen läßt. Dies hat sich bei den am meisten auf der deutschen Bühne eingebürgerten Stücken Shakspeare's, wie Macbeth, Hamlet, Romeo und Julia und anderen, mehr und mehr auf eine alle dichterische Illusion zerstörende Weise geltend gemacht, und so kommt zu den vielen Mißständen, welche in der Richtung der heutigen Bühne liegen und ihren Fortbestand als Kunstanstalt längst in Zweifel gestellt haben, auch noch der hinzu, daß die moderne Ausbildung der künstlichen Scenerie das Theater der Gegenwart abschneidet von denjenigen Großthaten der dramatischen Kunst, welche noch heut für die entscheidenden gelten müssen. Ludwig Tieck hat uns in seiner scenischen Einrichtung des Sommernachtstraums für die Berliner Bühne den Bau der altenglischen Scene in einer gechickten und wirksamen Nachbildung vor Augen gestellt, obwohl er bei seinen eigenen Stücken, welche er in Berlin zur Aufführung bringen ließ, namentlich beim **Blaubart und gestiefelten Kater,** zu dem modernen Decorationswesen im allerkünstlichsten Maaßstabe zurückgekehrt ist, welches ihn besonders bei dem erstgenannten Stücke, ungeachtet des märchenhaften Grundes, zu einer durchaus raffinirten Anwendung der Coulisse geführt hat. Insofern dies die bedeutendsten Spuren sind, welche man von Tieck's dramaturgischer Thätigkeit in Berlin gewahr geworden, und wobei zugleich sein so oft beregtes Verhältniß als Reformator des deutschen Theaters in dessen Zurückführung auf die altenglische Naturbühne wieder zur Frage gekommen, könnte hier auf den dabei zu Tage liegenden und heutzutage vielleicht unvermeidlichen Widerspruch aufmerksam gemacht werden.

Der so bedeutungsvolle Hauptunterschied der heutigen Theaterzustände und der altenglischen besteht eben darin, daß jene Bühne die bewegliche Scenerie nicht kannte, welche heut aus dem modernen Theater eine Zwangsanstalt für den schaffenden Dichter gemacht hat. Die ökonomischen Verhältnisse der alten Bühneneinrichtung hatten sich dabei vornehmlich folgendermaßen gestaltet.

Die einfache und nur die nothwendigste materielle Grundlage darbietende Ausstattung der alten englischen Schauspielhäuser erstreckte sich ebenso auf den Zuschauerraum wie auf die Oekonomie der Bühne selbst. Auf den Abbildungen, welche man noch von einigen dieser Häuser besitzt, erblickt man ein rundes, einem Festungsthurm vergleichbares Gebäude von Holz, auf dessen giebelartiger Zinne eine Fahne flatterte, die während der Zeit der Darstellungen ausgesteckt war.[1] Dies Gebäude stand gewöhnlich oben offen, und führte schon dadurch die Bedingung mit sich, daß beim hellen Tage gespielt werden mußte (zur Zeit Shakspeare's von ein Uhr bis nach drei Uhr Nachmittags) und eine künstliche Beleuchtung der Scene ausgeschlossen blieb. Eine Reihe von Logen, welche im Innern des Zuschauerraums umherliefen, nahm den Hof und die zu ihm gehörende Gesellschaft auf, und über den Logen waren Gallerien angebracht (auch das Schaffot, scaffolds, genannt), in welchem das größere Publikum seine Plätze fand, die im Preis und Ansehen mit denen im Parterre auf einer gleichen Stufe gestanden zu

---

[1] S. eine solche Abbildung bei Malone, historical account of the rise and progress of the english stage p. 66.

haben scheinen.[1] Dies Parterre, Pit, bildete den eigentlichen Hofraum des Hauses, und bot den Zuschauern keine Sitzplätze dar. In den Theatern, welche, wie dies noch zur Zeit der Königin Elisabeth häufig geschah, in den Gärten der Schenken aufgeschlagen wurden, war es der offene Gartenraum selbst, welcher zum Pit eingerichtet wurde. Unter dem Namen der Gründlinge des Parterre's, wie sie Shakspeare nannte (groundlings, oder Ben Jonson: the understanding gentlemen of the ground) scheinen die Besucher dieses Theaterplatzes schon frühe als die eigentlich richtende Volks-Instanz des Schauspiels angesehen worden zu sein. Vor Beginn der Darstellung aber vertrieben sich die englischen Zuschauer in alter Zeit auf die mannigfachste Weise die Zeit, Einige durch Lesen, Andere durch Kartenspielen, Aletrinken und Tabackrauchen, welches letztere auch die Damen theilweise nicht verschmähten.

Manche Zuschauer hatten auch ihre Plätze auf der Bühne selbst, dicht neben den handelnden Schau-

---

[1] In den vornehmen Schauspielhäusern, wie im Globe und Blackfriars, betrug der Eintrittspreis für diese Theile des Theaters Sixpence, in den geringeren nur einen Penny oder zwei; in den Logen, zu Shakspeare's Zeit, einen Shilling, später auch zwei, und eine halbe Krone. Vgl. Malone, historical account p. 77.

spielern; ein Gebrauch, der in Frankreich noch bis zur
Zeit Voltaire's sich theilweise erhalten zu haben
scheint; in England aber, wie man aus verschiedenen
Anspielungen in alten Stücken ersieht, die seltsamste
Ausdehnung gewonnen hatte. Der Umstand, daß
die Bühne selbst mit einem leichten Strohdach bedeckt
war und darum allein im Hause Schutz gegen Wind
und Wetter gewähren konnte, scheint zuerst Veranlassung gegeben zu haben, daß man hier zu beiden
Seiten der Scene Stühle für Damen und Kavaliere
des Hofes hinstellte. Bald scheinen aber auf diesen
Plätzen auch die Kritiker und modischen Schöngeister
des Tages sich vorzugsweise eingenistet zu haben.
Der Preis für einen Stuhl auf der Bühne betrug,
je nach der bequemen und angenehmen Situation,
die er gewährte, einen Sirpence oder einen Shilling.[1]
Einige dieser Modeherren benutzten solche Bühnen-
plätze, auf denen sie die Aufmerksamkeit des ganzen
Publikums auf sich zogen, zu geckenhafter Rüpelei,
und ließen sich von ihren Bedienten begleiten, welche
ihnen mit Pfeifen und Taback aufwarten mußten,
wo sie denn die Bühne tapfer mit ihren Rauchwol-
ken anfüllten, was damals etwas weniger auffallend
sein mochte, als es bei uns sein würde, da überhaupt

[1] Malone, historical account p. 81.

während des Schauspiels auch auf den anderen Plätzen des Hauses geraucht wurde.[1]

Wir ersehen schon aus diesem Zuschnitt des ganzen Bühnenwesens von der Zuschauerseite her, daß man mit dem größten und natürlichsten Behagen, und ohne alle besonders formelle und conventionelle Veranstaltungen, sich zur Aufnahme dieses Genusses anschickte. Schon diese Besetzung der Bühne mit Zuschauern, welche dabei ihre Privatbequemlichkeiten verrichten durften, zeigte an, daß man sich hier keine künstliche Illusion bereiten wollte, und daß, wenn hier überhaupt etwas zur Erweckung eines höheren Interesses gethan werden sollte, dies nur durch diejenige geistige Kraft der Dichtung selbst geschehen konnte, welche, um die biblische Bezeichnung des Glaubens darauf anzuwenden, Berge zu versetzen im Stande ist, und mit ihren rein idealen Mitteln eine Wirklichkeit hervorzaubern muß, die in sich selbst und in ihren innersten Gründen eine so unzweifel-

---

[1] So heißt es in einem alten Stück: Springes for Woodcocks, by Henry Parrot (1613):

When young Rogero goes to see a play,
His pleasure is, you place him on the stage,
The better to demonstrate his array,
And how he sits attended by his page,
That only serves to fill those pipes with smoke,
For which he pawned hath his riding-cloak.

hafte Lebensstärke trägt, daß sie über alle anderen Täuschungen wie mit einem Schlage hinaushebt und keiner äußerlichen Unterstützung zu ihrer Glaubwürdigkeit mehr bedarf.

Wäre nicht eine solche Hingebung an die innere Wesenheit der Poesie und ein solches Vertrauen, daß derselben durch nichts Aeußeres geschadet und auch durch nichts Aeußeres aufgeholfen werden könne, wirklich in den Zuschauern als lebendig vorauszusetzen gewesen, so würde nicht der höchste dramatische Genius der neueren Zeit gerade unter diesen Umständen sich so gewaltig und innerlich schwungvoll haben ausbilden können. Vielleicht trugen aber eben diese Verhältnisse nur dazu bei, die geistige Potenz der dichterischen Kraft nach Innen hin zu steigern, und diese bewegliche und stürmische Gluth der dramatischen Phantasie zu entzünden, welche das Leben mit dieser unabweisbaren Macht seines Werdens und Bestehens aus sich selbst hinstellt und mit titanenhafter Anstrengung alle Urquellen des Daseins aufzuziehen scheint, wie wir dies an Shakspeare, aber auch an dem Streben mancher seiner zeitgenössischen Dichter, das freilich nicht gleich dem seinigen zur Reife gekommen, erblicken.

Auch für die höhere Anregung des Schauspielertalents, lag eine besondere Gunst in diesen alten rohen Theaterverhältnissen. Die Schauspieler fanden in den äußeren Prunk- und Täuschungsmitteln der Scene keine Unterstützung, und hatten deshalb, um das von ihnen dargestellte Leben wirksam und glaubhaft zu machen, nur zu den inneren Springquellen des Talents selbst ihre Zuflucht zu nehmen. Sie wären verloren gewesen, wenn sie bloß Handwerker oder gesellschaftlich dressirte Gaukler ihrer Kunst waren, weil sie dann unter den Verhältnissen, unter denen sie spielten, hätten erdrückt und gänzlich wirkungslos gemacht werden müssen, was unseren heutigen Schauspielern, so wie sie jetzt sind, unfehlbar begegnet wäre. Aber die Vortrefflichkeit der Schauspieler zu Shakspeare's Zeit bewies eben, daß ihr Talent um so mehr gedeihen konnte, je mehr sie sich unter solchen Umständen auf das Zusammennehmen ihrer ganzen geistigen künstlerischen Kraft angewiesen sahen. Denn die Schauspieler sind als solche immer besser, je roher die Sphäre ist, in der sie sich bewegen. Je verfeinerter und abgeschliffener aber die Verhältnisse des Schauspielers und die Bedingungen seines Auftretens werden, desto schwächer wird es in der Regel mit seinem Talent aussehen.

So ist auch schon der Bau der heutigen Schauspielhäuser, die immer mehr eine rein gesellschaftliche Zustutzung und die Einrichtung eines modischen Salons erhalten haben (was auch zum Theil von den meisten neueren Kirchenbauten zu sagen), charakteristisch für die Richtung einer Kunst, welche sich in Aeußerlichkeiten und in mechanischen Formen verloren, und statt ihrer inneren idealen Gesetze nur noch das herrschende Maaß der gesellschaftlichen Dressuren kennt! —

Wir gehen jetzt zur Betrachtung der englischen Theaterscene selbst über, wie sie sich nach dem angenommenen Grundsatz, nur die geistige Natur des Drama's selbst walten zu lassen, gestalten mußte. Hier sehen wir, wie die ganze Magie der scenischen Verwandlung dem Dichter überlassen bleibt, indem sich die Scene für den Zuschauer lediglich mit einigen Gardinen und hängenden Teppichen schmückte, die nur zuweilen mit Gemälden ausgeziert gewesen zu sein scheinen. Wenn Tragödien dargestellt wurden, so scheint die Bühne auch zuweilen mit Schwarz ausgehangen worden zu sein, wie aus mehrfachen Hindeutungen in alten englischen Stücken hervorgeht.[1]

[1] In der Einführung zu einer alten Tragödie: A warning for fair Women (1599), treten drei Personen unter dem Namen der Tragödie,

Einen charakteristischen Anhalt für die scenische Darstellung gab aber ein auf der Bühne befindlicher Balcon, oder, wie man es auch nennen kann, eine Oberbühne ab, deren Plattform gewöhnlich acht oder neun Fuß über den unteren Boden der Bühne hervorragen mußte, und, wie es scheint, auch von Säulen getragen wurde. Von dieser Oberbühne herab wurde in vielen altenglischen Stücken ein Theil des Dialogs gesprochen, und die Vorhänge, welche an der Vorderseite desselben herabhingen, dienten dazu, um die handelnden Personen gelegentlich und wo es erforderlich war, den Augen der Zuschauer zu verbergen. Ueberhaupt konnte durch diese Vorrichtung die Scene sich in ihrer Mannigfaltigkeit und Beweglichkeit ebenso bequem als anschaulich gruppiren, indem die Schauspieler bald den oberen, bald den un-

---

Komödie und Historie auf, welche sich untereinander über den Vorrang streiten, in welchem Streit die Tragödie den Sieg davonträgt, worauf Komödie und Historie sich mit folgenden Worten zurückziehen:

Historie.
Look, comedy, I mark'd it not till now,
The stage is hung with blacke, and I perceive
The auditors prepar'd for tragedy.

Komödie.
Nay then, I see she shall be entertain'd.
These ornaments beseem not thee and me;
Then tragedy, kill them to-day with sorrow,
We'll make them laugh with mirthful jests to-morrow.

Vgl. Malone, historical account p. 114.

teren Theil der Bühne, dem Bedürfniß und dem Gang der Darstellung gemäß, zu ihrem Auftreten bestimmen konnten. An jeder Seite dieses Balcons war eine Vertiefung oder Loge angebracht, die auch zum Behuf der Darstellung benutzt worden zu sein scheint, in der Regel aber wohl zur Aufnahme von Zuschauern diente, die darin für einen wohlfeileren Preis Plätze angewiesen erhielten. —

Wie die Einbildungskraft der Zuschauer als eine selbstthätige von dieser Scene in Anspruch genommen wurde, schildert uns Philipp Sidney in seiner „Vertheidigung der Poesie" (Defence of Poesie, 1595), worin er den Zustand des Drama's und der Bühne seiner Zeit (um das Jahr 1583) unter Anderem folgendermaßen beschreibt: „Jetzt erblickt man drei Damen, welche umherwandeln und sich Blumen pflücken, und dann müssen wir glauben, daß die Bühne ein Garten ist. Alsbald erhalten wir aber Nachrichten von einem Schiffbruch auf demselben Platze, und wir müßten uns schämen, wenn wir nicht sofort einen großen Felsen dort sehen wollten. Plötzlich aber steigt ein häßliches Ungeheuer mit Feuer und Rauch daraus hervor, und die unglücklichen Zuschauer sind natürlich verpflichtet, die Bühne für eine Höhle anzusehen, während zu gleicher Zeit zwei Kriegsheere herangeflogen kommen, die durch vier Schwerter und Schilder repräsentirt werden, und dann würde ein hartes Herz dazu gehören, wenn man das Theater nicht auf der Stelle für ein Schlachtfeld ansehen wollte. Wenn unsere Dichter so den Ort behandeln, so springen sie noch bei weitem freigebiger mit der Zeit um. Hat sich ein junger Prinz in eine schöne Prinzessin verliebt, so geräth nach mancherlei Unglück und Wirrsal dieselbe zuletzt in interessante Umstände, und bringt zum richtigen Termin einen gesunden und wohlgebildeten Knaben zur Welt. Dieser geht verloren, wird wiedergefunden, wächst heran, verliebt sich, und wir würden ihn ebenfalls noch wieder als Vater erblicken, wenn nicht endlich der Vorhang heruntergelassen würde!" —

Dieser Spott der zeitgenössischen Kritik, den wir aus Sir Philipp Sidney's Munde vernehmen, muß uns aber um so mehr als ungerecht erscheinen, weil darin die höhere eigenthümlich nationale Bedeutung unbegriffen bleibt, welche die englische Bühne gerade in diesem Durcheinanderwerfen von Zeit und Ort gleich bei ihrer ersten Ausbildung sich eroberte. Es wird dadurch der freie Grund des modernen nationalen Drama's gelegt, das sich sein eigenthümliches Lebenselement auch durch neue Kunstgesetze bestimmt, und zu dieser seiner Constituirung zuerst die einer andern Weltanschauung angehörige Zeit- und Orts-Einheit des antiken classischen Drama's von sich abweist. Das romantische Volksdrama der modernen Zeit nimmt hier wahrhaft seinen Anfang, und zwar in einem unmittelbaren Gegensatz zu den Kunstbegriffen der antiken Classicität und des römischen und griechischen Drama's, über welchen uns die kritische Stimme des Ritters Sidney anschaulich genug belehrt. Als die Begründer des nationalen Drama's der neueren Völker sind aber die Engländer und Spanier mit um so entschiedenerem Ruhm anzusehen, als sie dasselbe zugleich in den größten und glänzendsten Formen zu seiner Vollendung zu bringen wissen.

Bei den Franzosen und Italienern stehen ihre ersten dramatischen Volksdarstellungen ebenfalls in einem Gegensatz zu dem classischen Alterthum, aber so, daß sich in das letztere die nach Höherem strebende Kunstproduction gewissermaßen wieder hineinrettet, weil sie mit den eigentlichsten nationalen Elementen, die sie in der Gegenwart vorfindet, entweder nichts anzufangen weiß, oder sie nicht mehr frei zu berühren und in Handlung zu setzen wagt. Bei den Italienern ist es der Druck und die Unfreiheit der öffentlichen, politischen und religiösen Verhältnisse, weshalb sie sich in die antike Classicität zurückflüchten, auf welche sie die erste kunstmäßige Ausbildung ihres Theaters begründen. Bei den Franzosen aber fällt die classische Gestaltung des Drama's, nach den Regeln und Figuren der antiken Welt, mit der Begründung der absoluten Monarchie zusammen, die auch für die Geschichte des Drama's von so wichtiger Bedeutung geworden. In der absoluten Monarchie kann der schaffende Volksgeist nicht mehr als solcher zu seiner Anerkennung und Bethätigung gelangen, aus dem Volksgeist ist bloßer Unterthanenverstand geworden, und es wird dann lieber gesehen, daß derselbe sich mit Griechenland und Rom, als mit seinen eigenen Angelegenheiten und Lebensformen beschäftige. In solchen Zeiten war das Theater bei den Italienern und Franzosen classisch geworden. Bei den Engländern und Spaniern aber, die zur Zeit ihrer ersten dramatischen Gestaltung beide das Volk der politischen Freiheit waren, schlug das Drama den eigenthümlichen Bildungsweg der nationalen Romantik ein, welche Romantik ursprünglich nichts Anderes war, als der auf seinem eigenen Lebensgrunde sich frei und behaglich gestaltende Volksgeist selbst.

Wir sehen seit dieser Zeit gewissermaßen zwei

Systeme der modernen dramatischen Kunst sich entwickeln, das classische System, welches die Unfreiheit der schaffenden Subjectivität unter den glänzenden und ruhmvollen Traditionen der antiken Welt bemäntelt, und dazu der gemessenen Regel der alten Kunst gewissermaßen als eine Erleichterung dieses Zwanges bedarf, und das romantische System, in dem die frei gewordene Subjectivität des modernen Volksgeistes sich den Ausdruck der eigenen Wirklichkeit schafft, wodurch das Drama wesentlich die Gestaltung des nationalen Lebensstoffes wird. Die Engländer, und gleichzeitig mit ihnen die Spanier, sind die beiden großen und schöpferischen Vertreter des romantischen Drama's, oder des Drama's, als eines frei menschlichen und zugleich wahrhaft modernen Lebensausdrucks, und die Schaubühne beider Nationen, obwohl in größter Unabhängigkeit von einander entstanden, und in der Ausbildung der Formen selbst entschieden abweichend, hat darum doch immer eine bedeutende innere Verwandtschaft aufgewiesen, die hauptsächlich in dieser freien Ergreifung aller Gegensätze der Wirklichkeit, welche der Begriff der wahren Romantik ist, besteht.

Es ist aber zu bemerken, daß die beiden Völker, welche auf ihrem eigenthümlichen Lebensboden ein romantisches und nationales Drama gestalten, zugleich diejenigen sind, in denen das Wesen constitutioneller Staatsverfassung ursprünglich und gewissermaßen naturwüchsig lebt, die Spanier, bei welchen die uralten Cortes dem Könige den Eid leisteten, indem sie sagten: wir sind soviel als Du und vermögen noch mehr! und die Engländer, bei denen es eigentlich nur eine Idee giebt, die als solche eine allgemeine und unumstößliche Gültigkeit erlangt hat, nämlich die Idee der constitutionellen Freiheit. Wenn die Völker, die bloß eine Hofregierung und eine Hofkunst haben, sich in diesen Zeiten nach den classischen Idealen der antiken Welt zurückwenden, so liegt darin eine tiefe historische Bedeutung, denn das antike Ideal ist zugleich das Ideal des objectiven Müssens, das Ideal der Antike ist diejenige Darstellung, in welcher das göttliche Leben des Objects an und für sich zu seinem Rechte und zu seiner Befriedigung gelangen will. Die schaffende Persönlichkeit der Alten hatte sich selbst noch gar nicht im Sinne, sondern sie lag in den harten Banden der Objectivität gefesselt. Dagegen arbeitet die Romantik zuerst den Gegensatz des freien Subjects gegen das antike Leben durch. In dem nationalen romantischen Drama wird die moderne Volkswirklichkeit selbst zuerst lebendig, und besonders ist es das Princip der romantischen Ehre, welches als der Hauptangelpunkt der dramatischen Erfindungen und Verwickelungen erscheint. Für die antike classische Persönlichkeit aber, die überhaupt noch nicht diese dramatische Reizbarkeit der Subjectivität besitzt, besteht das Princip der Ehre noch nicht als dieses höchste Pathos des ganzen Lebens, und deshalb steht man auch in Zeiten der politischen Unfreiheit und der absoluten Monarchie, wo die individuelle Ehre zurückgedrängt ist, eine besondere Bemühung eintreten, die Völker antik und classisch zu machen.

Die Freiheit der Scene von allen conventionellen Bedingungen, wie wir sie in der altenglischen Bühneneinrichtung geschildert haben, bildete also zugleich die eigentliche romantische Grundlage, auf der das moderne Drama in seiner nur dem Gedanken gehorchenden Bewegung hervorgehen konnte. Diese Bühneneinrichtung erhielt sich jedoch freilich nicht lange in den ursprünglichen Formen, sondern es trat, indem die Anforderungen des gesellschaftlichen Luxus auch für die Bühnen sich steigerten, mit der Zeit auch eine immer größere Beweglichkeit der Scenerie durch Verwandlungen mit gemalten Decorationen und künstlicher ausgebildeten Maschinerieen hervor. Als das erste Beispiel einer englischen Theaterdarstellung mit Veränderung der Scene führt Malone eine zu Ehren des Königs Jacob zu Orford im August 1605 gespielte Tragödie an, in welcher, nach dem Bericht eines Zeitgenossen die Scene vermittelst bemalter Gardinen dreimal verändert wurde.[1] Die Herstellung der Scenerie wurde einem gewissen Inigo Jones zugeschrieben, der überhaupt in dieser Zeit als ein großer Decorationskünstler genannt wird, und dem man, wie es scheint, in England die Ausbildung aller künstlichen und materiellen Täuschungen der Scene zuzuschreiben hat.

Sobald das hofgesellschaftliche Interesse mehr in die theatralischen Darstellungen hineingriff, trat auch die Decoration immer anspruchsvoller in die ihr früher vorenthaltenen Rechte ein. Dies scheint vornehmlich der Fall bei den sogenannten Masken (Masques) gewesen zu sein, unter welchem Namen sich die alten Moralitätenspiele noch zu Anfang des siebzehnten Jahrhunderts bei Hofe forterhalten hatten, und die gewissermaßen eine hofmäßige Verarbeitung dieser alten Volksdarstellungen, damit aber auch eine glänzendere artistische Ausstattung derselben,

[1] Malone, historical account of the rise and progress of the english stage p. 86.

aufzeigten.[1] Diese Masken bildeten längere Zeit hindurch eine Lieblingsunterhaltung des englischen Hofes, besonders aber an dem Jacobs I., und man sah darin schon Triumphwagen, Burgen, Felsen, Höhlen, Tempel, Säulen, Wolken, Flüsse, Tritonen und dergleichen auf der Scene erscheinen. Ein durch außerordentliche Decorationsleistungen dieser Art besonders hervorragendes Stück scheint das von Thomas Heywood verfaßte: Love's Mistress or the Queens Masque gewesen zu sein, welches im Jahre 1636 in Denmark-House vor den Königlichen Majestäten aufgeführt wurde. In der Vorrede stattet der Dichter dem „bewundernswürdigen Künstler", Mr. Inigo Jones, seinen Dank für die seltenen Decorationen ab, durch welche er zur Verherrlichung seines Stückes beigetragen, indem derselbe „jedem Act, ja fast jeder Scene, durch seine ausgezeichneten Erfindungen einen so außerordentlichen Glanz verliehen, und bei jeder Gelegenheit, zur Bewunderung aller Zuschauer, die Bühne verändert habe". Derselbe Inigo Jones, der zugleich eine Art von Hof-Charge in dieser Beziehung bekleidet zu haben scheint, wird auch wegen ausgesuchter und noch nie gesehener Maschinerieen gerühmt, die er zu dem Stück

---

[1] Percy, Reliques of ancient English Poetry I. 2.

eines damals sehr bekannten Dichters, William Cartwright, unter dem Titel: der königliche Sklave (the royal slave, im August 1636 zu Oxford vor dem Hofe aufgeführt) anfertigte, und wo besonders ein Tempel der Sonne, eine Stadt mit einem Gefängniß an der Seite, ein Wald, ein Palast und eine Burg die Veränderungen der Scene ausmachten.[1]

An der Anwendung einer gewissen Maschinerie fehlte es freilich schon auf den alten Mysterien- und Moralitäten-Theatern nicht, aber sie bestand nur in der allerrohesten Veranstaltung, um einen Gott, einen Heiligen oder einen Teufel in wirksamer Ueberraschung auf die Erde herab- oder heraufsteigen zu lassen. Von Malereien kam in früherer Zeit vielleicht nur der Himmel vor (the heavens, wie die innere Bedachung der Bühne genannt wurde), und zu dessen Darstellung man himmelblau bemalte Stücke Leinwand oben über das Theater ausspannte. Eine eigentliche Veränderung der Scene blieb jedoch noch bis auf die erwähnten Hofvorstellungen unbekannt, und besonders ist Shakspeare's Bühne, wie aus vielen zuverlässigen Berichten und aus manchen seiner eigenen scenischen Andeutungen hervorgeht, bestimmt als eine allem künstlichen Decorationswesen fremde

[1] Malone, historical account p. 91.

anzunehmen. Die Fallthüren scheinen jedoch schon frühe auf der englischen Bühne im Gebrauch gewesen zu sein, und wahrscheinlich war es, nach der Annahme englischer Kritiker, auch nur eine solche, vermittelst deren die Grabscene in Shakspeare's Romeo und Julie dargestellt wurde, wo man gewiß Julien's Grabmonument nicht auf der Bühne sah; sondern Romeo öffnete nur mit seinen Werkzeugen eine der Fallthüren des Theaters, und stieg dann durch dieselbe in ein Gewölbe unter der Bühne herab. („Why I descend into this bed of death.") Auch scheint es noch in der ersten Periode Shakspeare's üblich gewesen zu sein, den Mangel an Scenerie einfach dadurch unschädlich zu machen, daß man den Namen der verschiedenen Plätze, in welche sich die Scene im Fortgange des Stücks verwandelte, auf Zettel schrieb und in einer Weise auf der Bühne anheftete, welche sie dem ganzen Publikum sichtbar machen konnte; weshalb auch Sir Philipp Sidney in seiner schon früher angeführten Defence of Poesie von diesem Gebrauch seiner Zeit sagt: „Was müßte man wohl für ein Kind sein, wenn man in's Theater kommt und sieht auf einer alten Thür Theben angeschrieben, und sollte nun wirklich glauben, daß dies Theben ist?"

Eine regelmäßige Anwendung der beweglichen Scene und der gemalten Decoration scheint jedoch in England zuerst auf dem Theater des Dichters und Theaterdirectors **William d'Avenant (geboren im Jahre 1605)**, dessen theatralische Wirksamkeit besonders in die Zeit nach der Restauration fällt, bestimmt eingetreten zu sein. Dieser in mannigfachen Lebens-Abenteuern umherbewegte und in die politische Partei des unglücklichen Königs vielfach verflochtene Mann, der zuerst die durch den Tod Ben Jonson's erledigte Stelle eines Hofpoeten erhalten hatte, suchte seinen Ruhm eigentlich in einer neuen Gestaltung der englischen Bühne, für die er auf jede Weise eine erfolgreiche Erfindung machen wollte. Er versuchte dies sowohl in einer neuen dramatischen Gattung, welche er nach dem Vorbilde der italienischen Oper durch eine Verbindung des Drama's mit der Musik zu Stande brachte, als er auch den Luxus der Coulisse, den er nach dem umfassendsten Maaßstab gründete, schon auf eine künstlerische und perspectivische Anordnung zurückführte. Dies that er besonders in seinem, zuerst im Jahre 1656 in Rutland-House dargestellten Stück: die Belagerung von Rhodus (The siege of Rhodes, made a **Representation** by the Act of perspective in Scenes, and the

Story sung in recitative musik). Ein anderes Stück von ihm, welches im Jahre 1658 in dem alten Theater, welches das Cockpit in Drurylane genannt wurde, zur Darstellung kam, führt den Titel: „Die Grausamkeit der Spanier in Peru, ausgedrückt durch Vocal- und Instrumental-Musik, und durch die Kunst der scenischen Perspective". Im Jahre 1662 erhielt er von dem König Karl II. ein Patent zur Erbauung eines neuen Schauspielhauses in Lincolns-Inn-Fields, welches er mit dem ersten Theil seiner Belagerung von Rhodus eröffnete. In diesem ihm ertheilten Privilegium wird schon zur Feststellung der Theaterpreise auf die scenische Ausstattung Rücksicht genommen, und dem Theaterdirector erlaubt, von den Zuschauern einen Eintrittspreis zu fordern, „der ihm in Anbetracht des großen Kostenaufwandes für Scenerie, Musik und neue Decorationen angemessen erscheinen würde", während ihm in einem früheren Theaterpatent vom Jahre 1639, welches König Karl I. gegeben hatte, nur die Forderung der in allen anderen Theaterhäusern üblichen Preise nachgelassen wurde.[1]

[1] Ein vollständiges Verzeichniß von d'Avenant's dramatischen Arbeiten giebt Gerard Langbaine, An account of the english dramatick poets (Oxford 1691) p. 106. — Vgl. Malone, historical account p. 98. — Bouterwek, Geschichte der englischen Poesie I. 348. — Wright, in seinem sehr

Was die Schauspielkunst in der frühesten Zeit des englischen Theaters anbetrifft, so haben wir schon oben darüber eine Bemerkung gemacht, welche auf die günstigen Verhältnisse, die hier für das innere und geistige Wesen dieser Kunst obwalteten, hindeutete. In diesem Naturzustand des Bühnenwesens war auch die Zahl der handelnden Schauspieler gewöhnlich nur klein, und es kam nicht darauf an, wenn in einem Stück derselbe Schauspieler zwei oder auch drei Rollen zu übernehmen hatte. Der Beginn der Vorstellung wurde durch einen dreimaligen Tusch angezeigt, wie auch in den Zwischenacten Musik gemacht wurde. Die letztere bestand oft aus einer absichtlich für jeden Act vorgeschriebenen Zusammenstellung von Instrumenten, wie man aus alten englischen Theaterbüchern ersieht, wo namentlich Trompeten, Hörner, Hoboen, Lauten, Hirtenflöten, Violen und Orgeln vorkommen. Die Musikbande, deren Zahl sich in der ältesten Periode auf höchstens zehn Personen belief, hatte ihren

---

interessanten Dialog: Historia Histrionica (an historical account of the english stage, shewing the ancient use, improvement, and perfection of dramatic representations in this nation) sagt geradezu: „daß Scenen von William d'Avenant auf der öffentlichen Bühne eingeführt worden seien". Die Theaternachrichten in diesem Dialog sind um so bemerkenswerther, weil Wright von seinem Vater, der selbst dramatischer Dichter war und der alten Zeit der englischen Bühne thätig angehörte, im Besitz genauer persönlicher Ueberlieferungen über jene Periode war. Sein Dialog steht abgedruckt hinter Dodsley, A select collection of old plays, Tom. XII. p. 327.

Sitz in einem oberen Balcon des Theaters, ungefähr an der Stelle, wo sich heutzutage die Bühnenlogen befinden. Wenigstens scheint noch zu Shakspeare's Zeit die Bühne von dem Pit nur durch eine Barrière von Pfählen geschieden gewesen zu sein, während bald nach der Restauration ein Zwischenraum zwischen der Bühne und dem Parterre hergestellt und zur Aufnahme des Orchesters eingerichtet wurde.

Die Darsteller der männlichen Charaktere erschienen auf der Bühne häufig in Perücken, die sonst zur Zeit Shakspeare's eben nicht am Tagesgebrauch waren. Auch trugen die Schauspieler wohl bei manchen Gelegenheiten Larven, was besonders der Fall bei denen gewesen sein mag, welche die Frauenrollen darzustellen hatten. Auch unter dem weiblichen Theil der Zuschauer scheint das Anlegen von Masken während der Theaterzeit nicht ungewöhnlich gewesen zu sein.[1]

Der vielbekannte Umstand, daß zu Shakspeare's Zeit, und auch noch später, die weiblichen Charaktere auf der Bühne von Knaben und jungen Männern

---

[1] Wright (Historia histrionica a. a. O. S. 342.) beklagt diese Sitte des Maskentragens im Theater als etwas dem höheren Begriff des Schauspielhauses Unangemessenes und Schädliches, indem er sagt: — „Whereas of late the playhouses are so extremely pestered with vizard-masks and their trade (occasioning continual quarrels and abuses), that many of the more civilized part of the town are uneasy in the company and shur the theatre as they would a house of scandal."

dargestellt wurden, gehört ebenfalls in die Reihe derjenigen Thatsachen, welche uns diese alte Bühne in einem höheren geistigen Licht und freier von den Einwirkungen jedes sinnlichen und materiellen Reizes zeigen, als dies später in irgend einer Beziehung hat wiedererlangt werden können. Indem dieser Bühne die Schauspielerinnen fehlten, fehlte ihr damit zugleich das ganze Babel jener nichtsnutzigen Eitelkeit, Caprice, intriguanter Verlorenheit und ränkesüchtiger Thorheit, wodurch die Kunstanstalten in der Regel zu Gunsten einzelner Persönlichkeiten ausgebeutet worden sind. Seltsamer Weise ist aber in England gerade dieser Umstand, daß in den Frauenrollen auf der Bühne nur Männer erscheinen durften, zu einem Angriff gegen die Sittlichkeit der englischen Bühne benutzt worden, und zwar in dem berühmten Buche, welches William Prynne unter dem Titel Histriomastix gegen das Theater schrieb, das zu dieser Zeit als eine Sache der Könige in die Opposition der Puritaner hineingezogen worden war. Prynne bewies vornehmlich mit der allergrößten Gelehrsamkeit, daß, während Alles am Theater sündhaft sei, es noch ganz besonders diejenigen Stücke wären, in denen man Männer in Frauenweise auftreten gesehen, was für etwas durchaus Verabscheuenswürdiges unter

Christen gehalten werden müsse. Prynne bezieht sich an dieser Stelle seines Histrlomastix (1633, p. 179.) sogar auf ein Argument aus der heiligen Schrift, um **zu beweisen, daß ein Mann keines Weibes Kleider anlegen dürfe.** Nicht minder verdammt aber der zelotische Puritaner die Frauen selbst, welche sich auf der Bühne zeigten, wie man dies in England wahrscheinlich zuerst von französischen Schauspielerinnen gesehen, bei Gelegenheit der Aufführung eines französischen Stücks, welches im Jahre 1629 in Blackfriars gegeben wurde. Bald darauf scheint auch ein regelmäßiges französisches Theater in London eingerichtet worden zu sein, und von der französischen wie von der italienischen Bühne, auf der die Schauspielerinnen sich schon längst eingebürgert hatten, kam ihr Gebrauch auch auf das englische Theater herüber.

Die erste Einführung von Schauspielerinnen auf der englischen Bühne selbst ist wahrscheinlich in das Jahr 1656 zu setzen, wo eine Mrs. Colemann die Janthe in dem ersten Theil von d'Avenant's Belagerung von Rhodus darstellte, doch hatte sie das Wenige, was ihr in dieser Rolle zu sprechen oblag, recitativisch vorzutragen.[1] Die erste Rolle, welche jedoch in einem regelmäßigen Drama auf einem öffentlichen

[1] Vgl. Malone, historical account p. 128.

Theater Londons von einem Frauenzimmer gespielt wurde, war die der Desdemona in Shakspeare's Othello, in welcher Rolle besonders zwei englische Schauspielerinnen jener Zeit (1663) genannt werden, **Mrs. Hughs und Mrs. Saunderson**, welche letztere zu d'Avenant's Gesellschaft gehörte, und nach den theatergeschichtlichen Ueberlieferungen Englands gewöhnlich als die erste englische Schauspielerin angeführt wird. Sie hieß später Mrs. Betterton, und spielte in Shakspeare'schen Stücken vornehmlich auch die Julia, Ophelia, Cordelia. Daß aber die Desdemona in der That die erste von einer Schauspielerin ausgeführte Partie war, scheint ein alter, von Thomas Jordan gedichteter Theaterprolog zum Othello zu besagen (mit der Ueberschrift: A Prologue, to introduce the first woman that came to act on the stage, in the tragedy called the Moor of Venice).[1] Als ein glücklicher Nebenbuhler der Schauspielerinnen in der Darstellung weiblicher Rollen galt aber selbst noch einige Zeit nach der Restauration der Schauspieler Kynaston, der in mehreren Frauenrollen durch Schönheit und Kunst der Darstellung so ausgezeichnet war, daß die Kunstrichter seiner Zeit sich oft darüber stritten, ob irgend eine Frau, welche nach

[1] Mitgetheilt von Malone, historical account p. 118.

ihm in diesen Partieen gespielt, dieselbe hinreißende Wirkung auf das Publikum ausgeübt habe. Es läßt sich freilich prinzipiell nicht behaupten, daß die weibliche Natur, die auch auf der Bühne ihre innerste Bedeutung zu entwickeln hat, jemals durch männliche Darstellungsmittel ersetzt werden könne. Das Leben der Frau, mag es auch im Handwerk der Schauspielerin in der Regel seine eigentliche Entwürdigung finden, hat doch auch wieder große dramatische Momente in sich, die nur aus dem Innersten des weiblichen Seins selbst geschöpft werden können, und die Regionen entstammen, in welchen oft gerade die weibliche Verlorenheit den kühnsten Griff zur Enträthselung einer ganz eigenthümlichen und geheimnißvollen Organisation zu thun im Stande ist. —

Als ein besonderes Element, welches den Naturzustand der alten englischen Bühne charakterisirte, ist auch noch der Gebrauch des Clown zu erwähnen, in welchem der englische Narr seine nationale rüpelhafte Gestaltung angenommen. Diese Figur stand gewissermaßen zwischen dem Publikum und dem Stück, und hatte darin eine eigenthümlich vermittelnde Stellung durchzuführen, wozu die Hülfsmittel theils in einem unerschöpflichen Gebärdenspiel, theils in dem drolligen Witz und Spott, welcher dem Clown immer zu Gebote stehen mußte, gegeben lagen. Er hatte das Recht, in den Zwischenacten und auch beim Scenenwechsel auf der Bühne zu erscheinen, und sich mit den Zuschauern durch allerhand Possen und Lieder, die er gleich dem italienischen Harlekin zuweilen auch improvisiren mußte, in Verbindung zu setzen. Oder es wurden ihm auch nach Beendigung der Vorstellung, wo sein eigentliches Reich begann, von einzelnen Zuschauern Themata gegeben, die er zur Zufriedenheit der Zuschauer lösen mußte. Was aber das englische Publikum besonders von ihm verlangte, war der sogenannte Jig, eine possenhafte metrische Composition (häufig auch gereimt), die der Clown unter Ausführung eines Tanzes und in Begleitung eines Tambourins und einer Pfeife absingen mußte. Als die berühmtesten Clown=Darsteller zur Zeit der Königin Elisabeth werden Thomas Wilson und Richard Tarleton genannt, und die improvisirten Späße des letzteren erschienen auch in einer Sammlung unter dem Titel Jeasts (1611). Es ist aber auch die Eigenthümlichkeit dieser theatralischen Figur für unsere Betrachtung bemerkenswerth, weil daraus ein lebendiges Herüber und Hinüber des Bühnenzustandes hervorgeht, und gewissermaßen ein productives Band zwischen der Bühne und den Zuschauern gebildet wurde, das heutzutage in keinerlei Beziehung mehr besteht. Denn indem diese Figur ebenso sehr dem Publikum selbst wie der Bühne angehörte, stellte sie die innere Mitwirkung aller Zuschauer bei dem Spiel dar, und brachte dadurch dies schöpferische Behagen beim Publikum hervor, welches man überhaupt in jenen alten Theaterzuständen als wesentlich vorhanden annehmen muß, und das uns heutzutage durch keine andere Einrichtung wieder ersetzt worden ist. Daß sich indeß auch die Dichter durch das Uebergreifen der Clowns und ihres ganz willkürlichen Verkehrs mit dem Publikum beeinträchtigt fühlen konnten, geht aus der dramaturgischen Vorschrift in Shakspeare's Hamlet hervor, wo es heißt: „Let those that play your clowns, speak no more than is set down for them; for there be of them, that will of themselves laugh, to set on some quantity of barren spectators to laugh too; though in the mean time some necessary question of the play be then to be consider'd."[1]

Ueber das hohe Alter der englischen Bühne haben sich häufig verschiedene Ansichten, namentlich bei der englischen Kritik selbst, geltend gemacht. Die frühesten dramatischen Darstellungen der Engländer stellten

[1] Malone, historical account p. 146.

sich ebenso wie bei anderen Völkern als diese Mysterienspiele dar (Mysteries), welche in England auch Miracle-Plays genannt wurden.

Die englische Kritik hat diesen Mysterien und Mirakelspielen in England zum Theil ein höheres Alter zuschreiben wollen, als denen aller anderen Völker; indessen wird aus den Spielen selbst und aus vielen anderen historischen Nachrichten ersichtlich, daß die französischen Moralitäten für die englischen Darstellungen dieser Art den Ton angegeben haben, und vielfältig nachgeahmt und nachgebildet worden sind, wie denn überhaupt die französischen Schauspieler schon seit den ältesten Zeiten in England an den Höfen der Könige und überall Aufnahme fanden, was auf eine frühzeitig verbreitete Kenntniß der französischen Sprache, wie man sie heutzutage kaum mehr in England antrifft, schließen läßt. Es ist merkwürdig, daß bei der gegenseitigen Antipathie zwischen Franzosen und Engländern, welche diesen Nationen ursprünglich gegen einander innewohnt, und die auch in der heutigen Tagespolitik immer wieder alle entente cordiale durchbricht, doch der erste Beginn der englischen National-Literatur gerade auf französische Sprach- und Bildungselemente sich stützen mußte, wie wir dies besonders bei Chaucer, dem

Stammväter der englischen National-Literatur, sehen, der seine berühmten Canterbury-Erzählungen größtentheils aus den französischen Fabliaux entlehnte, und auch in seiner Sprache viele französische Formen aufnahm, durch welche er der englischen Darstellung zu einem beweglicheren Ideenverkehr verhelfen wollte.

In England scheinen Mysterienspiele allerdings schon im zwölften Jahrhundert aufgeführt worden zu sein, und ihre Darstellung hat bis in die Zeiten der Königin Elisabeth hinein gedauert. Warton (in seiner history of english poetry) führt als die erste Theaterdarstellung der Engländer das Mirakelspiel von der heiligen Catharina an, welches im Jahre 1110 in der Abtei von Dunstable aufgeführt worden sei und einen gewissen Geoffrey zum Verfasser habe. Berühmt wurden alsdann die Chester-Mysterien, die von der Bürgerschaft in Chester um das Jahr 1328 gespielt wurden, und uns noch in einer zahlreichen Sammlung aufbewahrt sind. Sie wurden in dieser Zeit von einem Mönch der Chester-Abtei, Namens Ralph Higden, geschrieben, und erstrecken sich in einer zahlreichen Reihe fast auf alle Gegenstände des Alten und Neuen Testaments, wobei es natürlich an den farcenhaftesten Einkleidungen nicht fehlt.[1]

[1] Vgl. Warton, History of English poetry I. p. 243. und W. Marriot,

In einem derselben, die Sündfluth betitelt (The deluge), wurde die Arche Noah's auf der Bühne dargestellt, wobei als scenische Vorschrift angemerkt ist, daß die Thiere, welche Noah mitnimmt, auf den Rändern des Schiffes angemalt werden sollten. Noah's Weib weigert sich aber, mit in die Arche zu gehen, weil sie sich von ihren Gevatterinnen zu Hause nicht trennen kann, worauf sie von Sem und seinen Brüdern mit Gewalt an Bord geschleppt werden muß, und dafür sich mit Noah beim Einsteigen bort. In einem andern Stück, das Alte und Neue Testament, erschienen Adam und Eva, dem Buchstaben der biblischen Ueberlieferung getreu, ganz und gar nackt auf der Bühne, und nachdem sie über diesen Zustand sich lange mit einander unterhalten, folgt die Scene der Bedeckung mit den Feigenblättern. Malone (historical account p. 11.) erzählt, daß dies Stück vor einer zahlreichen Versammlung beiderlei Geschlechts gespielt worden sei, und daß man es in England bei dem herrschenden orthodoxen Geist für einen Verstoß gegen das Ansehen der Bibel oder für eine Unkenntniß des ersten Capitels der Genesis gehalten haben

A collection of english miracle-plays or mysteries cont. ten dramas from the Chester Coventry and Towneley series with two of latter date. To which is pref. an hist. view of this descr. of plays. Basel, 1838.

würde, wenn unsere Uraeltern in Kleidern dargestellt worden wären. Die Geistlichkeit in England scheint diese Spiele besonders begünstigt zu haben, und es wird eine alte Verordnung angeführt, wonach ein Ablaß von tausend Tagen jeder Person zugesichert werden soll, welche einem in Chester dargestellten Mirakelspiel, das acht Tage dauerte, und von der Erschaffung der Welt bis zum jüngsten Gericht ging, ununterbrochen beiwohnen würde.

Die Chorknaben in den Abteien und Klöstern erscheinen in ältester Zeit häufig als die Darsteller in diesen Mysterien- und Mirakelspielen. Die Kosten der Darstellung wurden von der Geistlichkeit durch Sammlungen in den Kirchspielen aufgebracht. Besonders oft erscheint in diesen alten religiösen Spielen Englands der Teufel, der gewöhnlich mit Hörnern, einem sehr weiten Maul, das durch die Maske hervorgebracht wurde, starren Augen, einer gewaltigen Nase, rothem Bart, Klauenfüßen und einem Schwanz dargestellt wird. Als sein beständiger Begleiter tritt immer das Laster auf, welches überhaupt die Rolle des Lustigmachers in diesen Stücken übernimmt, und dessen Hauptbestimmung die ist, mit seinem hölzernen Rappier den Teufel durchzugerben, und ihn dann zur Unterhaltung des Volks brüllen zu lassen.

Wenn in den Mysterien- oder Mirakelspielen die allegorischen Charaktere überwiegend hervortraten, wozu besonders die Personificationen von Sünde, Tod, Hoffnung, Glaube, Barmherzigkeit u. s. w. Veranlassung gaben, so trat die Bezeichnung der Moralitäten (Moralities) für sie ein, und diese letzteren Spiele stellen auch in England schon einen gewissen Uebergang zu einer bestimmteren dramatischen Entwickelung dar, da sie in der Regel planmäßiger und auch schon mit einer genaueren Haltung der Charaktere angelegt sind, als die Mysterien, die gemeiniglich nur eine an dem Faden der heiligen Schrift oder irgend einer Legende aufgereihte bunte Gallerie von Scenen sind. —

Unter den alten englischen Mysterienspielen ist eines der hervorragendsten das berühmte Lichtmeßspiel (The Candlemass-Day, or the Killing of the Children of Israel), welches ein gewisser Jhan Parfre im Jahre 1512 geschrieben.[1] Die in diesem Stück handelnden Personen sind: der Poet, König Herodias, vier Ritter, der Bischof Simeon, der Bote Watkyn, Joseph, Maria, deren Mutter Anna, die

---

[1] Mitgetheilt von Hawkins im 1. Band seines sehr reichhaltigen Werkes: The origin of the English Drama, illustrated in its various species (Oxford, 1773). Vgl. auch Hawkins Einleitung p. VI.

Prophetin; eine Jungfrau, ein Engel und vier Weiber. — Zuerst tritt der Poet auf und erläutert in gereimten Strophen die Bedeutung dieses Festspiels, das am Lichtmeßtage, welcher der Tag der heiligen Anna ist, zur Ehre dieser Mutter Maria's dargestellt werden soll. Er geht dann über in das Lob der Maria, wobei er noch besonders erwähnt, daß sie nach dem Willen Gottes dem Joseph, welcher alt und trocken (old and drye) war, vermählt worden. Dann deutet er kurz den Inhalt des Stückes an, das er zur Ehre Gottes, Maria's und der heiligen Anna gedichtet hat, und wünscht zum Schluß, daß die versammelten Männer, und besonders die Jungfrauen, recht großes Vergnügen daran finden möchten. Dann beginnt das eigentliche Stück. Herodias lobt seine Macht und Größe, und preist seine Götter für die ihm verliehene Herrlichkeit. Er hat seinen Dienern befohlen, im Lande umherzuspähen, ob sie vielleicht irgendwo einen Rebellen finden möchten, der sich gegen seine erhabenen königlichen Gesetze auflehnte. Dieser soll dann vor ihn gebracht und nach Gebühr bestraft werden. Es kommt einer seiner Boten, Watkyn, und meldet ihm, daß die Weisen, welche nach Bethlehem gegangen, nicht, wie Herodias befohlen, zu ihm von dort zurückgekehrt, sondern auf einem andern Wege in ihre Heimath zurückgegangen seien. Herodias ruft voll Zorn seine Ritter herbei; er befiehlt ihnen, die drei Weisen zu verfolgen, und zu des Königs Sicherheit alle Kinder von und unter zwei Jahren in seinem Reiche zu tödten. Die Ritter eilen von dannen, nachdem sie noch vorher dem Könige Treue und Gehorsam geschworen. Watkyn, der Bote, aber bleibt beim Herodias zurück. Er versichert den König seiner Treue und Tapferkeit, und bittet ihn, bevor er jetzt in's Gefecht gehe, ihn zum Ritter zu schlagen. Herodias findet aber dies Gesuch sehr anmaßend. Watkyn ist bis dahin nur sein Bote und Diener gewesen, und die Ritter würden erzürnt sein, wenn der König ohne alle Veranlassung den simplen Boten zum Ritter machte. Erst soll Watkyn die Befehle des Königs vollführen, die Weisen verfolgen und die Kinder tödten, und dann, wenn er sich tapfer benommen, will Herodias daran denken, ihn zu belohnen. Watkyn macht sich anheischig, alle Kinder zu tödten, die er findet, nur, sagt er, müßten die Mütter nicht dabei sein. Es gäbe nur Ein Ding auf der Welt, welches ihm Furcht einjage, nämlich ein Weiberrock. Tausend Männern wolle er kühn entgegentreten und sie bekämpfen, sagt er. Aber wenn er ein Weib daherkommen sähe, würde er sich verbergen, bis sie vorübergegangen; und wenn sie fern, dann würde er in's Haus eilen, die Kinder zu tödten. Herodias verspricht ihm, wenn er recht tapfer fechte, wolle er ihn wirklich zum Ritter machen, und Watkyn rennt nun zu den Rittern und bittet sie, ihn nur Männern gegenüberzustellen, niemals aber Weibern; denn die fechten wie die Teufel mit ihren Rocken, wenn sie spinnen (for they fight like devells with theyr rokks when they spinn). Die Ritter und Watkyn entfernen sich, und es kommt Joseph und Maria, die von einem Engel ermahnt werden, nach Aegypten zu fliehen. Joseph holt den Esel, und fort geht die Reise. Es erscheinen Weiber mit ihren Kindern im Arm, verfolgt von des Herodias Rittern. Vier dieser Weiber umringen Watkyn, der sogleich sein Herz sinken fühlt und tüchtig von den Weibern durchgebläut wird, die höhnend ihm versichern, sie wollten ihn zum Ritter schlagen. Die Ritter befreien ihn, und Alle eilen zum Herodias, um ihm den Tod der Kinder und die Flucht der Maria zu verkünden. Herodias geräth bei dieser Nachricht so in Schrecken, daß er sogleich stirbt. Es erscheint der Prophet Simeon, und ruft zu Gott um Gnade und Beistand zur Bekehrung des Volkes. Nun kommt Joseph und Maria mit dem Christkinde im Arm. Sie reicht das Kind und zwei Tauben dem Simeon dar. Dieser segnet den Messias, die Prophetin Anna ruft die Jungfrauen herbei, daß sie die Herrlichkeit singen des Heilandes, Simeon verkündigt die zukünftige Größe des Christkindes, und damit schließt das Stück.

10. Die englischen Moralitätenspiele.

Die ersten Moralitätenspiele scheinen in England nicht vor der Regierungszeit Edwards IV. (1460) zur Aufführung gekommen zu sein. Sie wurden aber vornehmlich durch den Geschmack an prachtvollen öffentlichen Aufzügen und Darstellungen, der unter König Heinrich VI. vorherrschte, eingeführt, indem bei solchen Gelegenheiten leicht Veranlassung zu allegorischen Charakteren entstand, die sich im Sinne einer bestimmten Richtung zu äußern und danach auch in einer bestimmten Situation sich vorzustellen hatten.[1] Solche allegorischen Aufzüge wurden zuerst Pageants genannt. Daraus componirten sich allmählig zusammenhängende Stücke, welche von den einfacheren religiösen Darstellungen und Mysterien durch künst-

[1] Warton, History of english poetry II. p. 199.

lichere Verwickelungen und absichtlichere Tendenzen sich unterschieden.

Die berühmtesten dieser englischen Moralitätenspiele sind Every Man (Jederman), Lusty-Juventus und Hick Scorner (der Spottvogel). Das erstere ist wahrscheinlich noch zur Zeit der Regierung König Heinrichs VIII. verfaßt, und zeichnet sich durch eine sehr kunstvolle Anlage und durch eine merkwürdig durchgeführte Einheit der Zeit und des Orts, welche, wie noch manches Andere in diesem Stück, an die Oekonomie der antiken Tragödie erinnert, auf eigenthümliche Weise aus. Das Stück wird, wie gewöhnlich, durch einen Prolog eröffnet, welchen der Bote (Messenger) spricht, und worin er die Zuhörer ermahnt, aufmerksam auf die nachfolgenden wichtigen Vorgänge zu sein. Alsdann sieht man den lieben Gott erscheinen, der über die Verlorenheit und den Verderb der Menschheit klagt, die sich ausschließlich dem Vergnügen und dem Laster ergeben habe. Er befiehlt darauf dem Tod, den Jedermann (welches die allegorische Personification der ganzen Menschheit ist) herbeizuholen, damit er vor den Richterstuhl des Höchsten gestellt werde. Alsdann sieht man Jedermann, wie er die Botschaft des Todes mit Entsetzen empfängt, und vergebens dem Tode tausend

Pfund bietet, wenn ihn derselbe verschonen und noch auf Erden zurücklassen wolle. Der Tod giebt ihm nur eine kurze Frist sich vorzubereiten, und verspricht nach einigen Stunden wiederzukommen, um ihn dann zu Gott abzuholen. Nachdem er sich so entfernt, ruft nun Jedermann in seiner Herzensangst mehrere Personen zu seiner Hülfe herbei, namentlich Gutkameradschaft (Fellowship), Anverwandtschaft (Kindred), den Reichthum (Goodes) und den Cousin. Gutkameradschaft tritt auch mit den lärmendsten Freundschaftsschwüren auf, und betheuert, daß er zu jedem Opfer und zu jeder That für seinen Freund bereit sei; als ihn aber dieser auffordert, für ihn in den Tod zu gehen, sagt er, dies sei das Einzige, was man nicht von ihm verlangen dürfe. Ebenso benehmen sich die anderen Freunde, die ihm erst die glänzendsten Versprechungen machen, ihn aber dann seinem Schicksal überlassen. In seiner Verzweiflung ruft sich Every Man endlich noch den Gutenthat (Good-Deedes) zu seinem Beistand herbei, damit ihn dieser vor Gottes Thron begleite. Gutenthat will erst zürnen, weil Jedermann ihn so lange vergessen und vernachlässigt habe; er wird aber bald durch das Flehen des Bedrängten gerührt, und ruft die Erkenntniß (Knowledge) herbei, welche

Jedermann vorbereiten soll. Die Erkenntniß bringt die Beichte (Confession) mit. Jedermann erleichtert hierauf sein beschwertes Herz, und entfernt sich von der Bühne, um von dem Priester die heiligen Sacramente zu empfangen. Unterdessen stellt Erkenntniß in der Weise des griechischen Chors Betrachtungen über die Erhabenheit des Priesterstandes an. Nachdem Jedermann von der heiligen Handlung zurückgekehrt ist, zeigen sich seine Lebenskräfte schon ermattet. Er ruft sich darauf die Stärke (Strengthe), die Schönheit (Beauty), die Ueberlegung (Discretion) und die fünf Sinne (Five wittes) herbei, um Abschied von ihnen zu nehmen. Er sagt ihnen allen Lebewohl, und dann verläßt ihn Einer nach dem Andern, nur Gutenthat (Good-Deedes) bleibt bei ihm, bis er gestorben ist. Ein Engel steigt herab und singt das Requiem. Zuletzt tritt noch der Doctor mit einem Epilog auf, worin er die Menschen ermahnt, sich immer mit der Gutenthat zu befreunden, weil dies der einzige Gefährte sei, der bis zum Tode treu bleibe und die Seele schützend zu Gottes Thron geleite. —

Das englische Theaterleben gewann zuerst in Heinrichs VIII. Zeit und durch seinen Einfluß einen höheren und kunstmäßigeren Aufschwung. Hein=

rich VIII. betrachtete das Theater schon als eine nothwendige Sache des Hoflurus, und da der Protestantismus, der unter diesem englischen König zuerst zu einem exclusiven Hofbegriff wurde, nicht mehr recht die Aufführung der alten Mysterien- und Moralitätenspiele begünstigen konnte, so schlugen diese mehr und mehr in weltliche Darstellungen um, welche sich von allen Streitpunkten der Religion fern halten mußten. Auch erschien im vierundzwanzigsten Jahre der Regierung Heinrichs VIII. eine Parlamentsacte, wodurch allen Dichtern und Schauspielern verboten wurde, in ihren Stücken das Geringste vorzubringen, was gegen die einmal festgesetzte Lehre verstoßen könnte. Diese einmal festgesetzte Lehre aber war die Königliche protestantische Hofdogmatik, von der sich in Heinrichs VIII. Staaten Niemand mehr entfernen sollte, und die, wie dies seltsamer Weise immer bei allem Hofprotestantismus der Fall ist, zugleich sehr ängstlich darauf Bedacht nimmt, Papst und Katholizismus zu schonen und wo möglich noch eine geheime Sympathie mit Rom, als dem heiligen Urgrunde der christlichen Kirche, durchschimmern läßt. Dies war der Standpunkt des genannten englischen Königs, den sein Protestantismus nicht hinderte, gegen Luther zu schreiben, und der sich deshalb mit einer besonderen Reverenz nach Rom hin defensor fidei nannte.

Die Mysterien- und Moralitätenspiele hatten zu Anfang des sechszehnten Jahrhunderts auch in England eine entschieden reformatorische und protestantische Richtung angenommen und an der theologischen Polemik gegen Rom und die Hierarchie sich lebendig betheiligt. Diese dem Volksgeist selbst entstammende Dramatik suchte aber Heinrich VIII. wieder zurückzudrängen, und ließ dafür bei Hofgelagen lieber antike Stücke aufführen, wie 1520 zu Greenwich mit einer Komödie des Plautus geschah, wozu aber nur die Hofgesellschaft eingeladen wurde.

Es schien aber überhaupt, als wenn das Theater und das Drama, in dem zuerst die katholische Kirche ihre volksthümliche Ausgestaltung und Zerlösung gefunden, nun auch ein Hauptbeförderungsmittel des Protestantismus selbst werden solle. So schrieb der Nachfolger Heinrichs, Eduard VI., selbst ein dramatisches Spiel gegen die römische Kirche unter dem Titel „die babylonische Hure" (The Whore of Babylon), wie man aus einer Anführung des Horatio Walpole[1] ersieht. Seine Nachfolgerin dagegen, die

[1] Catalogue of the royal and noble authors of England (London 1789) I. p. 22.

katholische Maria, bediente sich des Theaters wieder zu einem katholischen Reactionsmittel, und ließ, um den Volksgeist von neuem römisch zu stimmen, auf ihren Befehl die katholischen Mysterienspiele im alten Geist und Stil wieder zur Darstellung bringen. Unter Elisabeth aber, unter der das englische Theater überhaupt seine Blüthenepoche findet, wird es im höchsten und ächtesten Sinne des Wortes wieder protestantisch, indem Shakspeare als der Dichter erscheint, in dem das neue Weltalter der Reformation seine poetische Frucht gebiert.

Indeß hatte doch zu Heinrichs VIII. Zeit noch ein sehr merkwürdiges Moralitätenspiel auf der englischen Bühne erscheinen dürfen, welches unter dem Titel: „die neue Lehre" (the new custom) zu Anfang des sechszehnten Jahrhunderts entstanden war, (gedruckt im Jahre 1573), und worin das päpstliche Kirchenwesen mit einigen schlagenden Zügen angegriffen wurde. Die darin auftretenden Personen sind: die **Irrlehre** (ein alter papistischer Priester), die **Unwissenheit** (ein uralter Vertreter des Clerus), die **neue Lehre** (ein protestantischer Geistlicher), die **Heuchelei** (ein altes Weib), die **Erbauung** (ein Weiser), die **Zuversicht** (Assurance), und die **Gottseligkeit**. Das Stück enthält einen dialektisch

20*

durchgeführten Kampf dieser Elemente, der mit einem Siege der neuen Lehre, vor der alles Andere zurückweichen muß, endigt.[1]

Durch dieselben theatralischen Streitmittel kirchlich zu wirken, verschmähte selbst der Erzbischof John Bale nicht, welcher unter Heinrich VIII. und noch in den ersten Regierungsjahren der Elisabeth lebte, und besonders ein Stück (Comedy of the three laws of nature, gedruckt 1538) schrieb, worin er eine versteckte Satire gegen das Papstthum richtete. Dagegen scheint die oben charakterisirte Moralität: Jedermann zugleich in der Absicht einer Vertheidigung der katholischen Religion geschrieben zu sein. Der würdige John Bale war vielleicht der erste, der seinen Theaterstücken eine regelmäßige Abtheilung in fünf Acte gab, während man bei den alten Moralitäten sonst noch von Eintheilungen dieser Art wie überhaupt von einer Andeutung des Abgangs und Auftritts der Personen keine Spur findet. — Als die Moralitäten in veränderter Form ausschließliche Hof-Unterhaltungen wurden, nahmen sie vorzugsweise die Benennung der Masken an.

[1] Dodsley Collection of old Plays I.

11. Die englischen Zwischenspiele (Interludes).

Wenn, wie oft von Kritikern angenommen worden, die englischen Moralitätenspiele wegen ihrer strengeren dramatischen Durchführung und ihrer ernsteren bedeutsameren Verwickelung schon die Bausteine zu der regelmäßigen Tragödie enthielten, so zeigten sich dagegen in einer anderen Gattung kleiner Spiele, welche zum Theil gleichzeitig mit den Moralitäten ausgebildet wurden, die eigentlichen Keime des englischen Lustspiels. Diese Zwischenspiele waren meist nur dialogartige Compositionen ohne dramatische Handlung, denen eine leichtgeschürzte farcenhafte Verwickelung zum Grunde lag.

Unter den Verfassern der Interludes ist der berühmte Hofnarr Heinrichs VIII., der witzige John Heywood, genannt der Epigrammatist, anzuführen. Er wurde zu Anfang des sechszehnten Jahrhunderts in London geboren, und stand in einem Freundschaftsverhältniß mit Thomas Morus, dessen Nachbar in London er war. Die sieben Stücke, welche er verfaßte, nannte er selbst Interludes. Es sind dies komische Charakterstücke, von denen man gewöhnlich die ersten Anfänge des englischen Lustspiels herleitet, und die größtentheils eine entschieden protestantische Tendenz haben, indem mehrere derselben vorzugsweise gegen die Laster des römischen Clerus gerichtet sind. Doch kehrte der Dichter selbst später in den Schooß der katholischen Kirche wieder zurück, wie auch aus dem vertrauten Gunstverhältniß hervorgeht, in welchem er zur Königin Maria stand, die ihn noch auf ihrem Todbette zu sich bescheiden ließ, um ihr, da er auch ein großer Musiker war, ihre Sterbestunde durch eine musikalische Phantasie zu erleichtern. Nach dem Tode dieser Königin ergriff er vor den neu erstarkenden Bewegungen des Protestantismus, den er selbst durch seine früheren Stücke in England gefördert hatte, die Flucht und starb im Exil zu Mecheln im Jahre 1556. Unter seinen Epigrammen befindet sich auch eines auf seine eigenen Schriften, worin er von sich sagt: That he applied Mirth more than Thrift, made mad Plays, and did few good Works. Eines seiner berühmtesten Stücke sind „die vier P" (the four P's, a merry interlude), welcher Titel von den darin auftretenden vier Personen Pardone (Ablaßkrämer), Palmer (Pilger), Pedlar (Haufirer) und Poticary (Apotheker) hergenommen ist. Diese Vier streiten sich über den Vorrang ihrer verschiedenen Gewerbe, wobei denn das des Ablaßkrams zu starken polemischen Beziehungen gegen die römische Kirche Anlaß giebt.[1]

12. Das erste englische Lustspiel.

Wenn in den Zwischenspielen der Engländer das Element der Komödie schon reichlich gedieh, so scheinen doch auch schon frühe eigenthümliche Versuche zur Gestaltung eines regelmäßigen Lustspiels gemacht worden zu sein, wie die berühmte englische Komödie: Gammer Gurton's Nähnadel (Gammer Gurton's Needle, a right pitty pleasant and merry Comedy) durch ihre schon so ausgebildete dramatische Form beweist. Dieses höchst eigenthümliche, freilich theilweise in die schmutzigsten Zoten auslaufende Stück steht in der Geschichte der englischen Bühne ungefähr ebenso da, wie in Frankreich die übermüthige aber auf derselben Stufe dramatischer Vollkommenheit sich zeigende Farce vom Advocaten Pathelin. Die englische Komödie erschien zuerst in London im Jahre 1661 gedruckt, wurde aber schon hundert Jahre frü-

---

[1] Vgl. G. Langbaine, An account of the english Dramatic poets p. 253. — Lessing, theatralische Bibliothek. Viertes Stück (Berlin 1758) Geschichte der englischen Schaubühne S. 14.

her im Christs-College zu Cambridge aufgeführt.[1] Als Verfasser wird auf dem Titel der alten Ausgabe ein gewisser Mr. S. Mr. of Arts bezeichnet. Das Stück ist in langen dactylischen Versen geschrieben, und erscheint zugleich in fünf regelmäßige Acte abgetheilt, die, wie angegeben wird, in den Zwischenpausen durch Musik ausgefüllt wurden. Den Inhalt der Komödie mit Berücksichtigung des heutigen sittlichen Geschmacks wiederzugeben, möchte unmöglich fallen, und wir ersuchen deshalb den der Schonung bedürftigen Leser das nachfolgende Referat lieber zu überschlagen.

Den Prolog spricht Diccon, der Bedlam (die Narkheit). Zu Diccon gesellt sich Hodge, Frau Gammer Gurtons Diener. Er klagt sehr über das höchst traurige Leben, welches er bei seiner Herrin führen muß, die heut besonders wüthend und verstimmt scheine, ohne daß er den Grund ihres Zorns ahnen könne. Diccon entfernt sich bei dieser Erwähnung der Frau Gammer Gurton schleunigst, und geht zur Nachbarin Frau Chat, um ihr Ale zu kosten. Zum Hodge aber gesellt sich nun Tib, Frau Gam-

[1] Vgl. den alten englischen Theater-Dialog: Historia Histrionica (hinter Dodswell Collection of old Plays XII. p. 350), welcher die Abfassung dieses Stückes in die Regierungszeit Edwards VI. setzt. Das Stück selbst findet man in den Sammlungen von Dodsley und Hawkins mitgetheilt. Dodsley (II. p. 25.) will die Zeit seiner Abfassung später annehmen. — Vgl. auch Lessing, Geschichte der englischen Schaubühne (a. a. O. S. 17).

mer Gurton's Magd, die gleichfalls klagt, daß sie den ganzen Tag von ihrer Herrin gestoßen und geschlagen werde, die aber heut vorzugsweise rasend sei — denn sie hat ihre Nadel verloren! Die Nähnadel? kreischt Hodge, wie ist das möglich! Ja, erzählt Tib, Frau Gammer Gurton saß und stickte Deine Hosen, die gerade am Steiß so zerrissen waren, und wie sie stickt und stickt, kommt Gib, die Katze, und leckt im Milchtopf; das sieht Frau Gammer, springt empor und wirft Deine Hosen bei Seite, um die Katze abzuprügeln. Nachdem dies aber geschehen, kann sie ihre Nähnadel nicht wiederfinden. — Hodge selbst geräth nun in Verzweiflung, denn jetzt ist sein Beinkleid nicht ausgestickt, das er gleichwohl dringend morgen gebraucht. Frau Gammer Gurton erscheint nun selbst mit Cok, ihrem Buben. Sie klagt ihren Schmerz um ihre Nähnadel, die schöne lange schlanke Nadel, die ihr einziger Schatz war, ihr immer Vergnügen machte und heut zum Erstenmal sie betrübte. Sie befiehlt der Tib, ihrer Magd, die Asche zu durchwühlen nach der Nadel. Hodge besieht die zerrissenen Beinkleider und verwünscht den Verlust der Nähnadel. Es wäre besser, ruft er außer sich, Frau Gammer Gurton hätte ihren eigenen H. verloren, als daß er nun morgen auf dem seinigen zerrissen aussehen solle. Man sieht, Herr Hodge ist seiner Herrin Liebling, sie verzieht ihn sehr. Für ihn stand die Milch am Feuer, welche Gib, die Katze, trank, für ihn flickte sie die Beinkleider, und um Hodge zu besänftigen, verspricht sie ihm sogar, sobald sie die Nähnadel wieder habe, auf jedes Knie einen neuen Flicken zu setzen. Nach mehrfachem Hin- und Hersprechen ruft plötzlich Tib, die Magd, sie habe da die ganze Nadelbüchse, vielleicht werde die verlorene Nähnadel da drin sein. Hodge nimmt die Nadelbüchse und bricht sie auf, aber huh, das riecht fürchterlich. Es ist keine Nadelbüchse, sondern nur Etwas in dieser Form, das aber die Katze gelegt hat. Man sollt es zur Strafe Dich essen lassen, Tib! — Da geht das Licht aus, sie sind im Dunkeln, und damit schließt der erste Act.

Der zweite Act beginnt mit einer Scene zwischen Hodge und Diccon. Hodge klagt, daß er heut gar nicht zu Mittag gegessen, weil Frau Gammer Gurton's Sinn ganz zerstört sei. Was fehlt ihr denn? fragt Diccon. Das weißt Du nicht? entgegnet Hodge, sie hat ihre Nadel verloren, ihre Nadel, ein kleines Ding mit einem Loch am Ende, ein Ding schlank, lang, scharf an der Spitze und steif wie eine Säule! — Ach, die Unglückliche, solch eine Nadel hat sie verloren! ruft nun auch Diccon; aber was giebst Du mir, wenn ich die Nadel wiederschaffe? — Hodge verspricht alles Mögliche. Er soll's beschwören! Ich will's beschwören! sagt Hodge. Hast Du kein Kreuz hier, daß ich darauf schwören kann? — Ja, hier mein eigenes Kreuz! sagt Diccon, macht sich krumm und zeigt auf seinen Steiß. Hodge küßt schwörend das Kreuz des Diccon, der seine Versprechungen wiederholt. Es bedarf aber dazu der Zauberei, und da Frau Gammer Gurton am Steiß von Hodge's Hosen flickte, als sie die Nadel verloren, so muß auch die Hose zu dem Zauber dienen. Hodge hat sie angezogen, durchlöchert wie sie ist. Diccon befiehlt ihm, sich vorüber zu bücken, und das Wams vom H. zurückzuschlagen. Hodge zeigt seine Halbkugel durch das zerrissene Beinkleid. Mir geht es wie dem Schotten, schreit Diccon, auf den verhängnißvollen Punkt des Hodge zeigend; — ich sehe da ein zweites Gesicht (second sight). Nun zieht er einen Zauberkreis über dies zweite Gesicht, Hodge läuft aber davon, um unterdessen sein Wasser abzulassen. Jetzt kommt Frau Chat, die Nachbarin, und diese wird von Frau Gammer beschuldigt, die Nadel gestohlen zu haben. Es erhebt sich ein furchtbarer Zank, in den sich auch die Dienerschaft mischt. Komische und schmuzige Situationen und Scenen folgen sich. Der Pfarrer und der Doctor selber müssen kommen, um Frieden zu stiften, und die Wunden zu verbinden, welche man sich in der Kampfeshitze geschlagen. Aber immer ist die Nähnadel nicht gefunden und Hodge hat ungeflickte Beinkleider an, was ihm um so empfindlicher ist, weil ein junges hübsches Mädchen ihre Augen auf ihn geworfen hat und ihre Blicke nun leicht auch auf die unbedeckte Stelle fallen könnten. Hodge wird deshalb ganz rasend über den Verlust der Nähnadel. Die Frau ist in Verzweiflung, sie beschuldigt Jeden, ihr dies theure Kleinod entwendet zu haben, ja sie entzweit sich selbst mit Hodge darum. Zuletzt muß noch der Richter gerufen werden, er versöhnt die Parteien und giebt Hodge einen tüchtigen Schlag auf den bewußten vielbesprochenen Ort. Er schreit furchtbar auf, ein entsetzlicher Schmerz in seinem Steiß, es prickelt wie tausend Nadeln. Und o Wunder, da ist sie! — in Hodge's Steiß steckt Frau Gammer Gurton's Nähnadel! — Triumphirend zieht der Freund und Dulder sie hervor, Frau Gammer Gurton ist selig und umarmt Hodge vor Freude. Alle Uebrigen drücken ihre Zufriedenheit aus.

An der dramatischen Composition dieses Stücks

ist noch zu bemerken, daß der Verfasser die Einheit des Orts und der Zeit darin mit einer besonderen Sorgfalt beobachtet hat. Die rohe Freude an einer schmutztriefenden Symbolik, welche sich in der Komödie ausspricht, ist freilich auf die Rechnung des ganzen Zeitgeschmacks, wie er damals bei allen Völkern gleichmäßig sich offenbarte, zu setzen. Man ersieht aber aus diesem sich besonders darin hervorthuenden Stück, welches noch dazu dem Mitglied einer englischen Universität zugeschrieben wird, wie Shakspeare in den anstößigen Partieen seiner Stücke, über die sich unsere heutige Gewohnheit und Bildung so oft verwundert hat, eigentlich schon eine große poetische Milderung dieser in der ganzen Zeitstimmung beliebten Unflätigkeiten bewirkt.

13. Die Histories der Engländer.

Einen bedeutenderen Versuch, zur Gestaltung eines regelmäßigen Drama's zu gelangen, und die engbegränzte Sphäre der Mysterien und Moralitäten zu überwinden, machte die englische Dramatik in einer eigenthümlichen Gattung historischer Schauspiele, die

Histories genannt wurden, und aus deren umfassenderer Anlage, höherem Stil und kunstgebildeterer Durchführung die hohe Tragödie der Engländer ihre Anfänge herzuleiten hat. Es wurden aber diese historischen Stücke, obwohl sie nachher in dem Begriff der Tragödie wie der Komödie aufgingen, in England lange als eine eigenthümlich für sich bestehende Gattung neben der Tragödie und Komödie unterschieden. Selbst die spätere englische Kritik theilte noch Shakspeare's Werke nach diesen drei dramatischen Grundformen der Tragödie, Komödie und der History ab, wie denn auch in der bekannten Dramaturgie, welche Polonius im Hamlet auskramt, die Gattung der History besonders erwähnt wird.

Die nationale Grundlage dieser historischen Stücke bildete die englische Geschichte selbst, die in dieser Zeit durch den zum Volksbuch gewordenen Mirrour for Magistrates (Spiegel für Staatsmänner), der durch Thomas Sackville Lord Buckhurst[1] angeregt und durch Richard Baldwin und George Ferrars vollendet worden, eine sehr populaire Verarbeitung erhalten hatte. Durch dieses in poetischer Form gehaltene Geschichtswerk (zuerst im Jahre 1559

[1] Zuletzt Graf von Dorset, Großschatzmeister von England unter der Regierung der Königin Elisabeth und König Jacobs I.

gedruckt) war eine Galerie historischer National-
charaktere eröffnet worden, welche in anziehender
Darstellung, und offenbar schon mit der Absicht, auf
den hohen dramatischen und tragischen Stoff in der
Geschichte des englischen Volkes hinzuweisen, anre-
gend und begeisternd vorgeführt wurden.

Thomas Sackville, der im Jahre 1530 geboren worden, ein Mann von großen staatsmänni-
schen wie poetischen Talenten, hatte sich mit umfas-
sendem Geist und genialem Instinct ein hohes Ziel
gesteckt, zu dem er die Poesie seiner Nation erheben
wollte, und wenn er auch selbst nicht die schaffende
Kraft hatte, sie seinem Ideal gemäß zu gestalten, so
glaubte er ihr doch aus der Perspective der Geschichte
eine neue große Bahn vorzeichnen zu können. Daß
er ein größerer Staatsmann als Dichter gewesen
(und als ersterer hatte er sich in seiner Zeit in den
vielfachsten politischen und diplomatischen Geschäften
bewährt), zeigte er auch darin, daß er bedeutender in
der Anregung und Eröffnung des einzuschlagenden
Weges als in der Ausführung des auf demselben zu
Erlangenden war. Schon in dem Spiegel für
Staatsmänner bewies er durch die Einfassung
des Gemäldes in einer allegorischen Vision, daß
seine Phantasie nicht viel eigenes schöpferisches Leben

in sich hatte.¹ Er selbst legte aber sofort Hand an, um die neue Befruchtung der Poesie durch die Volksgeschichte, woraus er eine lebendige Quelle historischer National-Dramatik herleiten wollte, an einem productiven Beispiel hervortreten zu lassen. Aus diesem Beweggrunde dichtete er seine Tragödie Ferrer und Porrer, welcher er später den Titel Gorboduc beilegte. Dies Stück, von welchem er aber auch nur zwei Acte selbst arbeitete, und zwar die beiden letzten, während er die drei ersten durch seinen Freund Thomas Norton ausführen ließ, wurde zuerst am 18. Januar 1561 von den Studenten des Inner Temple vor der Königin Elisabeth zu Whitehall in London gespielt, scheint aber nie auf einem öffentlichen Theater zur Darstellung gekommen zu sein.²

Diese Tragödie zeigt allerdings auf ihrem stofflichen Grunde den Fortschritt, daß sie über den biblischen, moralischen und allegorischen Kreis der Mysterien und Moralitäten weit hinausging, und die Scene nach der einen Seite in das Innere menschlich bewegter Zustände, nach der andern in ein nationales Bereich verlegte, das freilich hier nur noch der

¹ Vgl. Bouterwek, Geschichte der englischen Poesie I. S. 168.
² Vgl. Malone, historical account on the english stage p. 28, 29. — Lessing, Geschichte der engl. Schaubühne a. a. O. S. 13.

alten sagenhaften Volksgeschichte angehörte. Es ist Gorboduc, König von England, der sein Reich noch bei seinen Lebzeiten unter seine Söhne Ferrex und Porrex vertheilt hat. Diese gerathen in Kämpfe miteinander; der ältere ermordet den jüngeren, den Liebling der Mutter; die Mutter tödtet dafür den Mörder, worauf wieder der König die Königin ermordet. Damit aber dies wechselseitige Morden seinen Schlußpunkt finde, steht zuletzt das Volk auf und macht sich über den alten Gorboduc her, dessen Tod das Stück beschließt.[1]

In der Composition seines Stückes ist Sackville zum Theil den Formen des antiken Drama's gefolgt, obwohl er auch wieder in der Behandlung von Zeit und Ort von demselben abweicht, wie denn der vierte und fünfte Act allein eine Zeitdauer von fünfzig Jahren umfassen. Seine Stärke und Eigenthümlichkeit hat das Stück in der hohen tragischen Sprache der Leidenschaft, wie sie hier zum Erstenmal im englischen Drama vernommen wird und den großen Stil der englischen Tragödie einleitet. Die ersten vier Acte werden durch einen Chor geschlossen, wel-

---

[1] Das Stück findet sich in Dodsley Collection of old plays Vol. II. mitgetheilt. Pope, ein großer Lobredner dieser ersten englischen Tragödie, veranstaltete eine neue Ausgabe derselben, London 1739.

hen der Verfasser, vielleicht um dem durch die Moralitätenspiele genährten allegorischen Geschmack des Zeitalters noch in Etwas sich anzuschließen, aus allegorischen Personen bestehen läßt. Auch zeigt uns dies Drama recht anschaulich den auf der englischen Bühne lange geübten und auch zu Shakspeare's Zeit noch gekannten Gebrauch der pantomimischen Vorspiele (dumb show), welche mit Musik begleitet waren und in sinnbildlicher Art den Inhalt jedes Acts vor Beginn desselben darstellten. Im Innersten der Sackville'schen Tragödie fehlt es aber an Lebenswärme und Kraft, und wie er weder ganz antik noch ganz romantisch war, so fehlte ihm in seiner Combination auch der wahre Ueberschwung des modernen dramatischen Genius.

Das Beispiel Sackville's zog jedoch in dieser Zeit eine Menge ähnlicher Productionen nach sich, welche als historische Stücke und Tragödien, zum Theil nach englischen Chroniken gearbeitet, hervortraten und vornehmlich in die Jahre zwischen 1570 und 1590 zu setzen sind. Ein wilder und bombastischer Stil, blutige und schaudervolle Ereignisse charakterisiren vorherrschend diese Stücke, von denen nur noch ein kleiner Theil in der Literatur übrig geblieben ist. Es ist dies die dunkle Zeit der englischen Bühnenproduction, welche vielfach die Forscher des englischen Theaters beschäftigt hat, und in der auch namentlich die Vorarbeiten zu Shakspeare's historischen Dramen und manche Stücke fallen, die man oft zu bereitwillig unter die dramatischen Jugendversuche und Studien Shakspeare's gereiht hat. Jedenfalls fand Shakspeare schon den Boden des nationalen historischen Drama's, auf dem er so bewundernswürdige Schöpfungen entstehen ließ, reich angebaut, und es scheint ausgemacht, daß sämmtliche historische Stoffe, welche Shakspeare in seinen Stücken behandelte, schon vor ihm theils dramatisch bearbeitet, theils auf der englischen Bühne selbst zur Darstellung gekommen waren.[1]

14. Die Anfänge des spanischen Drama's.

Der Ursprung des Drama's bei den Spaniern zeigt sich uns in Verbindung mit den geistigen Elementen eines Volkes, das ursprünglich in der höchsten historischen Thatkraft wie in der glücklichsten politischen Organisation sich darstellt, und darum auch zu den größten und glänzendsten Thaten der

[1] Vgl. Malone, Historical account on the english stage p. 39.

Dichtkunst berufen ward, wie es denn namentlich auf dem Gebiet des Drama's und Theaters so viel schaffende Phantasie und einen solchen Reichthum eigenthümlicher Erfindung bewiesen, daß fast alle Theaterdichter Europa's bis auf die heutige Zeit von spanischen Stoffen und Erfindungen gelebt haben.

Die Fortbildung von der volksthümlichen Romanzenpoesie zu einer höheren kunstmäßigen Gestaltung der nationalen Poesie und Literatur geschah bei den Spaniern durch die Ausbildung der dramatischen Form, die hier schon in den Volksromanzen selbst ihre charakteristischen Keime getrieben hatte. Das innerlich dramatische Element der spanischen Romanze ist schon öfter hervorgehoben worden, und es beruht namentlich in der freien und beweglichen Ausbildung der Situation, die in dieser nationalen Dichtungsweise oft schon dialogartig heraustritt, und zugleich durch den dramatischen und mimischen Vortrag, welchen die Joglares und Spielleute, wie auch das singende Volk selbst, diesen Romanzen zu Theil werden ließen, noch lebendiger entwickelt wurde.[1]

Die Romanze war der erste poetische Ausdruck für den starken Natur- und Freiheitscharakter der

---

[1] Vgl. Schack, Geschichte der dramatischen Literatur und Kunst in Spanien I. 104 flgd.

spanischen Nation, welche darin die vielfältigsten Lebenstöne in kerngesunder Frische aneinanderreihte, und zugleich die Vermischung des nationalen Charakters mit dem arabischen Bildungselement auf eine freie, schöpferische Weise vollbrachte. Von der manierirten Romantik, welche später in den Volkscharakter eindrang, und in Verbindung mit den specifischen Richtungen der katholischen Religion auch die Poesie, namentlich aber das spanische Drama wesentlich bestimmte, ist hier in dieser freien Romanzenwelt noch keine Spur. Die Romanze bleibt aber, nachdem die dramatische Form sich schon selbständig gebildet hat, gewissermaßen die Vermittlerin des Drama's, indem sie dasselbe entweder als Prolog (Loa) einleitet oder sich auch wieder als ein organischer Theil desselben in seine eigene Mitte eindrängt und dort die glänzenden lyrischen Partieen des romantischen Schauspiels ausfüllen hilft.

Die ersten Anfänge des Drama's zeigen sich auch bei den Spaniern in den kirchlichen Mysterienspielen, die aber hier nicht unter diesem Namen, sondern unter dem der Autos sacramentales erscheinen, in welcher Weise sie aber nicht bloß der Stufe volksthümlicher Production, wie wir dies bei andern Völkern gesehen haben, angehören, sondern auch von den ausgezeichnetsten spanischen Dichtern mit besonderer Vorliebe behandelt werden. Schwerlich aber hat Spanien den Anstoß zur dramatischen Poesie von den Arabern erhalten, eine Vermuthung, die zuerst ein spanischer Literarhistoriker [1] aufstellt, die sich aber wenigstens auf keine thatsächlichen Denkmale der arabischen Dichtkunst hat stützen wollen.

Die Anfänge der Autos der Spanier zeigen sich ebenfalls, wie die Mysterienspiele der Franzosen, Italiener, Engländer, Deutschen, mehrfach als zersetzende und burleske Darstellungen des kirchlichen und religiösen Inhalts, die hier schon in der Mitte des dreizehnten Jahrhunderts üblich waren, und nicht bloß in den Kirchen und von den Priestern, sondern zum Theil auch schon von professionsmäßig bestehenden Schauspielern theatralisch und mimisch ausgeführt wurden. Von Art und Form dieser Spiele sind wenig andere zuverlässige Nachrichten übrig geblieben, als die aus den alten Gesetzen und Kirchenverordnungen, durch welche ihre zügellose Richtung eingeschränkt werden sollte, hervorgehen. So heißt es in dem Verbot einer im Jahre 1473 zu Toledo gehaltenen Synode: „Da sowohl in verschiedenen erz-

---

[1] Velazquez, Geschichte der spanischen Dichtkunst, deutsch von Dieze, S. 201.

bischöflichen und bischöflichen, als auch in anderen Kirchen unserer Provinz von Alters her die Sitte eingerissen ist, daß an verschiedenen Festtagen, z. B. an Weihnachten, am Tage St. Stephani, und St. Johannis und der Unschuldigen Kinder, sowie auch bei den ersten Messen eines neuen Priesters, während des Gottesdienstes Schauspiele mit Larven, Ungethümen und zuweilen höchst unanständigen Erfindungen in den Kirchen aufgeführt werden, wobei Lärmen, schändliche Verse und lästerliche Reden vorfallen, so daß der Gottesdienst und das Volk in seiner Andacht gestört wird, so verbieten wir dergleichen Larven, Spiele, Ungethüme, Spectakel und Gaukeleien, sowie das Recitiren schändlicher Gedichte auf das Ernstlichste, und verfügen, daß diejenigen Geistlichen, welche sich auf die Beimischung solcher unehrbaren Spiele in der Kirche einlassen oder solche gestatten, wenn sie in den gedachten Kirchen Beneficien genießen, um einen Monatsbetrag derselben gestraft werden. — Hierdurch aber wollen wir ehrbare und fromme Darstellungen, welche das Volk zur Andacht stimmen, weder an den gedachten noch an den anderen Tagen verboten haben."

Die Richtung dieser Darstellungen bewies auch

[1] Vgl. Alt, Kirche und Theater S. 419.

in Spanien, wie der Volksgeist aus den eigenen Gründen seines Wesens heraus überall dieselbe Stellung zu den positiven Ueberlieferungen des Kirchenglaubens einnimmt. Der spanische Nationalcharakter zeigte sich nicht verschlossener und unergiebiger als jeder andere für ein ironisches Spiel mit den privilegirten Heiligthümern, und wenn dies Land später die Inquisition und den Jesuitismus aus seiner Mitte entsandte, so waren diese Erscheinungen auch hier nur künstlich eingeimpfte, wenn sie auch durch besondere Kunstgriffe der Gewalt in diesem Lande mehr als anderswo heimisch gemacht und in Kraft gesetzt wurden.

Als eine eigenthümliche Vorbereitung der dramatischen Form erblicken wir aber noch bei den Spaniern eine gewisse Gattung von Gesprächspielen, welche ihren Gegenstand dialogisch behandelten, jedoch nicht zur eigentlichen Darstellung bestimmt gewesen zu sein scheinen. Von dieser Art ist vornehmlich die satirische Ecloge Mingo Rebulgo, welche der ersten Hälfte des funfzehnten Jahrhunderts angehört, ein Dialog, der zwischen zwei Schäfern stattfindet, welche sich über Hof und Regierung des damals herrschenden Johann II. in ziemlich scharfen politischen Anspielungen miteinander unterreden.[1] Ausgebildeter und mehr einer dramatischen Composition ähnlich ist die Comedieta de Ponza, welche den berühmten Marques de Santillana, der am Hofe Johanns II. lebte, zum Verfasser hat. Dieser Dialog hat schon eine begebenheitliche Grundlage, indem er die Schicksale der Königinnen von Aragon und Navarra und der Infantin Donna Catalina behandelt, welche an die bei der Insel Ponza vorgefallene Seeschlacht zwischen den Genuesern und den Königen von Aragon und Navarra (1435) sich knüpfen.

Als ein solches Gesprächspiel, jedoch mehr dem Roman als dem Drama sich zuneigend, obwohl der äußeren Form nach in einer bestimmten dramatischen Einfassung, ist auch die Celestina, tragicomedia de Calisto y Meliboa (1500) anzusehen, ein Product, das einen bestimmten Einfluß auf die Entwickelung der dramatischen Poesie, und vornehmlich des Lustspiels in Spanien ausgeübt hat. Die ächt komische Grundlage dieses wahrscheinlich schon in der Mitte des funfzehnten Jahrhunderts entstandenen Romans mußte sich auch namentlich zur Begründung eines nationalen Lustspiels günstig erweisen. Nach der

[1] Schack (a. a. O. S. 124) glaubt diese Schilderung auf die Hofhaltung Heinrichs IV. beziehen zu müssen.

Meinung einiger Literarhistoriker wurde der erste Act dieser (im Ganzen auf 21 Acte sich belaufenden) Composition von Juan de la Mena, oder auch von Rodrigo de Cota gedichtet, worauf der Baccalaureus Fernando de Rojas die übrigen 20 Acte hinzugefügt haben soll, welcher letztere jedoch auch von Einigen für den Verfasser sämmtlicher Acte gehalten wird. Dies Product, nach dem Muster der alten lateinischen, dem Ovid zugeschriebenen Komödie Pamphilus de documento amoris gearbeitet, ist ein seltsames Charaktergemälde von den Verirrungen der Leidenschaft und von dem gefährlichen Treiben verliebter und liederlicher Jugend, wobei hauptsächlich das nationale Element in den lebendigsten Schilderungen heraustritt. Nachahmungen dieses Werkes sowohl im Ganzen wie in einzelnen Charakterbildern erfüllten bald die ganze spanische Literatur, und dauerten bis tief in das sechszehnte Jahrhundert hinein.[1] Fast alle übrigen Völker eigneten sich die Celestina durch Uebersetzungen an.

Diese Anfänge des spanischen Drama's wurden durch einige andere Schriftsteller schon mit mehr

---

[1] Vgl. Gräße, Handbuch einer allgemeinen Literärgeschichte. II. 2. Abth. S. 1181. — Langhans, Blumenlese aus der spanischen Literatur des Mittelalters (Wien 1829) S. 47 figd.

schöpferischer und bewußter Kraft ergriffen und zu der höheren Ausbildung vorbereitet, die später vorzugsweise den Glanz und die Beweglichkeit des spanischen Nationalgeistes aufzeigte.

Hier ist zuerst Juan del Encina zu nennen, der überhaupt als der erste spanische Dramatiker von einiger Bedeutung angeführt wird, indem er die eigenthümlichen Pastoralgespräche der Spanier zu einer schon bestimmteren dramatischen Form erhob, und geistliche und weltliche Schäferspiele in einer bereits künstlicher zusammengesetzten Handlung daraus machte. Er war um das Jahr 1469, wahrscheinlich in Salamanca, geboren, und soll, da er auch ausgezeichnete Kenntnisse in der Musik besaß, eine Zeitlang bei Leo X. Director der päpstlichen Capelle gewesen sein. In Spanien lebte er besonders in der Gunst des Don Fadrique, ersten Herzogs von Alba, der in seinem Palast einen eigenen Betsaal hatte, welcher ganz in der vollständigen Scenerie des heiligen Grabes eingerichtet war. Für diesen frommen Herzog schrieb Encina seine Weihnachtsspiele, die er Eclogen benennt, und welches theatralische Spiele zum heiligen Christfest waren, die am Weihnachtsabend in dem herzoglichen Palast aufgeführt und mit einem musikalischen Nachspiel beschlossen wurden. Diese Andachtsspiele fanden vor dem sogenannten Nacimiento (oder Darstellung der Krippe des Christkindes) Statt. Der Hergang in diesen Weihnachtsdramen ist ungemein einfach. Sie bestehen fast nur aus Gesprächen einiger Hirten, die zuweilen auch als Repräsentanten der vier Evangelisten auftreten, und in ihren Freudenbezeugungen über die zu erwartende Geburt des Heilandes auch wohl noch Gelegenheit finden, der Herzogin von Alba einige Artigkeiten zu sagen. Zum Schluß eines solchen Spiels wird dann das Weihnachtslied (Villancico) angestimmt, wie es auch in den spanischen Kirchen selbst gesungen zu werden pflegte.

Um Vieles bedeutender erscheinen bereits die Compositionen von Gil Vicente, einem portugiesischen Dichter, der um das Jahr 1480 zu Barcellos, nach Einigen auch zu Lissabon, geboren wurde. Er schrieb seine Werke in portugiesischer aber auch in spanischer Sprache, und in einigen seiner Dramen kommen beide Sprachen sogar abwechselnd vor. Wenn auch nicht bewiesen werden kann, daß seine Stücke in Spanien selbst zur theatralischen Darstellung gelangten, so übten sie doch auch hier auf die Entwickelung der dramatischen Form den größten Einfluß aus, und der Ruhm des Dichters war in seinem Jahrhundert so bedeutend, daß Erasmus von Rotterdam bloß aus dem

Grunde Portugiesisch gelernt haben soll, um die
Werke des Gil Vicente lesen zu können. Er blühte
mit seinen Stücken besonders in der Regierungszeit
Johanns III., der so entzückt von seinen Schauspielen
war, daß er selbst Rollen darin übernahm und bei
der Aufführung mitwirkte. Dieser Dichter bildete mit
großer dramatischer Erfindungs- und Darstellungskraft besonders die Gattung der Autos aus, in denen bei ihm der religiöse Inhalt bald in einfacher
idyllischer und volksthümlicher Form, bald in einer
gedanken- und phantasiereichen aber auch höchst abenteuerlichen Allegorie erscheint.

Eine seiner merkwürdigsten Compositionen ist das
Auto da Feyra. Es beginnt mit einem langen Monolog des Planeten Merkur, der uns in wohlgesetz-
ten Strophen die Construction des Weltsystems erläutert. Darauf erscheint die Zeit auf der Bühne,
und verkündet, daß zur Ehre der heiligen Jungfrau
ein großer Jahrmarkt, so wie dieselben zu Antwerpen
und Medina stattfänden, abgehalten werden solle.
Nun erblicken wir einen Seraph, der die eingeschlum-
merten Päpste und die träumenden Seelsorger auf-
weckt, und sie ermuntert, sich auf dem Jahrmarkt der
Zeit neue Kleider zu kaufen. Aber er selbst hat noch
allerhand andere Kleider feil, so z. B. bietet er die

„Gottesfurcht nach Pfunden" zum Verkauf an, und auch die christliche Liebe wird nach demselben Gewichtsmaaß ausgeboten. Mitten in den heiligen Handel hinein kommt der Teufel, um gleichfalls hier seine Bude aufzuschlagen. Seraph und Zeit protestiren zwar dagegen, aber der Teufel behauptet, er werde hier gute Geschäfte machen und der Käufer nicht entbehren. Merkur ruft die heilige Roma herbei als Repräsentantin der Kirche, sie kommt und sucht die streitenden Parteien dadurch zu versöhnen, daß sie den Frieden der Seele zum Kauf anbietet. Aber der Teufel lehnt sich dagegen mit heftigen Worten auf und Roma muß sich entfernen. Man sieht jetzt zwei Bauern auftreten, von denen der eine seine Frau gern an den Teufel verkaufen möchte und sie allenfalls auch umsonst ablassen will. Dann hört man die Unterhaltung zweier Bäuerinnen, von denen die eine sich in ungemein offenherzige und naive Klagen über die Fehler und Gebrechen ihres Eheherrn ergießt. Das Gedränge der Bauern und Bäuerinnen um die Bude des Teufels mehrt sich jetzt, und eine fromme Bauerfrau, welche den Teufel hinter dem Kaufmann wittert, läßt sich jetzt den Ausruf: Jesus! Jesus! wahrer Gott und Mensch! entwischen. — Sofort verschwindet der Teufel, und nun mischt sich der Seraph unter das Marktgewühl, und bietet allerlei Tugenden an, für die er aber wenig Abnehmer findet. Besonders die Bauerndirnen wollen nicht kaufen, und versichern dem Seraph, ihre Freier sähen weniger auf Tugenden als auf Geld. Eine aber erklärt sogar, daß dieser Handel des Seraphs um so unpassender sei, weil man sich ja hier auf dem Markt der heiligen Jungfrau befinde, die gewiß ihre Gnadengeschenke nicht verkaufe, sondern sie nur in ihrer Huld verschenke. Es folgt nun ein Villancico zur Ehre der Mutter Gottes, und damit schließt das Stück.[1]

In dem Auto da alma tritt die Mutter Kirche nicht minder grotesk als Gastwirthin der Seelen auf. Das bedeutendste und umfangreichste seiner Autos ist aber das „Summarium der Geschichte Gottes", eine Dramatisirung der ganzen heiligen Schrift vom Paradiese bis zur Himmelfahrt Christi. Den Prolog spricht ein Engel, und Lucifer mit einem reichen Gefolge von Teufeln, die seine Hofbeamten sind, und unter denen Satanas als Geheimrath und Staatsminister Lucifers erscheint, eröffnet eine Art von Vorspiel, worin die Verführung des ersten Elternpaares vorgenommen wird.

[1] Bouterwek, Geschichte der spanischen Poesie S. 107. — Schack, Geschichte der dramatischen Literatur und Kunst in Spanien I. 109.

Die weltlichen Stücke des Gil Vicente zerfallen in Komödien, Tragikomödien und Farcen, und haben bei roher und massenhaft hingeworfener Anlage manchen trefflichen komischen Zug, eine oft sehr kecke und sinnreiche Erfindung, und eine dramatisch lebendige Durchführung, welche schon der ausgebildeteren Form dramatischer Poesie sich nähert. Seine Stücke kamen größtentheils in den königlichen Schlössern zu Lissabon, Evora und Coimbra zur Aufführung, und scheinen schon durch eine nicht unerhebliche Anwendung künstlicher Maschinerieen und Decorationen unterstützt worden zu sein.[1]

Einen bestimmteren Einfluß auf die Gestaltung des spanischen Bühnenwesens gewann Bartolomé de Torres Naharro, ein Geistlicher, der einen Theil seines Lebens in Italien, namentlich in Rom, verbrachte und dort seinen poetischen Geschmack klassisch ausbildete, wie sich auch bei seinen eigenen dramatischen Dichtungen, wenigstens in der regelmäßigen und organischen Form, welche er denselben zu geben suchte, an den Tag legte. Torres Naharro gab zu Rom im Jahre 1517 unter dem Titel Propaladia eine Reihe von Dichtungen heraus, unter

[1] Vgl. Schack, Geschichte der dramatischen Literatur und Kunst in Spanien I. 179.

denen sich auch sechs (in einer späteren Ausgabe acht) Komödien befanden, die er zugleich mit eigenthümlichen theoretischen Bemerkungen über Art und Kunst des Drama's begleitete. Man findet darin neben mancherlei einzelnen dramaturgischen Bemerkungen schon eine bestimmte Unterscheidung zwischen Tragödie und Komödie, welche letztere noch in zwei Untergattungen, in die Komödie der wirklichen Begebenheit, Comedias a noticia, und in die Komödie der phantastischen Handlung, Comedias a fantasia, zerlegt wird. Das dramatische Gedicht selbst theilt er nach der angenommenen klassischen Ueblichkeit in fünf Acte, welche er Jornadas (Tagfahrten) benennt, weil sie ihm gewissermaßen Stationen der Lebensreise zu sein schienen. Zur Einleitung seiner Komödien bedarf er eines Introito und eines Argomento. Der erstere, der gewöhnlich scherzhaft durch einen Bauerntölpel ausgeführt wird, hat nur den ganz allgemeinen Becomplimentirungszweck mit den Zuschauern, die dadurch zur Aufmerksamkeit auf die Vorstellung eingeladen werden. Im Argomento wird aber von der Fabel des Stücks eine vorläufige gedrängte Anschauung gegeben.

Was die Stücke des Naharro anbetrifft, so sind sie in der Geschichte des spanischen Drama's dadurch besonders merkwürdig geworden, daß sie den Grundtypus des nationalen Intriguenspiels aufgestellt, und damit diejenige Gattung, welche später auf der spanischen Bühne vorzugsweise als die der **Mantel- und Degen-Stücke** einheimisch und in der Bedeutung des eigentlich spanischen Nationalschauspiels herrschend wurde, gewissermaßen erfunden haben.

Nach Naharro haben wir hier noch Lope de Rueda zu nennen, ein in der zweiten Hälfte des sechszehnten Jahrhunderts lebender Goldschläger aus Sevilla, der auch als Schauspieler mit einer eigenen Bande umherzog, und Lustspiele und Schäferspiele, zum Theil ebenfalls mit sehr verwickelter Intrigue, schrieb und zur Aufführung brachte. Den Zustand des spanischen Theaters in dieser frühesten Entwickelungszeit lernen wir aber am besten aus dem Munde des Cervantes kennen, welcher in der Vorrede zu seinen acht Schauspielen sich folgendermaßen darüber äußert:

„Man sprach in einer Gesellschaft von Demjenigen, der zuerst in Spanien das Schauspiel aus den Windeln nahm und es in Pracht und Herrlichkeit kleidete. Als der Aelteste von Denen, die gegenwärtig waren, sagte ich, daß ich mich erinnerte, den großen Lope de Rueda, einen gleich ausgezeichneten Mann in der Darstellung wie in der Einsicht, recitiren gesehen zu haben. Er war zu Sevilla geboren und seines Gewerbes ein Goldschläger. **Er war bewundernswürdig in der Schäferpoesie, und in** dieser Gattung hat weder vor noch nach ihm irgend Jemand ihn übertroffen. Ob ich gleich nicht über die Güte seiner Verse urtheilen konnte, weil ich noch ein Kind war, so waren mir doch einige im Gedächtniß geblieben, die ich, indem ich sie jetzt in einem reifen Alter wieder durchgehe, ihres Rufes würdig finde. Zur Zeit dieses berühmten Spaniers war die ganze Geräthschaft eines Schauspieldichters und Theaterdirectors in einem Sack enthalten, und bestand in vier weißen Schäferpelzen, mit vergoldetem Leder besetzt, vier falschen Bärten und Ätzeln, und vier Schäferstäben, mehr oder weniger. Die Schauspiele waren nur Unterredungen, wie Eclogen, zwischen zwei oder drei Schäfern und einer Schäferin; man verschönerte und verlängerte sie mit zwei oder drei Zwischenspielen von einer Negerin, Kupplern, Tölpeln oder Biscajern. Derselbe Lope spielte vier Rollen mit aller Vortrefflichkeit und Wahrheit, die man erdenken kann. Zu jener Zeit gab es keine Coulissen, keine Gefechte zwischen Mauren und Christen zu Fuß und zu Pferde; da gab es keine Gestalt, welche durch die Theaterversenkung aus dem Mittelpunkt der Erde hervorstieg oder emporzusteigen schien, und die Bühne bestand aus vier in ein Viereck gestellten Bänken, mit vier oder sechs Brettern darüber, so daß sie sich vier Hand breit über den Boden erhob. Man sah keine Engel oder Geister auf Wolken vom Himmel herabsteigen; der ganze Zierrath des Theaters war ein alter an Schnüren zu beiden Seiten aufgehängter Teppich; er trennte den Platz der Zuschauer von der Bühne. Dahinter stellte man die Musiker, welche ohne Guitarre irgend eine alte Romanze sangen. Lope de Rueda starb, und wegen seiner Berühmtheit und Vortrefflichkeit bestattete man ihn zwischen den beiden Chören in der großen Kirche zu Cordova, wo er gestorben war, an derselben Stelle, wo jener berühmte Narr, Louis Lopez, auch begraben liegt. Naharro, aus Toledo gebürtig, folgte dem Lope de Rueda; er machte sich berühmt besonders in der Rolle eines hasenherzigen Kupplers. Naharro vermehrte um etwas den Apparat der Schauspiele. Er zog die Musik auf die Bühne, welche vorher hinter dem Vorhang ertönte; er nahm den Spaßmachern ihre Bärte, denn bis auf ihn hatten sie nie ohne einen falschen Bart gespielt. Er wollte, daß Alle sich frank und frei zeigten, ausgenommen diejenigen, die alte Rollen spielen oder ihr Gesicht verändern mußten. Er erfand die Coulissen, die Wolken, den Donner und Blitz, die Zweikämpfe und Schlachten."

Dritter Abschnitt.

Tragödie und Komödie der antiken und modernen Welt.

1. Die Sonderung des Tragischen und Komischen.

In den ersten Gestaltungen des Drama's, die noch mehr dem massenhaft arbeitenden dramatischen Volksgeist als dem nach Vollendung künstlerischer Formen trachtenden Genius angehören, hatten wir ein unmittelbares Nebeneinanderstehen der tragischen und komischen Lebens- und Darstellungs-Elemente als eine wesentlich charakteristische Eigenschaft zu bemerken.

In den späteren Erzeugnissen des selbstbewußten dramatischen Genius begegnen wir zwar auch nicht selten dieser Vermischung, aber sie ist darin zugleich in ihrer gegensätzlichen Bedeutung bestimmt gefaßt, und soll nur dazu dienen, die von diesem Contrast unberührte Grundidee des Ganzen in ihren verschiedenen Reflexen zu beleuchten. So hat namentlich Shakspeare in seinen Tragödieen die Partieen des

Komischen eingestreut und darin gewissermaßen elementarisch wirken lassen.

In den Mysterienspielen aber, mit welchen das moderne Theater beginnt, ist das Tragische und Komische noch nicht aus der Grund= und Lebens=Idee des Ganzen in gesonderter und bewußter Entgegensetzung herausgetreten, sondern liegt noch in derselben unklar verwickelt und eingeschlossen da. Das Ernste und Heilige ist es selbst, welches in jenen Darstellungen dem Scherz und dem Possenhaften verfallen war, und das entweder stark genug sich zeigte, um diese Feuerprobe des Volksspottes auf seinem eigenen Gebiet auszuhalten, oder auch schon als ein kränkelndes und zur Auflösung bestimmtes Element in diese ironische Sphäre sich hineinziehen lassen mußte.

Der schaffende Geist kann auf seinen höheren Bahnen dies chaotische Durcheinanderwerfen aller Lebenselemente nicht vertragen. Denn die wahre Production ist auch immer eine klare Sonderung der ursprünglichen Lebensstoffe, die, wenn der schöpferische Lichtstrahl des gestaltenden Geistes sie trifft, sich durch ihn in ihrer Eigenart formen, und darin so wenig sich vergreifen, wie das Naturgewächs sich vergreifen kann, das die gesunde Entfaltung der in seinem Lebenskern eingeschlossenen Formen und Richtungen ist. In der bewußten Welt der Kunstgestaltung sondern sich daher auch die Gebiete des Tragischen und Komischen wie selbständige, in einem ursprünglichen Lebensbegriff wurzelnde und daraus ihren künstlerischen Organismus sich eigenthümlich erzeugende Gattungen. In der Tragödie und Komödie erscheint das Drama auf den beiden Höhepunkten seiner Auffassung und Darstellung des menschlichen Daseins, dessen Hauptbewegungen nach zwei grundverschiedenen und sich polarisch gegenüberstehenden Richtungen hin es darin abbildet.

Der dramatische Geist erweist sich darin zugleich als ein speculativ erkennender, und als der mit den innersten Prinzipien des Menschengeistes vertrauteste und ihrer mächtigste Kunstgeist. Denn in diesen seinen beiden Haupt= und Grundformen, der Tragödie und Komödie, erfaßt er die entscheidendsten Angelpunkte des menschlichen Seins, und legt den Lebensbegriff in seiner innersten Wesenheit und Polarität auseinander. Die epische Poesie kann sich zwar auch zur Scheidung eines vorzugsweise komischen und vorzugsweise tragischen Epos herbeilassen, aber grundthümlich hat sie nicht die Aufgabe, die menschlichen Dinge unter einem einzigen entscheidungsvollen Gesichtspunkt so bestimmt zusammenzufassen, daß in ihnen entweder die Tragödie oder die Komödie des Lebens zum Bewußtsein und zur Anschauung kommt. Das Epos verhält sich eigentlich seiner Natur nach indifferent gegen diese beiden Hauptentscheidungen des Daseins, die es in dem langen und immer weiter ziehenden Strom des Lebens dahingestellt sein läßt. Das Drama aber, welches in allen Dingen Partei nimmt und in der Handlung zugleich eine bestimmte Lebensmeinung und Willensrichtung vorstellt, tritt wie ein Anwalt des Menschen der ganzen Schöpfung gegenüber, und hat es demgemäß immer mit einem Prozeß zu thun, der so und nicht anders sein kann, und der nach bestimmt gegebenen Voraussetzungen und Maximen zu verfechten ist, wenn er überhaupt gewonnen werden soll.

---

2. Der Begriff des Tragischen. Die antike Schicksalsidee.

Je bedeutungsvoller das menschliche Dasein sich hebt und bewegt, desto nothwendiger tritt in ihm das Moment einer tiefinneren Entzweiung des Lebens hervor, welche in dem Kampf um die höchsten Formen der Existenz weder geistig noch thatsächlich ausbleiben kann. Dies ist die Entzweiung des Menschen mit seiner Bestimmung, die auf doppelte Weise erfolgen und ihn aus der Harmonie des ruhigen Fortbildens seiner Zustände und Kräfte herausschleudern kann. Der Mensch überwirft sich mit dieser grundgesetzlich bestehenden Harmonie des Daseins, entweder weil sein Streben und Wollen größer, schöner und umfassender ist, als die thatsächlichen Umstände die es tragen sollen, in welchem Falle die objective Welt als die unübersteigliche Schranke für die schaffende Freiheit des Individuums erscheint; oder es überwirft sich, weil in sein eigenes Streben und Wollen falsche und einem verdorbenen Lebenskeim entsteigende Richtungen eingedrungen sind, die ihn verführen, sich selbst in seiner Willkür und Eigenheit als Zweck der ganzen Welt zu setzen, die ihn aber zugleich an den nothwendigen Schranken der sittlichen und materiellen Weltordnung anprallen und sich daran vernichten lassen.

In dieser Entzweiung liegt die tragische Bestimmung des Lebens, und das Tragische ist darum zugleich dieser Begriff, in welchem das ganze Dasein zu seiner höheren Entwickelung herausgetreten ist.

Denn die Conflicte dieser Art können nur auf den Höhe- und Gipfelpunkten des menschlichen Lebens erwachsen, wo es sich darum handelt, der Existenz etwas Dauerndes und Entscheidendes abzugewinnen, **Glück, Liebe, Herrschaft, Macht und Selbstbefriedigung aller Art** zu erringen und überhaupt der Persönlichkeit ihr Recht auf sich selbst und auf die Welt widerfahren zu lassen. Dies ist die Tragödie des Lebens, deren Auffassung und Darstellung nicht weise, poetisch und erhaben genug ausfallen kann, und die den größten Dichtern aller Zeiten und Völker stets als die höchste Aufgabe des künstlerischen Gestaltens vorgeleuchtet hat.

Die doppelte Spaltung, in welcher das tragische Verhältniß bestehen kann, entsprang, wie wir bemerkt haben, entweder aus dem Individuum oder aus der Welt, betraf aber jedesmal das innerste Wesen der Freiheit und Sittlichkeit, das durch den tragischen Kampf wiederhergestellt und als die ewige und unverrückbare Idee des Lebens selbst aufgezeigt werden soll.

In der ersten Spaltung, wo das Tragische aus den thatsächlichen Umständen und ihrer das Individuum preisgebenden Verkettung entsteht, gestaltet sich die Tragödie auf die einfachste und natürlichste Weise zur Verherrlichung der kämpfenden und ringenden Persönlichkeiten. Sie müssen erliegen, weil sie sich in einer unheilbaren und nicht wieder einzurenkenden Stellung zur Welt befinden, aber sie erreichen im Untergang ihr Ziel, indem sie eben deshalb sterben, weil sie frei geblieben und den Kern ihres Strebens und ihres Glücks unantastbar gerettet haben. Denn hätten sie diesen Kern preisgeben und wegwerfen wollen, so würden sie ihr Leben erhalten haben, aber in sich selbst zugleich unfrei geworden sein, unfrei, weil sie der wahren Idee ihres Lebens untreu wurden. Wenn Romeo und Julia auf ihre Liebe hätten verzichten und sie den schlechten Feindseligkeiten ihrer Familien unterordnen wollen, so würden sie nicht zu Grunde gegangen sein. Aber indem sie sich an den Schranken ihres Verhältnisses vernichteten, retteten sie den ewig süßen Kern ihrer Liebe, und im Tode das Glück und die Freiheit, welche ächt menschliche Dialektik der Grundcharakter alles wahrhaft Tragischen ist.

In der zweiten Spaltung, wo das Tragische aus dem Individuum und dessen falschen Richtungen kommt, handelt es sich ebenfalls um die Ausgleichung eines Existenzbruches, die nicht anders als durch den Untergang des kämpfenden Individuums erfolgen kann. Die allgemein menschliche Genugthuung der Freiheit, welche in dieser Art der Tragödien entsteht, ist gewissermaßen noch stärker und umfassender, denn es wird darin gezeigt, wie der Mensch in einer ewigen göttlichen Ordnung der Dinge sicher geborgen liegt, wie er in derselben seine Freiheit, sein Glück und seine Existenz hat, und wie er aus ihr nur durch sich selbst und durch einen Mißbrauch seiner Freiheit herausgeworfen werden kann. In den Tragödien der zuvor geschilderten Spaltung wird nur einseitig die Freiheit und das Glück des Individuums wiederhergestellt, und die hinter ihm zurückbleibende Welt steht werthlos im bleichen Schimmer ihres Unrechts und ihrer Unwürde da. Die Gestorbenen bleiben die einzig Beneidenswerthen. In den Tragödien aber, wo das Individuum verbrecherischer Eigenmacht und in ihr einer die ganze sittliche Weltordnung verneinenden Ausnahmestellung verfällt, wird durch seinen nothwendig hereinbrechenden Untergang nicht nur er selbst, sondern auch die hinter ihm zurückbleibende Welt auf das Maaß der ewigen unerschütterlichen Lebensidee zurückgeführt. Er selbst wird des vergeblichen Kampfes ledig, in dem er sein eigensüchtiges Selbst, seine Leidenschaft, seinen Haß an die Stelle der unendlichen Weltgesetze, an die Stelle

der Liebe, des Friedens und der Gerechtigkeit, hatte
eindrängen wollen. In diesem Kampf sterbend, erfüllt
er durch seinen Untergang die Gesetze die er zerstören
wollte, und wird dadurch in den unversieglichen Quell
ewiger Freiheit und Liebe wieder hineingerettet. Die
Welt aber, die über ihm zusammenschlägt, zeigt sich
in der Glorie ihres unverletzten wahrhaften Inhalts,
und bewegt uns bei ihrem Anblick mit der ächt tragischen Zufriedenheit, die der höchste irdische Genuß ist.
Die ursprüngliche Ehrenhaftigkeit Macbeths tritt uns
in seinem Untergang wieder nahe und versöhnt uns
mit ihm, indem zugleich die Ordnung der menschlichen Dinge auf dem Fundament der Gerechtigkeit,
Liebe und Vernunft sich auferbaut.

Die Schicksalsidee der Alten, welche das eigentlich gestaltende Princip ihrer Tragödie ist, spricht
insofern den tragischen Grundgedanken der ganzen
Menschheit aus, als sie in ihrer höchsten Ausbildung
durch die Kunst das ewige Widerspiel des Endlichen
und Unendlichen und diese dialektische Entzweiung
des Daseins, die nur aus dessen zeitlicher Zerschmetterung sich wieder in ihrer ideellen Einheit feststellt
und zusammenfügt, zum Bewußtsein und zur Anschauung bringt. Die antike Schicksalsidee, welche
überhaupt den geistigen Höhepunkt im Leben des

Alterthums giebt, gestaltet sich aber in der Tragödie zugleich als diese spezifische Form der antiken Weltanschauung, welche die geistigen und sittlichen Schranken dieser Epoche aufzeigt.

Was in der modernen Welt die Erlösung bedeutet, ist in der antiken das Schicksal, welches die Spitze des Verhältnisses zwischen der Macht der Götter und dem Leben des menschlichen Individuums darstellt. Aber in der antiken Schicksalstragödie haben die Götter selbst diese ganze große Zerschmetterung des zeitlichen Daseins verhängt, und es stellt sich in dieser zeitlichen Zerschmetterung die wahre göttliche Verklärung des Menschen nur um deswillen dar, weil das Werk der Götter als solches immer wieder zu etwas Göttlichem hinführen muß. In dem die moderne Welt bestimmenden Begriff der Erlösung lebt tiefinnerlich das Prinzip der freien Persönlichkeit, die aus ihren eigenen innersten Gründen heraus das Recht gewonnen hat, sich auf der Wahlstatt des Lebens im eigen gewählten Kampf zu vernichten und in freier Selbsthervorbringung Untergang und Tod zu Uebergangsmomenten der ewigen Idee zu erheben. Dies freie Erlösungsprinzip der modernen Welt hat auch in die tragische Kunst der neueren Völker diese auf ihre eigene Verantwortung gestellte Selbstbewegung der Individualität gebracht, welche in der antiken Schicksalswelt gewissermaßen in der Gewalt der Götter und von derselben hingenommen erscheint. Das Individuum trägt in der antiken Tragödie nicht sein Schicksal in sich selbst, wie im modernen Drama, wo das Schicksal in den Menschen selbst hinabgestiegen und nicht anders als in den innersten individuellen Gründen und Conflicten seines Daseins waltet. In der alten Tragödie ist das Schicksal eine eigenthümliche Maschinerie der Götter, welche sie gewissermaßen von außen her über das Individuum ausspannen. Der ringende und kämpfende Mensch muß in das göttliche Netz fallen, welches auf seinen Wegen lauert, und dies ist das Fatum des antiken Lebens selbst, das in seiner bindenden Nothwendigkeit gewissermaßen noch etwas Elementarisches in sich trägt, und eine Schwere des Naturstoffes, welche weder Gott noch Mensch hier überwinden können.

Das Schicksal erscheint jedoch in der Auffassung der antiken Tragödie auch insofern als der geistige Gipfel der antiken Welt, als sich darin die Vielheit seiner religiösen und mythischen Formen eigentlich zum Erstenmal für das populaire Bewußtsein in der allwaltenden Geistigkeit und Einheit des Begriffs zusammenfaßt. Die Schicksalsidee der Tragiker ist der wesentliche Fortschritt des ganzen nationalen Bewußtseins gegen den mythischen Polytheismus des Homer, in dem das griechische Volksleben seine bunt umherflatternde Kindheit sah. Und dies ist der ächte hellenische Vergeistigungsprozeß, den die Tragödie beginnt, daß sie in dem Verhältniß zwischen dem Individuum und den Göttern die großen geistigen Mächte und Potenzen des Daseins herausbewegt, die freilich erst später auf dem Boden der christlichen Erlösung sich in ihrer ideellen Wesenheit feststellen können. Die homerischen Götter existiren schon in der griechischen Tragödie nicht mehr, aber es ist darin der Versuch gemacht, sie als allgemeine Potenzen des sittlich kämpfenden Lebens zu erhalten.¹

¹ Hegel sagt in der Phänomenologie des Geistes (Ausgabe von Joh. Schulze, Berlin 1841, S. 557 flgd.), an der Stelle, wo er seine berühmte Definition der griechischen Tragödie und Komödie giebt, sehr treffend: „Dieses Schicksal vollendet die Entvölkerung des Himmels — der gedankenlosen Vermischung der Individualität und des Wesens, — einer Vermischung, wodurch das Thun des Wesens als ein inconsequentes, zufälliges, seiner unwürdiges erscheint; denn dem Wesen nur oberflächlich anhängend ist die Individualität die unwesentliche. Die Vertreibung solcher wesentlichen Vorstellungen, die von Philosophen des Alterthums gefordert wurde, beginnt also schon in der Tragödie überhaupt dadurch, daß die Eintheilung der Substanz von dem Begriffe beherrscht, die Individualität hiermit die wesentliche und die Bestimmungen des absoluten Charakters sind."

3. Die Wirkungen der Tragödie.

In allen tragischen Verwickelungen aber, von welcher Art sie auch sein mögen, wird es eine Schuld geben, und die Aufhebung und Sühnung derselben bildet das eigentliche Prinzip der Tragödie. Diese Schuld liegt, nach dem doppelseitigen Begriff des Tragischen, entweder im Individuum oder in der Welt, und hat im ersten Falle die falsche Richtung, im andern die mangelhafte Organisation zu ihrem Gegenstande, sie findet aber in der tragischen Entwickelung selbst die Kraft, sich zu lösen und zu sühnen. Der ächte Eindruck der tragischen Darstellung muß daher jene hohe Trauer um die ganze Menschheit sein, die alles Leid der objectiven wie der subjectiven Existenz in sich zusammendrängt und zugleich in der Idee überwindet. In dem Tragischen liegt daher zugleich das Erhebende über alle Verwickelungen der Schuld, denen das ringende Individuum unterlegen, und dies ist die Idee des Erhabenen selbst, die das eigentliche Element der tragischen Schönheit ausmacht.

Aus der Lust am Erhabenen hat man daher auch theoretisch die dem Menschen eigenthümlich inwohnende Lust am Tragischen zu erklären gesucht.

Es muß allerdings zunächst als ein widersprechendes Phänomen erscheinen, daß die Entzweiungen und Zerschmetterungen des irdischen Daseins, aus denen das Wesen der Tragödie sich aufbaut, soviel Wohlbehagen und Genugthuung verbreiten können, als man dies von den Darstellungen der tragischen Kunst im reichsten Maaße erfährt. Dies den ganzen Menschen innerlichst durchziehende Wohlbehagen des Trauerspiels ist freilich kein psychologisches Räthsel, denn es liegt schon im gemeinen Zusammenhange der menschlichen Empfindungen diese Anziehung der Gegensätze begründet, die an Leid Lust, an Unglück Befriedigung knüpft. Der berühmte Ausspruch eines socialen Skeptikers, Chamfort, daß uns Nichts so viel Vergnügen gewähre, als das Unglück unserer nächsten Freunde, kann in seinem wahren Sinne, wenn er einen solchen hat, auf die Wirkung der Tragödie bezogen werden. Das lebhafte Interesse, welches wir den leidenden Personen in der Tragödie widmen, gleicht einer Freude an ihrem Unglück, denn je tiefer die Erschütterung ist, die wir beim Anblick ihres dunkeln Schicksals empfinden, desto mehr fühlen wir uns von dem behaglichen Gedanken erfüllt, nicht nur, daß wir selbst frei von dieser Entwickelung sind (denn dies wäre ein materiell egoistischer

Beweggrund, der in der Kunst nicht zugelassen werden darf), sondern daß die tragische Person zugleich in unserm eigenen Interesse mitleidet, indem sie für uns menschliche Probleme löst, die auch unsere eigene Existenz gefahrdrohend ergreifen können. Die tragischen Personen sind unsere Freunde, deren Leiden uns ergötzen, weil sie dieselben auch für uns dulden, und weil sie uns innerlich frei machen von der Verwickelung, von der sie selbst unfrei gebunden und hingenommen sind.

Wir wollen es versuchen, aus dem hier aufgestellten Gesichtspunkt auch die vieldeutete Erklärung des großen Stagiriten, welche die tragische Wirkung auf Mitleid und Furcht und auf die Reinigung der Leidenschaften begründet hat, zu erörtern. Die Poetik des Aristoteles enthält in ihrem sechsten Kapitel diese berühmte Stelle, die wir zuerst folgendermaßen übertragen: „Die Tragödie ist die Nachbildung einer mächtigen und in sich abgeschlossenen Handlung, die eine gewisse Ausdehnung besitzt, in einer reizvollen Rede, die in jedem ihrer einzelnen Theile ihre eigenthümliche Anziehung und Wirkung ausübt, von Handelnden selbst, und nicht durch Erzählung ausgeführt, durch Mitleid und

Furcht die Reinigung derartiger Leidenschaften vollbringend."[1]

Wenn nach dieser Ansicht des Aristoteles die Wirkung der Tragödie vorzugsweise in Mitleid und Furcht bestehen und dadurch eine Reinigung dieser Gemüthsbewegungen (Leidenschaften) in uns hervorgebracht werden soll, so kann man zunächst nur eine tiefe Begründung des geistigen Verhältnisses zwischen der tragischen Person des Stücks und dem Zuschauer darin erkennen. Mitleid und Furcht kann aber der Zuschauer der Tragödie nur dann in einem wesentlichen Sinne empfinden, wenn er die dargestellten und ihm zunächst fremden Lebenszustände in sein eigenes Innere zurücknimmt und das geistige Schicksal seiner eigenen Person damit verknüpft. Das Mitleid, welches ihn bei dem in der Tragödie vorgestellten Unglück erfüllt, muß aber eben durch diese dramatische Wirkung seinen sonst gewohnten engen und einseitigen Kreis verlassen und sich zu einem allgemeinen menschlichen Mitleid, zu jener universalen Menschheitstrauer veredeln und erheben, die den höch-

---

[1] Aristotel. Poetic. VI. 2. ἔστιν οὖν τραγῳδία μίμησις πράξεως σπουδαίας καὶ τελείας, μέγεθος ἐχούσης ἡδυσμένῳ λόγῳ, χωρὶς ἑκάστῳ τῶν εἰδῶν ἐν τοῖς μορίοις· δρώντων, καὶ οὐ δι' ἀπαγγελίας· δι' ἐλέου καὶ φόβου περαίνουσα τὴν τῶν τοιούτων παθημάτων κάθαρσιν.

sten Grundton der ächt tragischen Wirkung bildet. Wie das menschliche Mitleid tragisch gereinigt, das heißt: zu einem universalen Menschheitsgefühl erhoben wird, so soll dasselbe auch mit der Furcht geschehen, die den Darstellungen der Tragödie gegenüber nur insofern an dem Zuschauer sich geltend machen kann, als ihn die Besorgniß ergreift, daß die verhängnißvolle Verwickelung auch ihn ereilen könne, und er sich betroffen eingestehen muß, daß die Schrecken und Gefahren des menschlichen Daseins ungeheuer sind und keine Sicherheit da ist, als die in dem Festhalten an der ewigen Idee des Lebens beruht. Wenn die Furcht, welche der Begleiter des ungewissen und wechselvollen Lebens ist, durch die Tragödie zurückgeleitet wird in die versöhnenden Tiefen der ewigen Lebensidee, so ist auch an der menschlichen Furcht eine Reinigung vollbracht und dieselbe gewissermaßen in ihre höchste geistige Potenz erhoben. Denn die Tragödie soll uns mit ihren mächtigen Schauern so lange Furcht erregen, bis wir das Gefühl der Sicherheit, welches wir an der gemeinen Endlichkeit der Dinge verloren, in der Unendlichkeit der Idee wiedergewonnen haben.

In diesem Sinne kann es, wie uns scheint, lediglich eine Bedeutung haben, wenn Aristoteles Mitleid und Furcht als die beiden Haupt- und Grundmomente der tragischen Wirkung bezeichnen will, indem sich in dem universal gefaßten Begriff derselben allerdings das Wesen der Tragödie innerlichst concentrirt. Aristoteles scheint aber unter die Kategorie von Mitleid und Furcht noch eine ganze Reihe ähnlicher Empfindungen und Leidenschaften fassen zu wollen, welche mit jenen tragischen Hauptaffecten zusammenhängen, und durch die Darstellung der Tragödie ebenfalls ihre Reinigung gewinnen sollen. Denn er spricht an dieser Stelle von der Reinigung „derartiger Leidenschaften" (τὴν τῶν τοιούτων παθημάτων κάθαρσιν), womit er keineswegs ausdrücken will, daß die Tragödie es überhaupt ihrer Bestimmung nach mit der Reinigung der Leidenschaften in Bausch und Bogen zu thun habe, in welchem weitschichtigen Sinne die Aristotelische Theorie früher häufig gedeutet worden. Es würde danach so herauskommen, als wenn der Tragiker Mitleid und Furcht gewissermaßen als zwei Sturmwinde gebrauchen sollte, um damit durch die von Leidenschaften erfüllte menschliche Seele zu fegen und einen Reinigungsprozeß in ihr zu vollziehen. Aristoteles würde nur eine moralische Bedeutung der tragischen Kunst in gemeinster und engster Form angezeigt haben, wenn er der Tragödie die Reinigung der Leidenschaften im Allgemeinen hätte zur Aufgabe stellen wollen. Denn es kann ebenso wenig Zweck der Tragödie sein, Mord und Todschlag zu verhüten, als sie sich damit abzugeben hat, die verbrecherischen und gefährlichen Triebe der menschlichen Natur pädagogisch zu leiten und durch Schreckensbeispiele gewissermaßen abzunutzen. Reinigen soll sie, nach der Ansicht des Aristoteles, die tragischen Empfindungen und Anschauungen, welche ursprünglich in der menschlichen Brust wurzeln, und denen Niemand entgeht, der des Daseins in seinen räthselvollen und gefahrbringenden Verwickelungen sich bewußt wird. Der Philosoph führt diese tragischen Grundempfindungen des Menschen auf zwei zurück, welche er Mitleid und Furcht nennt, und ihnen ordnet er Alles unter, was noch etwa in diesem Kreise der tragischen Affecte anklingen könnte. Sein Sinn wird durch den genauen Wortverstand dieser Stelle der Poetik hinlänglich klar.[1] Die Empfindungen und Leidenschaften

---

[1] Mit Recht hat Lessing (Dramaturgie II. 77. Stück) auf die strikte Bedeutung des τοιούτων in der Aristotelischen Stelle hingewiesen. Er sagt: „Τῶν τοιούτων παθημάτων, sagt Aristoteles: und das heißt nicht der vorgestellten Leidenschaften; das hätten sie übersetzen müssen durch: dieser und dergleichen, oder, der erweckten Leidenschaften. Das τοιούτων bezieht sich lediglich auf das vorhergehende Mitleid und Furcht; die Tragödie soll unser Mitleid und unsere Furcht erregen, bloß um

der handelnden tragischen Personen können die verschiedenartigsten sein, sie werden sich in der Brust des Zuschauers immer in den beiden von Aristoteles angeführten Grund-Affecten zusammendrängen, und darin bei der richtigen Wirkung des Dichters immer ihre universale Auflösung, das heißt: Reinigung finden.

Die neuere Philosophie hat die tragischen Empfindungen und Wirkungen vornehmlich auf die Idee des Erhabenen zurückgeführt, und darin ist Kant in seiner Kritik der Urtheilskraft mit einigen höchst bedeutungsvollen Anschauungen vorangegangen.[1] In Kantischen Denkformen hat darauf vornehmlich Schiller mit näherem Eingehen auf das

diese und dergleichen Leidenschaften, nicht aber alle Leidenschaften ohne Unterschied zu reinigen. Er sagt aber τοιούτων und nicht τούτων; er sagt, dieser und dergleichen, und nicht bloß, dieser; um anzuzeigen, daß er unter dem Mitleid nicht bloß das eigentlich sogenannte Mitleid, sondern überhaupt alle philanthropische Empfindungen, sowie unter der Furcht nicht bloß die Unlust über ein uns bevorstehendes Uebel, sondern auch jede damit verwandte Unlust, auch die Unlust über ein gegenwärtiges, auch die Unlust über ein vergangenes Uebel, Betrübniß und Gram, verstehe. In diesem ganzen Umfange soll das Mitleid und die Furcht, welche die Tragödie erweckt, unser Mitleid und unsere Furcht reinigen; aber auch nur diese reinigen und keine andere Leidenschaften. Zwar können sich in der Tragödie auch zur Reinigung der anderen Leidenschaften nützliche Lehren und Beispiele finden; doch sind diese nicht ihre Absicht; diese hat sie mit der Epopee und Komödie gemein, insofern sie ein Gedicht, die Nachahmung einer Handlung überhaupt ist, nicht aber insofern sie Tragödie, die Nachahmung einer mitleidswürdigen Handlung insbesondere ist."

[1] Kritik der Urtheilskraft (Berlin und Libau 1790) S. 72. flgd. besonders S. 96. flgd.

Wesen der tragischen Kunst namentlich den „Grund des Vergnügens an tragischen Gegenständen"[1] aus dem Gefühl des Erhabenen hergeleitet. Schiller macht hier in seinen Bestimmungen über das Gefühl des Erhabenen eine sehr treffende Bemerkung, welche für die Wirkungen der Tragödie charakteristisch ist. Er sagt, das Gefühl des Erhabenen bestehe einerseits aus dem Gefühl unserer Ohnmacht und Begränzung, einen Gegenstand zu umfassen, andererseits aber aus dem Gefühl unserer Uebermacht, welche vor keinen Gränzen erschrickt, und dasjenige sich geistig unterwirft, dem unsere sinnlichen Kräfte unterliegen.

Die Tragödie hat allerdings keine höhere Aufgabe, als diese unendliche Erhebung zu bewirken, welche in der endlichen Niederschmetterung selbst liegt. Diese Erhebung, welche die wahre Erhabenheit der Tragödie ist, setzt den Kampf voraus und den Prozeß einer Negation, ohne welche auch der Begriff des Erhabenen an sich nicht gedacht werden kann. In dem Erhabenen liegt zugleich die Bezeichnung eines Gegensatzes. Ueber etwas erhaben zu sein und zu etwas erheben, welche beide Momente wesentlich im Erhabenen liegen, darin drückt sich vor-

[1] Vgl. die so betitelte Abhandlung Schillers (sämmtliche Werke, Taschen-Ausgabe XVII. S. 309. flgd.

herrschend die Bestimmung aus, daß das Erhabene, um sich als solches darzustellen, sich verneinend gegen das gewöhnliche harmonische Maaß der Schönheit und des Lebens verhalten müsse. Im Erhabenen erscheint daher das Schöne ebenso sehr als aufgehoben und negirt, als es zugleich durch einen Kampf der Ueberwindung wiedergewonnen, und dadurch in jenen Schein der Hoheit und Größe getreten ist, welche die wahre Form des Erhabenen bildet.[1]

4. Die Tragödie der antiken Welt.

Die antike Welt- und Kunstbildung tritt in der Gestalt der Tragödie auf ihren höchsten geistigen Gipfel. Namentlich ist es die hellenische Cultur, welche in der Tragödie ihren Höhepunkt ersteigt und darin einen schönen Mittelpunkt des öffentlichen Nationallebens, wie überhaupt eine glückliche Mitte der geistigen, religiösen und plastischen Volksbedürfnisse findet. Diese glückliche Mitte, in welcher die

[1] Vgl. Aesthetik. Die Idee der Schönheit und des Kunstwerks im Lichte unserer Zeit. Von Theodor Mundt. S. 295. flgd.

griechische Tragödie ihre Bedeutung für ihr Volk hat, drückt sich in ihrem Verhältniß zu dem die Volksreligion tragenden Mythus aus, der im Epos und in der Plastik sich bereits erschöpft und in diesen großen Kunstüberlieferungen der Nation nicht mehr so viel innerlich substantielles Leben bewahrt hatte, daß er unantastbar geblieben wäre, auf der einen Seite vor der offenen Anfeindung der philosophischen Speculation, auf der anderen Seite vor der geheim wühlenden Gedankenweisheit der Mysterien.

In der griechischen Tragödie gelang noch einmal der Versuch, der letzte, den Gesammtkörper des hellenischen Nationallebens zusammenzufügen und alle Elemente seiner ursprünglichen Schönheit in einem einheitlichen Bilde festzuhalten. Wir können die Tragödie der Griechen zugleich als diesen merkwürdigen Vermittelungsprozeß betrachten, der wie eine künstlerische Scheidung der nationalen Bildungstypen aussteht und in dem mit einem großen genialen Takt Das bewahrt und verbunden worden ist, was dem Volksgeiste die Größe seiner Vergangenheit ungetrübt und strahlend erhalten, ihn für den lebendigen und thätigen Moment der Gegenwart begeistern und ihm zugleich eine höhere geistige Zukunft anklingen konnte. So wurde diese Tragödie die feinste Blüthe der hellenischen Nationalität, die schönheitsreich und gedankenschwer über einem Abgrunde hängt, und, eine wahrhafte Tragödie der ganzen Nation, die glänzendste Erhebung kurz vor dem Untergange darstellt.

Die griechische Tragödie vereinigte in sich die Bestandtheile des Epos und der Lyrik, aus denen sie, da sie sich zu einer das Leben zusammenfügenden Kunst der Gegenwart machen wollte, eine neue dramatische Gegenwart und Wirklichkeit schuf, welche sie nach den Gesetzen der Plastik, die sie auf ihrem Gebiet zu erneuern und zu vergeistigen unternahm, künstlerisch formte und in eine fest und sicher gebildete, anschauliche Composition brachte. Mit der Philosophie fand sie sich durch die Sentenz ab, die in der Tragödie das Feld des Gedankens reich bestellte und ein wesentlicher Theil selbst ihrer äußeren Gliederung wurde, indem sowohl der Chor wie auch gewisse dialektische Schlag- und Wechselverse des Dialogs, die sich einzeln gegenübertreten, den organischen Sitz für die Lebensphilosophie der Tragödie bilden. Sodann streift die Tragödie auch an die auflösenden Ideenbewegungen der Mysterien hinan, indem sie, wie dies namentlich in einigen Chorgesängen des Sophokles geschieht, die Vergeistigung des Mythus in der Idee andeutet, und dadurch die Vorklänge einer neuen

Lebens- und Völker-Zukunft zum Erstenmal unter das ganze Volk verbreitet. Während der erste der griechischen Tragiker, Aeschylus, noch mehr in der objectiven Unmittelbarkeit des Epos darinsteht, und demgemäß auch in der massenhafteren Schwere seiner Darstellung die starken mythischen Urformen überwiegend heraustreten läßt, begründet Sophokles den idealen Standpunkt der griechischen Tragödie und läßt den antiken Mythus in ein geistiges Element hinüber verschweben und verdämmern, in welcher Beziehung man auch öfter von seiner Christlichkeit geredet hat. Von dem dritten dieser Dichter aber, Euripides, kann man sagen, daß er die Auflösung der mythischen Welt gewissermaßen als vollzogen betrachtet, und um den griechischen Nationalkörper in undurchbrochener Einheit festzuhalten, die Ausbildung und Gestaltung einer in sich selbst bestehenden bürgerlichen Wirklichkeit in der Tragödie versucht.

Die Entstehung dieses ewig denkwürdigen und unsterblichen Kunstgebildes der Tragödie, welche vornehmlich Athen angehört, ist so häufig und im verschiedensten Sinne Gegenstand der gelehrten Forschung geworden, daß die einfachsten Angaben darüber für uns als die annehmlichsten erscheinen müssen. Aus den beim Cultus des Dionysos, des eigentlichen

Culturbringers der Griechen, vorgetragenen chorischen Gesängen, welche in dem Dithyrambus bestanden, entwickelte sich dieser kunstvoll gefügte und organisch verzweigte Bau der Tragödie, welche ihren Namen von dem am Altar geschlachteten Bock (τράγος) als Bocksgesang (τραγῳδία) empfing. Aristoteles[1] bemerkt ganz einfach, daß die Tragödie von den Vorsängern des Dithyrambus (ἀπὸ τῶν ἐξαρχόντων τὸν διθύραμβον) ausgegangen sei, und so kann man sich das erste dramatische Element, wie es unter diesen Bedingungen eines lebensvoll begangenen Cultus sich bilden mußte, nicht anders als so vorstellen, daß die Wechselgesänge, welche der Chorführer mit seinen Begleitern ausführte, und worin die Lebenskämpfe und Schicksale des Gottes behandelt wurden, mehr und mehr zu einer dramatischen und mimischen Abbildung der vorgetragenen Handlung wurden, und dabei in bestimmte Momente der Darstellung sich theilten. Aus dieser allgemeinen chorartigen Behandlung eines bewegten Gegenstandes konnte der erste Schritt zur dramatischen Darstellung nur dadurch geschehen, daß ein Einzelner heraustrat, welcher den gemeinschaftlichen Gesang durch einen zusammenhängenden Vortrag der thatsächlichen Begebenheit unter-

[1] Poetic. cap. IV. 14.

brach. Das Verdienst des Thespis, welchem (um 536 vor Christus) die Begründung des griechischen Bühnenwesens zugeschrieben wird, scheint eben darin bestanden zu haben, daß er diese eine Person, welche die dramatisch vortragende war, creirte und in ein bestimmtes Verhältniß zu den Gesängen des Chors brachte. Diese eine darstellende Person hatte sich denn auch in die verschiedenen Charaktere, welche im Bereich der Handlung lagen, zu verwandeln, was nicht blos durch geistige Darstellungsmittel, sondern auch äußerlich durch den Gebrauch der einzelnen Masken, die Thespis einführte, geschehen zu sein scheint.

Wie Thespis, werden auch Susarion, Epigenes, Phrynichus u. A. genannt, welche die ersten dramatischen Kunstvorstellungen versuchten und dazu drei Künste verbanden, nämlich Poesie, Musik und Tanz, indem auch die letztgenannte Kunst als ein Ausführungsmittel des Drama's soweit in dasselbe überging, als es in den Gränzen der mit den Bewegungen des Chors identischen Opfertänze lag. Phrynichus wird als ein Schüler des Thespis genannt, und er scheint zuerst zu bestimmter abgeschlossenen dichterischen Compositionen übergegangen und namentlich den engeren Kreis der mythischen Handlung mit den weiteren

24*

Gestaltungen der nationalen Heroensage vertauscht
zu haben. Von seinen Stücken wird die Alkeste,
die Phönissen, besonders aber die Eroberung
von Milet angeführt, und die Wirkung dieser Tragödie, welche das Unglück der von den Persern er-
oberten Stadt schilderte, soll, nach dem Herodot
(VI. 21), so ungeheuer gewesen sein, daß die Archon-
ten, welche jede Hülfeleistung für Milet gehindert
hatten, das Stück verbieten ließen und den Dichter
selbst zu einer bedeutenden Geldbuße verurtheilten.

Die griechische Tragödie hatte sich in diesen ihren
ersten Gestaltungen noch schwerlich als ein so bestimmtes Gebiet erfaßt, daß der Begriff des Tragischen als ein charakteristisch gesonderter in Inhalt
und Form herausgetreten wäre. Vielmehr ist hier
die Bemerkung des Aristoteles[1], daß die Tragödie
aus einer ursprünglich satyrischen Gattung entstanden sei, als ungemein bedeutungsvoll aufzunehmen. Er führt an, daß die Tragödie allmählig

---

[1] Poetic. cap. IV. 17, ἔτι δὲ τὸ μέγεθος ἐκ μικρῶν μύ-
θων καὶ λέξεως γελοίας, διὰ τὸ ἐκ σατυρικοῦ μεταβαλεῖν, ὀψὲ
ἀπεσεμνύνθη· τό τε μέτρον ἐκ τετραμέτρου ἰαμβεῖον ἐγένετο.
τὸ μὲν γὰρ πρῶτον τετραμέτρῳ ἐχρῶντο, διὰ τὸ σατυρικὴν
καὶ ὀρχηστικωτέραν εἶναι τὴν ποίησιν. λέξεως δὲ γενομένης,
αὐτὴ ἡ φύσις τὸ οἰκεῖον μέτρον εὗρε. μάλιστα γὰρ λεκτικὸν
τῶν μέτρων τὸ ἰαμβεῖόν ἐστι.

gewichtigere und ernstere Formen erhalten. Sie habe sich im Anfang des Tetrameters bedient, weil sie zuerst satyrische Poesie (Satyrspiel) gewesen und demgemäß auch für den Tanz sich hatte einrichten müssen. Dann aber sei sie aus dem Tetrameter vorzugsweise zum jambischen Metrum übergegangen, welches nach Einführung der Rede die Natur selbst als das passende Maaß ausgefunden, weil das jambische Maaß das am meisten mit der menschlichen Rede übereinstimmende sei.

Wenn daher die Tragödie, wie Aristoteles bemerkt, ursprünglich ein Satyrspiel war, so scheint dies nicht bloß formell von dem Verhältniß des Chors zum dionysischen Cultus hergenommen zu sein, indem er dadurch ursprünglich die Rolle der Satyrn zu übernehmen hatte, sondern es lag auch damit im Inhalt eine eigenthümliche Vermischung der ernsten und heiteren Elemente gegeben, die auf einem und demselben Lebensgrunde bunt durcheinanderspielen durften. So beginnt auch das antike Drama, wie wir dies beim modernen gesehen haben, mit dieser elementaren Verbundenheit des Tragischen und Komischen, aus der erst später die künstlerische Sonderung eintritt, indem nicht eher als in den Zeiten allgemeiner Kunstbildung die selbständigen Organismen der Tragödie und Komödie hervorgehen. Ein Beweis, daß die geistigen Entwickelungsgesetze aller Zeiten und Nationen immer wesentlich dieselben sind.

In dieser Weise scheidet sich auch, sobald die Epoche einer künstlerischen Ausbildung des Drama's beginnt, das Satyrdrama als eine selbständige und für sich bestehende Gattung von der Tragödie und Komödie ab. So wird bereits der Tragiker Chörilus, der neben Aeschylus und Sophokles für die griechische Bühne wirkte, als Dichter von Satyrdramen angeführt.

Diese Gattung des Satyrdrama's, die von einem alten Schriftsteller auch eine scherzende Tragödie (παίζουσα τραγῳδία, bei Demetrius de elocut. §. 169) genannt wird, fiel ihrem Stoff nach immer mehr in den Kreis der Tragödie als der Komödie, hatte aber eine ganz andere Tonart in denselben hineinzubringen, und besonders das Derbe, Natürliche, Spaßhafte, überhaupt ein inneres humoristisches Element, welches der alten Mythen- und Heroengeschichte abgewonnen werden konnte, vorwalten zu lassen. Die eigentliche kunstmäßige Ausbildung des Satyrdrama's wird aber dem Pratinas von Phlios zugeschrieben, der ein Zeitgenosse des Aeschylus war und mit demselben auch in der Tragödie wetteiferte. Der Cyclop des Euripides ist das einzige übrig gebliebene Stück, welches uns noch eine vollständige Anschauung des alten Satyrspiels gewähren kann. Die spätere Hilarodie oder Hilarotragödie, welche Rhinton aus Tarent (300 vor Christus) erfunden haben soll, scheint in parodirender Weise mehr dem Charakter der eigentlichen Tragikomödie entsprochen zu haben.

Den ursprünglichen Zusammenhang des Satyrspiels mit der Tragödie hielten auch die Griechen selbst bei der öffentlichen Einrichtung ihrer Schauspiele fest, indem zu den drei Tragödien, welche an dem Spiel- und Festtage zur Darstellung kamen, als Schlußvorstellung immer noch ein Satyrdrama hinzugefügt werden mußte.

5. Die antiken Theater-Einrichtungen.

Das Theaterspiel als ein religiöses und im Sinne des dionysischen Cultus angeordnetes hinzustellen, blieb, auch nachdem es schon seine selbständige künstlerische Ausbildung erhalten, immer noch ein wesentliches Prinzip in der Einrichtung und Bestimmung der griechischen Bühne. Es fanden demgemäß diese theatralischen Darstellungen zu Athen nur dreimal

im Jahre Statt, an den städtischen und ländlichen
Dionysien, und an den Lenäen, von denen die ersteren im Frühjahr und im Spätherbst, die letzteren im
Beginn des Winters gefeiert wurden. Die großen
Festlichkeiten der städtischen Dionysien waren vornehmlich den dramatischen Darstellungen günstig, und
es mußten dann im Theater meistens neue Stücke
zur Aufführung gebracht werden.

Nachdem, wie Aristoteles[1] uns berichtet, Aeschylus die Zahl der Schauspieler zuerst von einem auf
zwei gebracht, die Chorgesänge auf ein begränzteres
Maaß zurückgeführt, und den Schauspieler der ersten
Rollen eingesetzt, Sophokles aber drei Schauspieler
und die Malerei der Scene (σκηνογραφίαν) begründet,
scheint damit das attische Theaterwesen den Grund
seiner technischen Einrichtungen und Darstellungsmittel gelegt zu haben.

Die ursprünglichen Habseligkeiten der griechischen
Bühne, mit denen sich seitdem noch nach Jahrtausenden manches herumziehende Komödiantenvolk lustig
getröstet, bestanden aber nur in einem Tisch oder
einem Wagen, welche die Stelle der Bühne vertraten, und namentlich reichte dem Thespis dieser beweglicher Apparat vollkommen zu seinen Darstellungen

[1] Poetic. IV. 16.

in Attika aus. Als der Thespiskarren nicht mehr
genügte, wurden Bühnengerüste von Holz auf dem
Markte (bei den städtischen Dionysien) oder auch im
Lenäon, an den Lenäen, aufgerichtet, und eine Reihe
hölzerner Sitzbänke hinzugefügt, nach Beendigung des
Festes und der Spiele aber wieder abgebrochen. Die
Erbauung des großen steinernen Theaters in Athen
(um 500 vor Christus) wurde zuerst durch einen Un-
glücksfall veranlaßt, der mit jenen hölzernen Sitzbän-
ken geschehen war, die nämlich bei einem dramatischen
Wettstreit des Aeschylus und Pratinas einstürzten.[1]

In diesem steinernen Theater Athens, welches
30,000 Zuschauer fassen konnte, erhalten wir das
großartige und colossale Bild der antiken Bühne in
ihrem festgeschlossenen, aus einem einheitlichen Grundgedanken symmetrisch herausgetretenen Organismus.
Dies zunächst in ungeheuerer Massivität sich darstellende Theater war in den Felsen der Akropolis ein-
gehauen, so daß dieser Berg dem ganzen Gebäude zu
seiner Unterlage diente. Der Raum, in welchem die
Zuschauer saßen, war nicht überdacht, und gewährte
dem Tageslicht, bei welchem die Vorstellungen stattfanden, ungehinderten Zugang. Es wurde das

[1] Vgl. G. E. W. Schneider, das Attische Theaterwesen (Weimar 1835)
S. 6 flgd.

„Theater des Dionysos" genannt, scheint aber nicht blos dem Drama, sondern auch den Volksversammlungen überhaupt gedient zu haben.

Als ein bestimmender Mittelpunkt dieser Theater-Einrichtung erscheint die Orchestra, der einen Halbkreis bildende Standort des Chors, der so geräumig sein mußte, daß die tragische Tanzbewegung (Emmeleia) mit aller Freiheit ausgeführt werden konnte. Der Standort des Chorführers war die Thymele, eine viereckige altarförmig gebaute Erhöhung, die zugleich dazu dienen sollte, dem Dionysos die zur Reinigung des Theaters dienenden Ferkel zu opfern, und welche sich am Ende der Orchestra nach der Bühne zu befand. Die Thymele war durch einige Stufen, welche von ihren beiden Seiten auf das Brettergerüst der Orchestra führten, mit derselben verbunden. Ob die Orchestra durch eine Mauer von den Sitzplätzen der Zuschauer getrennt gewesen, hat sich nie bestimmt ersehen lassen. Diese Sitzplätze lagerten sich aber ebenfalls kreisförmig um die Orchestra herum, und stiegen von derselben in parallelen Reihen terrassenartig aufwärts. Zwischen der Orchestra und der Bühne aber befand sich noch ein tiefer liegender Raum, welcher Hyposkenion, auch Konistra genannt wurde, und weiter keine Bestimmung hatte, weshalb man dort gewöhnlich nur kleine Statuen und andere Verzierungen aufgestellt sah.

Die Bühne selbst wurde zuerst durch das Logeion bestimmt, ein zehn bis zwölf Fuß hohes hölzernes Gerüst, welches die ganze Breite des Theaterbaues einnahm und in dessen Mitte sich gewöhnlich die darstellenden Schauspieler stellten. Der hinter dem Logeion liegende, hineinwärts sich erstreckende Raum bildete in viereckiger Form, aber wenig vertieft die Vorbühne oder das Proskenion, welches noch nicht mit unter dem Bühnendache eingeschlossen lag, sondern außerhalb desselben jedoch in gleicher Länge mit der Bühne fortlief. Das Proskenion war zugleich mit dem Hyposkenion durch Stufen verbunden, welche rechts und links zu demselben hinunterführten.[1]

Der hinter dem Proscenium liegende Theil der Bühne wurde die eigentliche Scene genannt, ein zeltartig abgeschlossener Raum, der von dem Proscenium durch eine Gardine oder Vorhang (παραπέτασμα, häufig auch der Plural παραπετάσματα) geschieden war. Dieser Vorhang wurde zur Oeffnung

[1] Vgl. Schneider, das attische Theaterwesen S. 9. — Vitruv. V. p. 8. — A. W. Schlegel, Vorlesungen über dramat. Kunst und Literatur. I, p. 82 sq. Einen Vergleich des griechischen Logeions mit dem Balcon der altenglischen Bühne deutet Solger an, in seiner Beurtheilung der Schlegel'schen Vorlesungen (nachgelassene Schriften II. 322).

der Hinterbühne auf die Seite gezogen, oder auch von der Mitte aus nach beiden Seiten hin zurückgeschlagen. Einen characteristischen Theil der Scene bildeten ihre beiden Seitenwände, Parascenien, deren aus Dreiecken zusammengesetzte Decorationen auf Drehmaschinen standen, durch welche die zur Darstellung nöthigen Verwandlungen bewerkstelligt werden konnten. Die Ausschmückung der Seitenwände geschah vornehmlich auf dreifache Weise, je nachdem die Scene der Tragödie, Komödie oder dem Satyr-Drama angehörte. Die tragische Seiten-Decoration enthielt immer Verzierungen, welche auf den Prunk königlicher Einrichtungen und Lebensformen sich bezogen, die komische die Einrichtungen des Privatlebens, die satyrische ländliche und landschaftliche Darstellungen. Die linke und die rechte Seite der Bühne, die nach dem Verhältniß der örtlichen Lage des athenienstischen Theaters zugleich links die Stadt und den Hafen, rechts das Land Attika andeuteten, hatten in dieser Beziehung dann auch die Bedeutung, daß sie in der rechts oder links auftretenden Person sofort den Einheimischen oder den Fremden erkennen ließen. Dies Verhältniß wurde auch unten in der Orchestra zur Bezeichnung des aus Fremden oder Einheimischen bestehenden Chors beobachtet.

Die Hinterwand der Bühne stellte in der Tragödie in der Regel eine Nachbildung des Königlichen Palastes dar, wobei sich drei Pforten zeigten, von denen die mittlere vorzugsweise die Königliche Thür hieß, weil sie ausschließlich den Zugang zu der Wohnung des Herrschers abgab. Die links und rechts davon befindlichen beiden Thüren stellten den Zugang zu den Gastgemächern und zu den Frauengemächern, wie auch zu einigen andern Nebenpartieen des Königlichen Palastes dar.

Die malerische, architectonische und perspectivische Ausbildung der Scene scheint auf keiner geringen Stufe gestanden zu haben, und wurde durchaus als ein künstlerisches Element von den Griechen behandelt.

So geht auch die vielseitigste Anwendung von Maschinerieen bei der scenischen Darstellung ihrer Stücke hervor. Sie hatten das ἐγκύκλημα und die ἐξώστρα, Roll- und Hervorschiebungs-Maschinen, durch welche die Flügelthüren des Königlichen Palastes plötzlich aufspringen konnten und in ihrem Hintergrunde ein lebendes Bild schauen ließen; ferner die Donnermaschine (βροντεῖον), die Blitzwarte (κεραυνοσκοπεῖον), die Götterbühne (θεολογεῖον), und viele andere Druckwerke, Versenkungen und ähnliche Apparate, durch welche die größte und kunstvollste Beweglichkeit der Scene vorgesehen war.

Der darstellende Schauspieler selbst hatte für seine Person an der pyramidalischen Gruppe, auf welche es bei dem ganzen Theaterbild abgesehen war, Theil zu nehmen. Um in diesen colossalen Maaßstab entsprechend einzutreten, hatte er sich auf den Kothurn zu stellen, diese eigenthümlichen tragischen Schuhe, durch welche er weit über das gewöhnliche Höhenmaaß der menschlichen Gestalt hinausragte. So diente auch der Gebrauch der langen tragischen Maske zunächst dazu, das übernatürliche Maaß seiner Erscheinung zu verstärken, und derselben überhaupt einen ungewöhnlichen, den gemeinen und zufälligen Ausdruck des Gesichts beseitigenden und in's Ungeheuere hineinziehenden Character zu geben. Daß die antiken Schauspieler Masken trugen, scheint allerdings mit der mimischen und plastischen Ausdrucksfähigkeit, welche sonst überall das Kunstleben der Alten und namentlich auch ihr Theater bezeichnet, im Widerspruch zu stehen, es hängt aber genau mit dem idealen Wesen der antiken Tragödie und mit den colossalen Raumverhältnissen dieses Theaters überhaupt zusammen. Unter diesen letztern würde die in's Einzelne gehende Mimik des menschlichen Gesichts selbst verloren gegangen und wirkungslos geblieben sein; in dem idealen Charakter der antiken Tragödie aber lag es keineswegs, daß die darin auftretenden Gestalten dem Zuschauer in eine menschliche und bürgerliche Nähe rücken sollten, sondern die Verhüllung und Erweiterung ihrer menschlichen Gestalt deutete zugleich die allgemeine Sphäre der Tragödie an, in welcher das Individuum umsponnen war von dunkeln und die Persönlichkeit tief verschleiernden Gewalten, die mehr als das Individuum selbst dabei offenbar werden sollten. Die Maske der antiken Schauspieler, die sie oft noch durch eigenthümliche Färbungen und Vorrichtungen individualisirt zu haben scheinen, ließ allerdings den mimischen Ausdruck, wie auch die langen faltenreichen Gewänder die plastische Bewegung nicht zu. Aber sie hinderten auch die auf der modernen Bühne dagegen einheimisch gewordene Schauspielerei in Mienen und Bewegungen, worin sich bei uns oft nur die Geckenhaftigkeit der eiteln Persönlichkeit an den Tag legt, und die Schauspielkunst sich häufig als bloße Affenkunst erweist, die durch Verzerrungen des Gesichts und Verrenkungen der Gestalt Alles, aber nur nicht den wahren Natur-Ausdruck einer Empfindung oder Leidenschaft wiedergiebt. Durch die Maske der Alten mußte die Mimik und Plastik als ein bei weitem universaleres und geistiges Element der Darstellung ergriffen werden, und in die allgemeinen idealen Momente der Dichtung übergehen, anstatt in den nichtsnutzigen Persönlichkeiten des Schauspielers hängen zu bleiben. Diesem universalen Charakter mußte bei den Alten auch die Darstellung des Schauspielers durch die Mittel der Stimme entsprechen, die schon, um dem Raume genügen zu können, eine ungeheure Ausdehnung und ungewöhnliche Klangfülle aufzuwenden hatte. Der dramatische Vortrag glich gewiß nur sehr wenig unsrer heutigen Declamation, welche ihre Stärke in den individuellen Modulationen sucht, und noch weniger der Umgangssprache des wirklichen Lebens überhaupt, die eine scharfe Hervorhebung des Charakteristischen verlangt. Der tragische Vortrag beruhte bei den Alten auf jenen in allgemeiner Idealität gehaltenen hochtönenden Lauten, die mehr den universalen als den individuellen Eindruck der Leidenschaft und des Affects bezwecken, und demgemäß auch in durchaus natürlicher Weise mit dem Element der musikalischen Begleitung sich begegnen. —

6. Die drei griechischen Tragiker.

Zur höheren Organisation des Kunstwerks erhob sich die griechische Tragödie zuerst durch Aeschylus (in dem attischen Eleusis 525 v. Chr. geboren), der als Soldat in den Perserkriegen tapfer gefochten, und in diesem frischen Moment der historischen Werdekraft der Hellenen die Grundlage des nationalen Drama's schuf, indem er demselben, wie bereits bemerkt worden, durch Hinzufügung des zweiten Schauspielers den Dialog gab, und die Masken und den Kothurn einführte. Dieser dramatische Urgeist der Griechen, in welchem kriegerischer und poetischer Genius zusammenflossen, bildete in der Gestaltung der Tragödie zugleich das ächt hellenische Freiheitspathos aus, das er in seinen riesengroßen und erschütternden Gebilden immer als das siegreiche walten läßt, und dem gegenüber nur das in uralter Nothwendigkeit festgegründete und auf einen uranfänglichen Fehl (προιταρχος ἄτη, Agamemn. 1203) sich beziehende Verhängniß, das selbst die Götter bindet, als das Ueberwältigende zu bestehen vermag.

Aeschylus starb 456 in Sicilien und hinterließ einige 80 Dramen, von welchen, außer den Fragmenten, nur noch sieben vollständige uns übrig geblieben sind, nämlich die Perser, die Sieben gegen Thebe, die Hiketiden (Schutzflehenden), der gefesselte Prometheus, und die Trilogie: Agamemnon, Choephoren, Eumeniden.

In den Persern, die wahrscheinlich zuerst 480 aufgeführt wurden, schildert der Dichter die historischen Großthaten des Tages, an denen er selbst Theil genommen, und deren Mittelpunkt die in dieser Tragödie so glühend geschilderte Schlacht bei Salamis ist. Das Stück, welches noch viel episches Element in sich trägt und gewissermaßen wie eine dramatische Rhapsodie über den Untergang der Herrlichkeit Persiens erscheint, wird von Einigen für das mittlere Stück einer zusammenhängenden tragischen Trilogie gehalten, von der das erste Phineus, das dritte Glaukos Pontios geheißen. Die persönliche Begeisterung des Aeschylus für den nationalen Freiheitskampf der Hellenen bricht gewaltig durch, aber sie versenkt sich zugleich in eine tiefe religiöse Wurzel, indem sie eine Vollbringung der Gerechtigkeit des ewigen und allwaltenden Zeus in dem Sieg über den orientalischen Despotismus der Perser feiert. Aeschylus ist überhaupt der Dichter, in welchem das occidentale Freiheitselement zuerst in bewußter Opposition gegen das die Individualität knechtende orientalische

Weltprincip heraustritt, und diesen mächtig ergriffenen Gegensatz macht er auch in den Persern an der entscheidendsten kriegerischen Begebenheit seines Volkes geltend.

In den Sieben gegen Thebe wirkt dieselbe persönliche Helden-Anlage des Dichters in gewaltiger kriegerischer Darstellung. Auch dieses Stück wird als das mittlere in Beziehung zu einer Trilogie gesetzt, zu welcher ein Oedipus und die Eleusinier gehörten. Aeschylus läßt hierin das dunkle Familien-Verhängniß walten, bringt es aber zugleich mit den allgemeinen großen Schicksalen des Staates und des ganzen Volkes in Verbindung.

Die Hiketiden gehörten wahrscheinlich als Mittelstück zu den beiden verloren gegangenen Dramen: „die Aegyptier" und „die Danaiden". Diese überwiegend lyrische Tragödie zeigt uns die Danaiden, wie sie auf ihrer Flucht aus Aegypten in Argos Schutz gefunden haben. Wie in den Persern und in den Sieben gegen Thebe auf den Krieg, so stützt sich der Dichter hier auf die Elemente des hellenischen Cultus, in denen er das nationale Grundwesen seines Volkes ergreift.

In einer universalen Lebens- und Volksbedeutung erscheint uns sein gefesselter Prometheus, der das zweite Stück einer Prometheischen Trilogie war (zwischen dem feuerbringenden und dem erlösten Prometheus), und worin der Dichter die Tragödie des ganzen Menschen- und Götterthums in ihren gegensätzlichen Verschlingungen dichtet. Erde, Meer, der Olymp und der Menschengeist stehen sich hier in gewaltigen Verhältnissen gegenüber, von unendlichen göttlichen Schmerzen und titanischem Ringen zittert das All, und wir sehen die Bestimmung der ganzen Schöpfung zur Tragödie, welcher Gedanke in den hochgeschwungenen Rhythmen des Dichters und in der herben Urkraft seiner Anschauungsweise wie eine göttliche Feier der Vernichtung sich zeigt.

Von den Trilogieen des Aeschylus ist uns nur seine Orestie vollständig übrig geblieben, welche den Agamemnon, die Choephoren und die Eumeniden umfaßt, und an der wir zugleich sehen, wie in den dramatischen Trilogieen der Alten die künstlerische Composition ineinander gegriffen hat. Die Ueblichkeit, den theatralischen Festtag außer dem den Schluß bildenden Satyrdrama jedesmal mit drei Tragödien zu füllen, führte von selbst und wie aus einem innern künstlerischen Bedürfniß des Dichters zur Trilogie, in der das Interesse, welches sonst für drei verschiedene Stücke auseinander fiel, für die zu=

sammenhängende Darstellung eines ganzen mythischen Kreises einheitlich concentrirt wurde. Diese cyklusartige Behandlung der Trilogie bringt den in verschiedenen Theilen sich gliedernden Organismus einer Handlung zur Darstellung, und der Mythus erfährt darin eine wahrhaft künstlerische Zerlegung, indem er nach allen seinen Gegensätzen entwickelt und dann in dem dialektischen Fortgang der Darstellung zu seiner höheren Einheit vermittelt wird.

In der prometheischen Trilogie vollbringt sich zugleich die sittliche Ausgleichung der antiken Schicksalsidee, welche Ausgleichung in dem Schlußsteine des ganzen tragischen Kampfes, den Eumeniden sich darstellt. Die Verwickelung, aus welcher der Muttermörder Orestes freigesprochen durch die Götter selbst hervorgeht, löst sich in dem neu eingesetzten Cultus der Eumeniden, in welchem die Rache des Schicksals ihr sittliches Element sich begründet, und das individuelle Maaß des menschlichen Handelns, nach welchem Orestes entsühnt werden konnte, anerkennt. —

Die allgemeinen Gegensätze des Menschen- und Götterthums, welche noch in der Tragödie des Aeschylus in großer Massenhaftigkeit walten, werden durch den zweiten Tragiker, Sophokles, aus ihrer dunkeln riesigen Nebelferne gewissermaßen auf die schöne, blühende Erde herabgezogen und darin dem harmonischen Maaß der Wirklichkeit mildernd angefügt. In dieser klareren Individualisirung, milderen Verarbeitung und menschlichen Schmelzung der großen herben Schicksalsmassen liegt der Grundcharakter der Tragödie des Sophokles, der in dem attischen Demos Kolonos Olymp. 71, 2 geb. wurde, und Olymp. 93, 4 starb. — Die dramatische Natur der Tragödie erhielt bei ihm erst ihr vollkommenes Genüge, der Chorgesang mußte gegen die Handlung in eine gemessene Gränze zurücktreten, und durch die Hinzufügung des dritten Schauspielers (des Tritagonisten) konnte eine mannigfaltigere Charakteristik und eine beweglichere Darstellung hervorgehen.

Durch die Hinzufügung dieses Tritagonisten hatte die griechische Bühne nun drei verschiedene Rollenfächer gewonnen, des Protagonisten, der die Hauptrollen zu spielen hatte und der dies schon durch sein Erscheinen aus der großen Mittelthür der Hinterwand auf der Bühne ankündigte; des Deuteragonisten, welchem die accidentell hinzutretenden Personen, die neben den tragischen Hauptkämpfen begleitend hergehen, zufielen; und des Tritagonisten oder des dritten Schauspielers, welcher diejenigen Charaktere hatte, die von außen die Verwickelung der tragischen Hauptperson herbeiführten und darum den eigentlich dramatischen Hebel der thatsächlichen Verknüpfung bildeten. Daß Sophokles den Tritagonisten als ein nothwendiges Element seiner dramatischen Darstellung hinzufügte, beweist, daß er den Begriff des Drama's als einer gegliederten Kunstform weiter faßte, und darin den dialectischen Verlauf einer Handlung in ihrer gegensätzlichen Begründung und Steigerung durchführen wollte.[1]

Sophokles soll 130, nach Andern 80 Stücke geschrieben haben, wovon uns heut nur noch sieben übrig geblieben sind, nämlich der Ajas, die Elektra, König Oedipus, Antigone, Oedipus auf Kolonos, die Trachinierinnen und Philoktet; außerdem mehrere Fragmente, unter denen sich jedoch manches unächte befindet, namentlich das aus 340 Versen bestehende der Klytämnestra.

[1] Vgl. Ottfried Müller, Geschichte der Griechischen Literatur (II. 59), worin dies Verhältniß sehr anschaulich durch die Angabe einer Rollenvertheilung der Antigone und des König Oedipus gemacht wird.

Antigone.
Protagonist: Antigone, Tiresias, Eurydice, zweiter Bote.
Deuteragonist: Ismene, Wächter, Hämon, erster Bote.
Tritagonist: Kreon.

König Oedipus.
Protagonist: Oedipus.
Deuteragonist: Priester, Jokaste, Diener, zweiter Bote.
Tritagonist: Kreon, Tiresias, erster Bote.

Sophokles taucht den Mythus in seinen ideellen Grund unter und läßt ihn daraus in wundersamer Klarheit und Durchgeistigung, nach gedankenvollem Plan, innerlich und äußerlich ein Werk der Grazien, hervorgehen. In der sanften und stillen Erhabenheit seiner Muse leuchtet uns das verklärende Abendroth des hellenischen Volkslebens entgegen. An diesem Scheidepunkt einer ablaufenden Culturepoche stehend, scheint er dieser Stellung in hoher Wehmuth und großartiger Resignation sich bewußt, und überträgt dem Chor, der bei ihm vorzugsweise die versöhnende Macht der Idee vertritt, die Aufgabe, alle Schmerzen der Reflexion über Welt und Zeit zu lösen, und den an den Schranken des Menschlichen sich abarbeitenden Geist durch die Weisheit der Betrachtung zu seiner ihm unentreißbaren innern Freiheit zu erheben. So verbindet sich in dem Sophokleischen Genius das Zarte, Liebenswürdige und Feinsinnige, diese frische und glänzende Heiterkeit der Poesie, mit dem tiefsten idealischen Ernst und mit aller dramatischen Kraft und Stärke. Diese letztere zeigt sich bei ihm besonders in der folgerechten und genau verketteten Entwickelung der Handlung, die sich in einer streng geschlossenen Gliederung fortbewegt, den entscheidenden Moment, aus dem Alles hervorgeht, sofort feststellt und klar veranschaulicht, und aus ihm im raschen, ächt dramatischen Fortgang die Katastrophe begründet. —

Wie die herrlichste und edelste Menschenkraft nur gerade gut genug dazu ist, um dem feindlichen Schicksal zu erliegen, hat uns Sophokles in wehmuthsvoll tragischer Darstellung in seinem Ajas gezeigt. So sinkt Ajas in den Tod dahin, weil ihm die Götter selbst seine Schöne und Herrlichkeit beneiden und er über das Maaß der menschlichen Größe hinausgewachsen ist. Der tragische Untergang wirkt aber hier zugleich als die Wiederherstellung des ächt Menschlichen, und indem dem gefällten Helden selbst sein Feind, Odysseus, das ihm von Agamemnon und Menelaos versagte Grab erstreitet, deckt sich über dasselbe in Erfüllung des rechten Maaßes der Wirklichkeit die versöhnende Glorie.

Wie im Ajas die Heldennatur des ächten Mannes in dem ewigen Mißverhältniß des Göttlichen und Menschlichen zu Grunde geht, so hat der Dichter in der Elektra und in der Antigone die sittliche Natur des ächten Weibes zum Gegenstand der tragischen Behandlung genommen. In der Elektra ist es vorzugsweise die weibliche Natur, welche auf dem gräuelvollsten tragischen Lebensgrunde und inmitten der blutigsten Verwickelungen als die Trägerin der sittlichen Rache erscheint, indem das Grundbedürfniß in sie hineingelegt ist, den ewigen Ideen des **Rechten und Wahren in der Welt ihre Verwirklichung zu schaffen.** Wenn **Elektra** (und mit ihr der Bruder Orestes) diesem höchsten sittlichen Gesetze in der Brust selbst im herbsten Widerspruch mit den heiligsten Familienbanden folgt, so stellt sich Antigone mit diesem ihrem heiligen Gesetz in der Brust, in dem das Göttliche lebt, den bloß menschlichen Normen des **Staats** gegenüber, dessen Gebote sie in höchster Klarheit und geistiger Würde verletzt. Ihr Tod in diesem Conflict wird ihre höchste Verherrlichung, während der staatskluge Vertreter vergänglicher Normen, Kreon, diesen Standpunkt mit dem Untergang seines ganzen Hauses büßt.

In König Oedipus hat der Dichter die dramatische Logik im Verlauf der tragischen Handlung ungemein schlagfertig, rasch und schneidend ausgeübt. Diese Tragödie hat gewissermaaßen die Normalgestalt des antiken Schicksalsgedichts, das im Oedipus auf Kolonos diese ahnungsvollen geistigen Uebergänge nimmt, in welchen man auch im Sophokles, wie im **Plato,** ein Vorbewegen des **christlichen Geistes** hat sehen wollen.

Der dritte der griechischen Tragiker ist Euripides, geboren zu Salamis Olymp. 75, 1 und zu Pella in Makedonien beim Könige Archelaos Olymp. 93, 3 gestorben, nach der Sage von Hunden zerrissen. Dieser Dichter repräsentirt allerdings den Verfall der alten Tragödie, indem alle substantielle Kraft des Mythus bei ihm verblichen ist und auch keine höhere ideale Weltansicht seinen Gestaltungen zum Grunde liegt. Aber ältere und neuere Kritiker, der Lustspieldichter Aristophanes (in den Fröschen) an der Spitze, sind immer leicht geneigt gewesen, die großen poetischen Eigenschaften, welche dem Euripides nichtsdestoweniger zugesprochen werden müssen, zu verkennen, und haben ihn in ihren Urtheilen ohne Zweifel zu tief herabgesetzt.

Wenn auch Euripides häufig durch einen rhetorischen Schwall seinen Mangel an lebendiger Zeugungskraft und innerer Fülle zu verdecken sucht, so zeigt er doch auch oft eine glänzende Gewalt der Characteristik, ein tiefes Eingehen in das Wesen der menschlichen Natur, und eine ächt dramatische Leidenschaft, die oft bewunderungswürdige Kraftanstrengungen macht. Ihm war nichts Anderes mehr übrig geblieben, als die entgötterte Wirklichkeit, aus der er mit dem künstlichen Stab der Rhetorik die Poesie herauszuschlagen hatte. Seine Menschen, die er zeichnete, wie sie sind, waren von dem hohen Kothurn des Aeschylos und Sophokles herabgestiegen und hatten sich dem Maaßstab des gewöhnlichen Lebens, in dessen Mitte sie darinstanden, gefügt. Der Mythus selbst muß diesen neuen weltlichen und bürgerlichen Anforderungen des Dichters nachgeben und darnach eine Gestaltung annehmen, welche den jedesmaligen Zwecken der poetischen Darstellung selbst entspricht. Der Prolog wird vorausgeschickt, um gewissermaßen als Parlamentair mit dem Mythus zu unterhandeln, und das willkürliche Umspringen mit demselben zum rechten Verständniß zu bringen. An die Stelle des hohen tragischen Pathos aber ist die Sentenz getreten, welche die künstliche und reflectirte Stellung, die der Dichter zum mythischen Nationalleben hat, vollends characterisirt und der eigentliche Ausdruck derselben ist. In dieser pointirten Auffassung der unmythisch gewordenen Wirklichkeit stellt Euripides schon den Uebergang zur Komödie dar.

Von der großen Anzahl von Stücken, die Euripides geschrieben (nach Einigen 75) sind uns nur noch 19 erhalten, von denen jedoch mehrere interpolirt, eines aber, der Rhesos, für entschieden unächt gehalten wird. Die anderen sind: Hekabe, Phönissen, **Alkestis, Andromache, Troerinnen, Hiketiden, Iphigenia in Tauris und in Aulis, Herakliden, Jon, der rasende Herakles, Elektra, Medea, Orestes, Helena, der Kyklop, Hippolytos, Bachantinnen.**

Von den späteren Tragikern, welche den Verfall dieser Dichtungsform immer entschiedener bethätigten, und unter denen Jon, Achäos und Agathon die berühmtesten, sind uns nur noch wenige Fragmente übrig geblieben. Das Alexandrinische Zeitalter sah noch eine neue künstliche Blüthe der tragischen Poesie hervortreten, die sogenannte tragische Plejas, aus den sieben Dichtern Alexander Altolos, Sosiphanes, Sositheos, Homeros dem Jüngern (aus Hieropolis in Carien) Philiscos aus Corcyra, Aiantides, Dionysiades und Lycophron bestehend, in denen aber, wie aus dem Wenigen, das noch übrig geblieben, zu schließen, statt der Poesie nur eine schwülstige und dunkel eingesponnene Manier geherrscht zu haben scheint.

7. Die dramatische Poesie der Römer.

Die Anfänge der römischen Literatur führen sich auf ländliche Festgesänge und Nationallieder zurück, für die es ein eigenthümliches nationales Metrum in dem Saturnischen Vers (versus Saturnius) gab. Musik und Tanz begleiteten diese uralten Gesänge der Römer, in denen wir auch die ersten Elemente einer nationalen religiösen Liturgie zu erblicken haben. Wir sehen darin zugleich den ersten Beginn dramatischer Darstellung, da in diesen Mimen, durch die natürliche dramatische Beweglichkeit des römischen Characters, bald auch Dialog und Doppelchöre eingeführt wurden. So entstanden die Carmina Fescennina, die humoristische Hochzeitsspiele in Form von zwei Spielern oder von Doppelchören waren, oder die Carmina amoebaea, Wechselgesänge der Hirten, in überwiegend witziger Form, mit wiederkehrenden Refrains, und mit mimischem Ausdruck heraustretend. In diesen alten Mimen scheinen etrurische Volks- und Sprachelemente überwiegend gewesen zu sein.

Eine weitere Ausbildung der Mimen waren die Atellanen, lustige Volksspiele, welche ihren Namen nach der Oscischen Stadt Atellä in Campanien erhielten, und deren Gegenstände aus dem Kreise der gemeinen täglichen Wirklichkeit, besonders aber des ländlichen Lebens, hergenommen waren. Die dramatische Handlung war wohl noch wenig in ihnen ausgebildet; ebenso in den Saturae, Volkspossen, welche improvisirt wurden, und die bei dem römischen Volke so viel Anklang fanden, daß der allgemein verbreitete Sinn dafür zur Entwickelung des Drama's überhaupt wesentlich beitrug.

Die kunstmäßigere Gestaltung des römischen Drama's beginnt mit Livius Andronicus aus Tarent (um 240 vor Christus geboren). Mit ihm fängt zugleich die Verpflanzung der griechischen Poesie auf römischen Boden an. Von einer feinen Verschmelzung griechischer und römischer Bildungselemente war jedoch nicht die Rede, sondern Livius Andronicus scheint seine Tragödie und Komödie noch geradezu aus dem Griechischen übersetzt zu haben.

Sein Zeitgenosse war Cn. Nävius aus Campanien, welcher den ersten punischen Krieg, in dem er selbst mitgefochten, in einem epischen Gedicht darstellte, seine Tragödie aber nach den Mustern des Euripides und Aeschylos dichtete, wobei er schon entschiedener auf die Durchführung römischer Nationalformen an dem Angeeigneten und Fremden gehalten zu haben scheint.

Das römische Drama theilt sich auch schon früh in zwei bestimmte Klassen, je nachdem griechischer Stoff und griechisches Kostüm, oder römischer Stoff und römisches Kostüm darin das überwiegende Element bilden. Von vorzugsweise griechischem Character sind die fabula crepidata (Tragödie) und die fabula palliata (Komödie). Die römischen Stücke bilden die fabula praetextata (eine Tragödie aus der römischen Geschichte) und fabula togata (Komödie aus dem römischen Volksleben). Diese letztere zerfiel in mehrere Untergattungen, in die Comoedia trabeata, von Melissus erfunden, und nur in gebildeten Kreisen spielend, Comoedia tunicata oder tabernaria, von Personen niedrigeren Standes handelnd, Comoedia planipedia (planipedaria), wo der Schauspieler mit bloßen Füßen auftrat, auch riciniata, von [der] Anwendung eines eigenthümlichen weiblichen Anzugs der Römer, dem ricinium.

Eine höhere practische und nationale Bedeutung gewann aber zuerst Q. Ennius, aus Rudiä in Calabrien (239 — 169 vor Christus). Dieser Dichter besitzt schon eine vielseitigere und umfassendere Productionskraft und ein mannigfaches Wissen. Er bestrebt sich zuerst mit entschiedenem Bewußtsein einen ächt römischen Nationaltypus zu gestalten, und wird dadurch der eigentliche Begründer der römischen Literatur. Seine Annalen sollten ein römisches Nationalepos im Sinne des homerischen werden. Als Dramatiker gab er nur Nachbildungen Euripideischer Stücke. Auch verpflanzte er in seinem Epicharmus zuerst einige Absenker der griechischen Philosophie auf römischen Boden.

Sein Schwestersohn war der Tragiker M. Pacuvius (221 vor Christus geboren), von dessen zwölf Tragödien, die in einem erhabenen und pathetischen Stil gedichtet waren, besonders Antiopa und Dulorestes auf uns gekommen sind. Ein bei den Römern sehr beliebter Tragiker war auch Lucius Attius (172 vor Christus geboren), der mehrere patriotische Tragödien schrieb, größtentheils aber die griechischen Tragiker mit Effect ausbeutete. Außerdem dichteten römische Tragödien M. Attilius, Titus Septimius, Ovidius Naso, Asinius Pollio, Cilnius Mäcenas, Cassius Parmensis, L. Varius.

Unter dem Namen des Seneca besitzen wir zehn Tragödien, die durch eine glänzende Rhetorik, durch ein Haschen nach kühnen Sentenzen und geschraubten Sätzen, und durch ein gewaltsames Bestreben, pikant, leidenschaftlich und interessant zu sein, den verderbten Geist der Kaiserzeit ausdrücken. Neun dieser Tragödien sind freie Bearbeitungen nach Euripides und Sophokles. Die stoische Philosophie schwellt die Sentenzen dieses Dichters zu langen, bombastischen Gemeinsprüchen an, durch welche er Kraft der Gesinnung und großen Character verrathen will.

---

8. Der Begriff des Komischen.

Das Komische ist der andere Pol des Tragischen, und bildet mit demselben die zwei entgegengesetzten Enden derselben Lebensidee, in deren Mitte beide Elemente zusammentreffen und sich berühren. Wenn das Tragische in dem Kampf gegen die wirkliche Beschränkung des Daseins, in der Entzweiung der Person mit ihrer ewigen Idee, oder in der Beeinträchtigung der ewigen Menschenrechte des Individuums durch eine endliche und zeitliche Verwickelung, erscheint, so beruht dagegen das Komische auf derjenigen Verwickelung und Beschränkung, in welcher sich das Wesentliche des Daseins, die wahren, rechten und ewigen Formen der Existenz, gegen eine bloß scheinbare Verneinung, die auch eine Bejahung sein kann, behaupten.

Der Zweck der komischen Darstellung ist dann der, diesen falschen Schein, der Alles in Verwirrung gesetzt hat, so in seiner Nichtigkeit herauszukehren, daß daraus die wahre Befriedigung der sittlichen Interessen und der persönlichen Freiheit erwächst. Und diesen heiteren und genugthuungsvollen Ausgang muß die Komödie nehmen, deren Ziel die Wiederherstellung eines scheinbar gebrochenen Lebenszustandes, die Aufhebung dieses Scheins durch das wahre Sein, die Einrenkung der Welt in ihre Fugen, nicht durch den Untergang des Individuums, wie in der Tragödie, sondern durch die Bestätigung desselben in seinen ächt menschlichen Anforderungen, ist.

Die Komödie des menschlichen Scheins, um die es sich hier handelt, trägt auch ein erschütterndes Element in sich, ebenso wie die Tragödie der menschlichen Nothwendigkeit. Schon im gemeinen Leben spricht man von einem erschütternden Lachen, und drückt dadurch die innerste und von Grund aus stattfindende Umkehrung aus, welche das komische Wesen in uns bereitet. Die Umkehrung des menschlichen Grundwesens, die im Komischen eben so wie im Tragischen liegt, wirkt in dem Erstern auf die harmonische und gesunde Zusammenfügung der Wirklichkeit zurück und stellt den diesseitigen Zusammenhang der Dinge im rechten Gleichgewicht aller sittlichen, realen und ideellen Elemente wieder her, während in dem Tragischen diese restitutio in integrum (die eigentlich der letzte Zweck aller dramatischen Darstellung ist) nur auf den Trümmern der bestehenden Verhältnisse sich vollzieht.

Der komische Mensch ist der, welcher mit seinem höhern und bessern Selbst der Gefangene des Scheins geworden, und sich darin an einer Verwickelung abarbeitet, die eigentlich unter ihm steht, die aber, so lange er sie nicht durch Entschluß und Klarheit des Willens und durch Gunst und Wandel der Verhältnisse zu lösen vermag, ihn beherrscht und sich seiner sogar bis zum allerschmerzlichsten Conflict bemeistern kann. Dieses in der That komische Schicksal des Individuums, von einem zufälligen Schein abhängig und durch denselben sogar in seinen höchsten und wichtigsten Lebensbestimmungen bedingt worden zu sein, greift um so tiefer in seine ganze Lebensvollbringung ein, je mehr dieser Schein wirklich die

Kraft über ihn gewonnen hat, sich eine Zeitlang als umumstößliche Wirklichkeit geltend zu machen und ihn in einen augenblicklich unentrinnbaren Kreis thatsächlicher Verwickelung zu bannen.

In der Tragödie wie in der Komödie steht dem Individuum eine Macht gegenüber, die stärker geworden ist als es selbst, und mit welcher die Menschen auf beiden Gebieten wie um den entscheidenden Moment ihrer Existenz zu kämpfen haben. Diese Macht ist in der tragischen Verwickelung der Widerspruch zwischen Nothwendigkeit und Freiheit, der eine thatsächliche und die reale Existenz ergreifende Bedeutung erlangt hat. In der Komödie aber waltet diese Macht als derjenige Conflict, welcher die Lebensstellung des Individuums innerhalb der gegebenen und bestehenden Verhältnisse der Wirklichkeit betrifft, insofern dieselben ihn entweder nach einem willkürlichen und ihm innerlichst nicht anpassenden Maaß verbrauchen wollen und ihm dadurch eine falsche Stellung aufnöthigen, die ihn lächerlich machen muß und komisch erscheinen läßt, oder insofern sie selbst aus einer falschen Richtung und Bethätigung des Individuums entspringen, und dadurch in eine Beziehung zu ihm rücken, in der er sie eigentlich nicht brauchen kann, obwohl er sie selbst nach Kräften sich gebildet und hervorgerufen hat; was ihm die wahrhaft komische Verlegenheit und Strafe seines Thuns und Seins bereitet.

In diesen beiden Fällen legt sich die komische Schicksalsidee auseinander, denn auch von einer solchen kann man sprechen, obwohl in der antiken Welt das Eintreten der Komödie gerade die Auflösung der Schicksalsidee in dem sich zum eignen Meister seiner Wirklichkeit aufwerfenden Selbstbewußtsein zu bezeichnen anfängt. Das Schicksal, welches der Character sich selbst baut, waltet aber auch auf dem ächt menschlichen Lebensgrunde der Komödie, und es giebt hier ein komisches Verhängniß, dem das zur Lächerlichkeit prädestinirte Individuum ebenso wenig entgeht, wie das zum Untergange bestimmte dem tragischen Fatum.

Das Schicksal des Komischen, welches in dem nothwendigen Mißverhältniß des Characters zu seinen Lebenszuständen sich geltend macht, aber so daß es zuletzt zu einer vernunftgemäßen Befriedigung der Wirklichkeit ausschlägt, ist die zugleich in die ewige Idee des Daseins zurückführende Quelle aller ächten Lustspiel-Verwickelungen. Auch bei dem komischen Schicksal kann es sich, wie bei dem tragischen, um eine Schuld, ja selbst unter gewissen Umständen um ein

Verbrechen handeln, denn es giebt auch lustige und lächerliche Verwikelungen des Lebens, welche aus dem Keim der Sünde und des Todes herauswachsen, aber das Schicksal der Komödie befreit sie von ihrem dunklen Grundstoff, und hebt sie auf seinen lichten Sonnenflügeln in eine Sphäre der Versöhnung empor, in der an dem gerechten Maaßstab der Wirklichkeit alle Widersprüche sich ausgleichen.

Das ächt Komische wird daher weniger aus einzelnen wunderlichen Charakter-Eigenheiten, zufälligen Verwechselungen und willkürlichen Anschlägen hervorgehen, obwohl diese auch häufig als äußere Motive und Bindemittel der Lustspieldarstellung dienen können. Die Komik, die in der launenhaften Vermischung von Einzelnheiten, sei es nun in den Charakteren oder in den Verhältnissen, besteht, wird wenigstens nicht den tiefgreifenden und dauernden Werth haben, welchen diejenigen Darstellungen in Anspruch nehmen müssen, in denen das komische Schicksal wirkt und die dadurch zugleich aus den allgemeinen Quellen des Lebens einer unendlichen Fülle theilhaftig geworden sind. Komische Character-Wunderlichkeiten, obwohl ihr Interesse immer untergeordneter Art ist, können auch in dem Lustspiel Raum zu ihrer Entwickelung und Geltendmachung finden, aber sie dürfen nicht die eigentliche Aufgabe desselben sein, die ebenso, wie in der Tragödie, aus dem allgemeinen Lebensganzen herfließen und in dasselbe zurückgehen muß. Denn die absonderliche Eigenart des Charakters, mag sie auch an sich noch so lächerlich und komisch sein, ist doch nicht im Stande, eine ganze Lebensentwickelung zu tragen, da es vielmehr ihre Pflicht ist, sich in Bezug auf dieselbe aller individuellen Wunderlichkeiten zu entäußern und den allgemein menschlichen Gang einzuhalten. Denn in der Komödie, in der Alles nach dem Maaß der Wirklichkeit lebt, müssen die Haupt= und Grund=Entscheidungen ebenfalls so sein, daß sich Jeder menschlich und wie an einem ihm möglicherweise selbst zugedachten Loos betheiligen kann. Man kann im Grunde auch nur diejenigen Wirkungen ächt komisch finden, welche Jeden der Zuschauer selbst menschlich betreffen können.

Ebenso wird auch nur derjenige Charakter im Lustspiel wahrhaft komisch sein, der noch mit den wesentlichen und ewigen Ideen des Lebens in einem Zusammenhange geblieben, oder wenigstens nicht geradezu in einem erklärten und systematischen Widerspruch zu denselben steht. Der Böse und Gemeine ist darum kein komischer Charakter, mag er auch sonst noch so lächerlichen und belustigenden Conflicten unterliegen.

Shakspeare's Fallstaff steht hier schon an einer äußersten und gefährlichen Gränzlinie des Komischen, weil die schlechten und verwerflichen Gesinnungs-Elemente in ihm fast zu entschieden daliegen, und es bedurfte der ganzen Fülle von Witz und Humor, welche der Dichter so verschwenderisch über diese Gestalt ausgegossen, um ihr noch den Zutritt im Reich des Komischen zu gestatten.

Wenn das in lächerlichen Conflicten und Eigenschaften befangene Individuum nur durch den bei ihm noch ununterbrochenen Zusammenhang mit den ewigen Ideen des Lebens wahrhaft komisch werden kann, so legt sich uns in diesem Verhältniß zugleich die ganze Weltanschauung der Komödie deutlich und erschöpfend vor Augen. Die Idee verrichtet in der Komödie gewissermaßen Aschenbrödeldienste, aber sie bleibt selbst in den niedrigen und entstellten Verhältnissen, durch die sie von der in der Tragödie behaupteten Höhe herabgezogen, die unsterbliche Göttin, mit deren Anerkennung und Verherrlichung sich jeder Lebenshandel abschließt, der tragische wie der komische. In der Komödie strömt aber diese Fülle von Heiterkeit und Lebenszuversicht aus dem Sieg hervor, welchen die Idee, nach Abwerfung der sie so lange einhül-

lenden und unkenntlich machenden Maske, inmitten
der bestehen bleibenden Wirklichkeit selbst feiert.

9. Die griechische Komödie.

Diese Dichtungsart nahm bei den Griechen ihre ursprüngliche Entstehung ebenfalls wie die Tragödie aus dem Cultus des Dionysos her, und zwar aus den bei demselben vorgetragenen Phallischen Gesängen. Der Name (κῶμος und ᾠδή Freudengesang, Lustspiel) bezeichnet in dieser Ableitung das ursprüngliche Wesen dieser Gattung, die, nach der trefflichen Beweisführung Böckh's (im Staatshaushalt der Athener II. 363 flgd.), anfangs durchaus lyrischer Art gewesen, und ohne alle dramatische Verknüpfung aus einem wirklichen Festgesang bestanden.

Diese Herleitung und Bestimmung der alten Komödie wird durch andere Etymologien, namentlich durch die bekannte κώμη, Dorf, schwerlich verdrängt. Dieser letzteren gedenkt auch Aristoteles (Poet. 3, 5, 6) ohne ihr jedoch beizupflichten, indem er sie nur als ein Bestreben der Dorer, besonders der Megarer, anführt, sich die Erfindung der Komödie beizulegen, was eben durch diese Ableitung seine Wahrscheinlichkeit gewinnen mußte, da nur bei den Dorern das Dorf κώμη genannt wurde, welches bei den Attikern δῆμος hieß. Es scheint aber, daß in der That bei den Megarensern zuerst die antike Komödie erblüht sei, und zwar durch Susarion, welcher die megarische Komödie begründete. Aus dieser bildete sich die Attische Komödie hervor, in welcher diese Gattung eine der Tragödie ebenbürtige Vollendung durch Aristophanes erhält.

Diese Attische Komödie zerfällt ihrem Wesen nach in drei Perioden, in die alte, mittlere und neuere Komödie, die in dem Inhalt und in der daraus hervorgehenden Stilart von einander abweichen. Die alte Komödie hatte sich ihren Kreis in der ganzen Wirklichkeit des Nationallebens gezogen und beutete ihn mit aller Freiheit der persönlichen Satire, mit einer ironischen Zersetzung aller öffentlichen Verhältnisse, und mit der übermüthigsten Verspottung aller geistigen, sittlichen und politischen Richtungen des Tages aus. Die innere Auflösung des antiken Staats- und Lebenskörpers schuf sich in der alten Komödie dies eigenthümliche Organ der Selbstanschauung und Selbstzerfleischung, durch welches sie mit dem eigenen Verderben in witzigster Weise abrechnete. Als die Dichter der alten Komödie werden der Dorer **Epicharmos aus Kos, Krates, Kratinos aus Athen, Eupolis, Pherekrates, Platon, und Aristophanes aus Athen** (Olymp. 88 bis 97), als die bedeutendsten angeführt. Die umfassendste Richtung und glänzendste künstlerische Ausbildung erhielt aber die Komödie durch den letztgenannten Aristophanes.

Dieser Dichter schrieb 54 Komödien, von denen uns noch 11 vollständig überliefert sind, nämlich der Plutos, die Frösche, die Ritter, die Acharner, die Thesmophoriazusen, die Ekklesiazusen, der Friede, die Wolken, die Vögel, die Wespen, und die Lysistrata.

In diesen Stücken, obwohl sie uns nur einen kleinen Theil einer großartigen Productivität überliefern, überschauen wir doch den reich ausgestatteten Genius des Dichters in seinen wesentlichsten Richtungen und in dem vollständigen Verhältniß der Opposition, das er seiner Zeit gegenüber einnahm.

Er erscheint uns darin selbst als ein begeisterter Anwalt für die alte, einheitliche, von den Göttern getragene, im strengen Kunststyl gebundene Zeit des griechischen Nationallebens. Dieses edle und hohe Pathos, mit welchem er für die alte Einheit und Unburchbrochenheit der hellenischen Nationalität schwärmte, müssen wir ihm zunächst zugestehen. Es bildet den Kern seiner Poesie, und die Quelle der großen dichterischen Schönheiten, welche in den Komödien des Aristophanes, mitten unter den ausgelassensten Ausbrüchen des Cynismus und der Obscönität, oft so wunderbar zart, mit überschwänglicher Innerlichkeit, und im höchsten Zauber künstlerischer Formen, hervorblühen.

Indem aber sein Humor diese Trauer über den socialen und politischen Verfall der Zeit zu seiner Grundlage hat, steigt er daraus zugleich wie eine entfesselte Mänade hervor, welche sich an der Gemeinheit und Schlechtigkeit der Gegenwart berauscht zu haben scheint und in wilder Trunkenheit die Fackel ergreift, um in die verborgensten und ekelhaftesten Winkel des Verderbens hineinzuleuchten. Er brachte die lebenden Personen seiner Zeit, welche er als Repräsentanten der von ihm bekämpften Richtungen betrachtete, selbst auf die Bühne, und gab sie oft mit hinreißendem Erfolg der Verspottung des Volkes

Preis, das in ihnen seine eigene Verwirrung beklatschen mußte.

So gewinnt die Aristophanische Komödie in dieser Zeit des griechischen Lebens eine wahrhaft dämonische Bedeutung. Sie tritt als das Gewissen der Nation selbst heraus und verhängt auf ihre Anklagen sofort die Strafen, zu deren Vollziehung sie, statt der Furien, den Witz und die Ironie ausgesendet hat. Seine politische Stellung hat Aristophanes besonders scharf in den Rittern ausgeprägt, und er erscheint uns darin im entschiedenen Gegensatz gegen die demagogische Richtung des athenienstischen Staatslebens, welche in dem Volksführer Kleon, der an der Spitze der Handwerker und der armen Leute steht, ihren Vertreter hat. Die Hauptsatire trifft aber eigentlich das Volk selbst, welches als der Demos von Athen wie ein kindischer alter Herr dargestellt wird, und welchen zuletzt der Wursthändler in seinem Kessel neu aufkocht, um ihn zu verjüngen, und zu der alten nationalen Herrlichkeit zurückzubringen. Nicht minder haßte Aristophanes in der Philosophie dasjenige unterhöhlende und zerstörende Element, welches den Nationalglauben der Griechen vernichtet und die ganze Einheit des antiken Lebens gebrochen hatte. Daher seine feindliche Stellung zum Sokrates, welcher in den Wolken eine so polemische Behandlung erfährt.

Aristophanes machte selbst schon in seinem Plutos den Uebergang in die mittlere Komödie, die eigentlich keine besondere Gattung für sich bildet, sondern nur nach der durch ein Staatsverbot herbeigeführten Beschränkung, lebende Personen auf die Bühne zu bringen, sich reformirt hat. Dadurch wurde der alten Komödie ein Hauptorgan genommen, welches sie mit der Wirklichkeit verknüpfte, und sie mußte ihre Gestalten verallgemeinern, dadurch aber auch in der lebendigen Bedeutung, welche sie früher für das Tagesleben gehabt, schwächen. Unter den Dichtern der mittleren Komödie werden vornehmlich Antiphanes und Alexis mit einiger Auszeichnung genannt. In der neueren Komödie vollendete sich die in der mittleren eingeschlagene Richtung zu einem ganz bestimmten Typus, indem in ihr das eigentliche Lustspiel, welches die allgemeinen Lächerlichkeiten und Beschränktheiten menschlicher Situationen und Verhältnisse zum Gegenstand hat, hervorgeht.

Der berühmteste Dichter der neueren Komödie ist **Menander (Olymp. 109, 3. — 122, 2)**, der mehr als hundert Stücke geschrieben, und außer den wenigen von ihm erhaltenen Fragmenten (herausgegeben von Meinecke, Berlin 1823) uns eigentlich nur in den Nachbildungen des römischen Terenz aufbewahrt ist. Mit ihm rang Philemon (Olymp. 112, 3. — 129, 3) um den Preis des Tages, und scheint zum Theil glücklicher als sein Nebenbuhler gewesen zu sein, was von Einigen als der Grund angegeben wird, daß sich Menander ertränkte.

10. Die römische Komödie.

Die Komödie der Römer, obwohl sie von der Nachahmung des Griechischen sich nicht losketten konnte, und ganz im Geleise desselben arbeitete, versuchte doch mit einigen freieren Bewegungen das römische Volksleben selbst in sich aufzunehmen. Dies muß besonders von M. Accius Plautus aus Sarsina in Umbrien, einem Zeitgenossen des Ennius (184 vor Christus gestorben), gesagt worden. Nachdem er früher Director einer Schauspielertruppe gewesen war, lebte er in dürftigen Verhältnissen als

Arbeiter zu Rom, und schrieb in dieser Lage, in der er das Leben der modernen Stände kennen zu lernen Gelegenheit hatte, seine ersten Lustspiele, die einen so bedeutenden Erfolg hatten, daß man ihn als Begründer einer neuen Gattung ansehen mußte, wie denn auch viele Stücke dieser Art (man zählt 130 Fabulae Plautinae) seinem Namen zugeschrieben wurden, die anderen Dichtern angehören. Plautus beutete zwar auch die Griechen, besonders die neuere Komödie derselben, aus, woher er auch manche griechische Worte und Wendungen in sein Lustspiel herübernahm. Aber er schmolz doch zugleich diese entlehnten Stoffe auf nationale Weise um und erfüllte sie mit einem durchaus volksthümlichen Witz, der uns oft das innerste Wesen des römischen Lebens schlagend beleuchtet. Seine Sprache ist frisch und kraftvoll aus dem Leben gegriffen und entfaltet sich oft in kunstmäßiger, großartiger Gliederung, der sich sein Metrum wie ein leicht hinwallendes Gewand anschließt.

Wenn Plautus das Volkslustspiel begründete, so hatte es dagegen Publius Terentius Afer aus Carthago (194 vor Christus geboren) mehr auf das höhere gesellschaftliche Lustspiel abgesehen, das er nach den Typen der neueren griechischen Komödie zu gestalten suchte. Er besitzt nicht so viel Kraft der Erfindung und nicht so viel natürlichen Witz als **Plautus**, aber seine Sprache ist reiner und sorgfältiger im Stil der gebildeten Gesellschaft, und seine ganze Darstellung beruht auf einer ebenmäßig ausgebildeten Technik und einer vorherrschend ethischen Behandlung der Charaktere und Verhältnisse. Wir erhalten aus seinen correct gearbeiteten Stücken eine anschauliche Vorstellung von dem Lebenston der römischen Gesellschaft.

Neben Plautus und Terentius ist Cäcilius Statius aus Insubrien, ein Freund des Ennius, zu nennen, der ebenfalls nach den Mustern der neueren griechischen Komödie, besonders nach Menandros, arbeitete. Dasselbe gilt von L. Afranius, der in die griechische Komödie römische Charaktere hineinbrachte.

Mit diesen künstlichen und kunstmäßigen Komödienschreibern wetteiferten oft sehr glücklich die Dichter der volksthümlichen Atellanen, unter denen besonders **Q. Novius** und **L. Pomponius Bononiensis**, welchem letzteren witzige Parodien und Volksschilderungen nachgerühmt werden, anzuführen sind.

Es fehlte auch nicht an Dichtern, welche dem römischen Volksdrama selbst eine höhere kunstmäßige Form und Sprache zu geben versuchten, wie Cn. Matius, welcher die Gattung der Mimijamben aufbrachte, der witzige Ritter D. Laberius, und Publius Syrus, an dessen Mimen der moralische Ton und die Sentenzenfülle gerühmt worden.

Ende des ersten Bandes.

Berlin, Druck von A. W. Hayn.

www.ingramcontent.com/pod-product-compliance
Lightning Source LLC
Chambersburg PA
CBHW082231180426
43200CB00037B/2708